视觉历史

第三帝国的灭亡

从诺曼底登陆到易北河会师

[英] 邓肯·安德森（Duncan Anderson） 著
方文军 等 译

THE FALL OF THE REICH

From D-Day to the Elbe

上海三联书店

图书在版编目（CIP）数据

第三帝国的灭亡：从诺曼底登陆到易北河会师 /（英）邓肯·安德森著；方文军等译．—上海：上海三联书店，2022.1 重印

（视觉历史）

ISBN 978-7-5426-7138-7

Ⅰ．①第… Ⅱ．①邓… ②方… Ⅲ．①德意志第三帝国—史料 Ⅳ．① K516.44

中国版本图书馆 CIP 数据核字（2020）第 150586 号

第三帝国的灭亡
从诺曼底登陆到易北河会师

著　　者 / [英] 邓肯·安德森
译　　者 / 方文军　等

特约编辑 / 舒　沁
责任编辑 / 李　英
装帧设计 / 西风文化
监　　制 / 姚　军
责任校对 / 张大伟　王凌霄

出版发行 / 上海三联书店
（200030）中国上海市漕溪北路 331 号 A 座 6 楼
邮购电话 / 021-22895540
印　　刷 / 固安兰星球彩色印刷有限公司

版　　次 / 2021 年 1 月第 1 版
印　　次 / 2022 年 1 月第 2 次印刷
开　　本 / 710 × 1000　1/16
字　　数 / 328 千字
印　　张 / 20
书　　号 / ISBN 978-7-5426-7138-7/K · 596
定　　价 / 88.00 元

敬启读者，如发现本书有印装质量问题，请与印刷厂联系 010-62189683

CONTENTS 目 录

CONTENTS 目 录

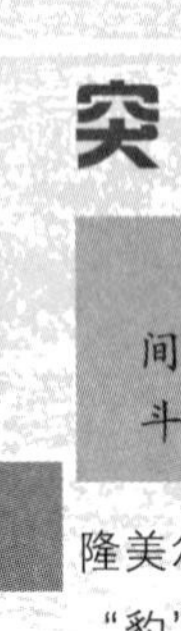

THE FALL OF THE REICH

THE FALL OF THE REICH

THE FALL OF THE REICH

CONTENTS 目 录

1

登陆日前的准备

对法国期待已久的进攻就盟军而言是一次巨大的赌博行动，也是迄今为止最大的一次两栖作战行动，因而盟军需要事先做好大量的计划和准备工作。

1941年冬至1942年初春的时候，德国最高统帅部开始认识到战争将要持续数年而不是数月。1941年12月5日，苏联出人意料地展开了反攻。两天后，日本袭击了珍珠港，德国随即于12月10日对美国宣战。尽管美国拥有一支强大的海军，但其陆军规模却较小。德国最高统帅部认为美国部队至少需要18个月才能进驻英国，而且如果德国海军对同盟国船只所进行的潜艇战能够像到目前为止那样成功的话，这一时间或许还会更长。在这些情况下，德国最理想的战略就是一边建立一个防御系统以延迟同盟国在西欧海岸登陆的企图，一边集中力量打败苏联。于是阿道夫·希特勒在1942年3月23日发布第40号指令，下令开始建造从挪威北角到佛朗哥政权把持的西班牙边境海岸的防御工事。

最初，防御工事的修建进行得非常缓慢。这种不紧不慢的情形符合被任命为西线总司令的67岁的陆军元帅格尔德·冯·龙德施泰特的个人特点。希特勒被英军的企图所迷惑，认为英军打算在挪威登陆，以保护通向苏联摩尔曼斯克港的道路畅通，遂命令优先考虑从纳尔维克到卑尔根海岸沿线的防御。到1943年秋季，挪威各海港及峡湾密密地覆盖着350个炮兵连，并装备了88毫米到406毫米口径的大炮，使挪威海岸线成为世界上防御工事最强的地区。相反，法国沿海相对受到了忽视，其防御工事仅限

←←陆军元帅埃尔温·隆美尔正在视察“大西洋壁垒”的防御工事。隆美尔于1944年1月1日被任命为B集团军群司令后，立即命令加强大西洋沿岸的防御工事

于海港的潜艇基地。1942年8月18日，在迪耶普防御工事尚未完成的情况下，德军仅以最初配备的200名超龄的后备役士兵就成功击溃了5 000名加拿大和英国联军的登陆尝试。这时，希特勒才命令要像修建法、德边境上的齐格菲防线那样，对法国的海岸线工事加强修建。然而，迪耶普所取得的胜利也使得德国最高统帅部自鸣得意。直到盟军于1943年7月在西西里岛、9月开始在萨勒诺强行登陆成功后，希特勒才发布第51号指令，命令从安特卫普到比亚里茨修建一条防御系统作应急之用，以确保敌人进攻的破产，至少也要能够阻止敌人实际的登陆行动。

为了加快工程的速度，11月5日希特勒命令埃尔温·隆美尔陆军元帅对“大西洋壁垒”进行巡回视察，并于1944年1月1日任命他为B集团军群的作战司令。这个军群中的第7和第15集团军负责从加来海峡到布列塔尼的法国北部海岸沿线的防御。几乎从一上任开始隆美尔就与冯·龙德施泰特总司令发生了争执，龙德施泰特非常讨厌这位“德国最著名的战士”干涉自己的指挥，加之两人在阻止盟军登陆的最佳方案上持根本不同的观点，因此两人争执不断。冯·龙德施泰特参加过1940年在法国和1941年在苏联等地的战役，他讨厌采取单纯防御的手段，故而他一再催促将一线野战师部署在法国。到1944年年初时他已经拥有24个师，其中包括10个装甲师。

↓美国坦克登陆船在一个英国港口装货

冯·龙德施泰特想在盟军登陆时建立桥头堡的过程中用6个师的大型装甲集团军对其进行攻击，这些部队由盖尔·冯·施韦彭堡将军率领，作为预备部队驻扎在巴黎附近。隆美尔曾经于1942年10月至1943年5月间在北非与盟军作战过，那时盟军逐渐拥有了空中优势。他认为盖尔·冯·施韦彭堡的装甲部队将在离登陆地数里之外就受到盟军轰炸机和海军炮火的联合阻击。隆美尔认为唯一的办法就是摧毁正在向岸边靠近的盟军登陆部队，这个观点受到西部海军集团军司令西奥多·克兰克海军上将的支持。隆美尔和克兰克催促迅速地大规模扩大"大西洋壁垒"防御系统，同时将盖尔·冯·施韦彭堡的装甲部队部署在靠近盟军最可能登陆的海岸线一带。

德国继续准备防御工事

1944年1月，德国国防军的《信号》杂志在一期特刊中刊登了一篇涉及"大西洋壁垒"构筑的采访，冯·龙德施泰特在被采访时含蓄地对隆美

↓根据隆美尔的建设计划，一些托特组织人员正在为"大西洋壁垒"做混凝土搅拌工作。隆美尔所要求的工事实际上大部分都没有设在诺曼底

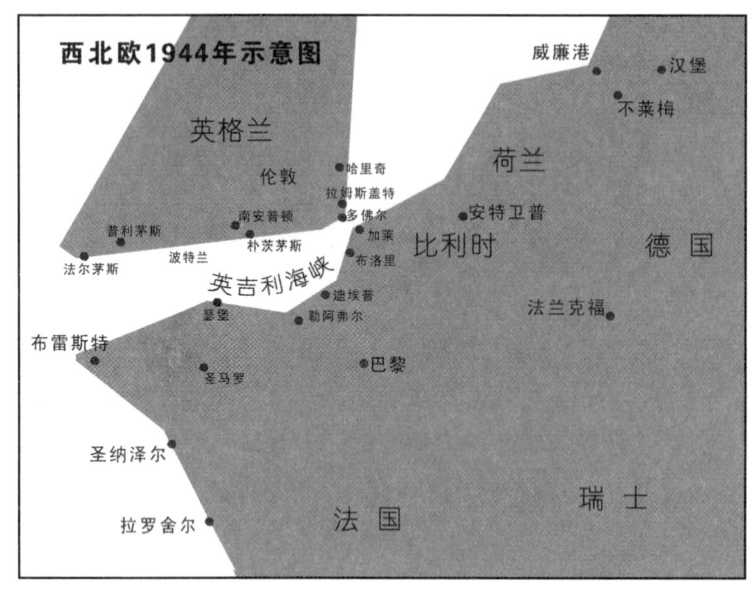

尔进行了攻击，称“我们德国人不能沉溺于讨厌的马奇诺（防线）精神”。对此隆美尔报之以向德国最高统帅部做关于“大西洋壁垒”措辞严厉的汇报，他警告说，如果他的建议不被采纳的话，“敌人很可能会在几个不同的地点建立起桥头堡，并且渗透到我们海岸防线的主要环节”。高级将领之间的这场争论不久便扩散到装甲部队总指挥海因茨·古德里安将军那里，最后希特勒自己也被卷了进来。为了保全各方的面子，希特勒提出一个折中方案：将装甲预备部队置于他的亲自领导之下，没有他的授权不得移动装甲预备部队。这样一来，这个已经产生矛盾的结构又被加上了第三层枷锁。

在此情况下，多亏了隆美尔的努力，才使“大西洋壁垒”成为一种现实。到了春天，托特组织（由非作战的纳粹工程旅组成的一个组织，成立于1940年左右，以希特勒的军需及建筑部长弗里兹·托特博士的名字命名）和义务劳动服务机构都加入了这项欧洲历史上最大的建设工程。26万人用1 300万吨混凝土和120万吨钢筋修筑了15 000个地点的工程。军备部长和托特组织的负责人阿尔伯特·施佩尔后来回忆道：希特勒这位曾经受过挫折的建筑师兴致勃勃地亲自参与了工程的设计，并说他的计划“能够满足前线部队的所有要求”——这次他是对的。

为了加快构筑速度，德国人集中力量建造了三种类型的阵地：能够保护几个营的堡垒、能够容纳连到营的堡垒以及能够容纳班到排的堡垒。因为盟军此时已经实际上拥有了制空权，所以这些阵地都进行了巧妙的伪装，但同时要保证在任何情况下都能够承受住轰炸机和海军炮火的大规模轰炸。

德国从捷克苏台德防御工事、马奇诺防线和斯大林防线抽调火炮来装备这些阵地。1944年3月，西线德国部队已经配备了将近4 000门外国产的大炮，包括61种不同型号。如此巨大的工程对后勤人员来说简直是一场噩梦，尽管只有大约1/4的装备被实际安装在掩体里，大量的武器装备集中在加来地区。在其港口内和港口周围、潜艇基地以及水道的必经岛屿上，32 000名工人装备了32门重炮。到了1944年6月，海岸的所有部分都可能遭到炮火的攻击，与此同时德国海军提供了一种用电传打字电报机连接起来的大陆防线通信系统，这种系统不会被敌人窃听；此外他们还装备了一条雷达站链，以便在遭到进攻时可以及早发出预警并帮助指引火力方向。

隆美尔的雷区

1942年10月，隆美尔在阿拉曼布置了约50万颗地雷（大多数是由缴获的美国炮弹改装而成的），这是迄今为止最密集的雷区，这一雷区曾在随后的登陆战役中成功地阻挡蒙哥马利优势兵力的进攻达近两周时间。隆美尔拟订出计划，打算在海岸沿线的广阔地带埋设6 000万颗地雷，但到6月初为止只埋设了600万颗；在最有可能登陆的海滩，把地雷与人工的障碍物结合起来；在浅水处，把木头或水泥柱子斜埋入沙里，同时在上面绑上爆炸装置，以炸毁登陆船的底部；在接近深水位的地方，工程师们布置了由五根钢柱组成的四面体金字塔状障碍物，这种工事最初来自苏台德地区，是捷克反坦克防御工事的一部分；在靠海岸线更近一点的地方，德国人布置了一排排带有锋利尖头的波浪形栏杆，用这些设备可以刺穿登陆舰艇，并使其不能动弹。

反伞兵防御工事

隆美尔非常清楚盟军此时拥有强大的空降兵团，因而盟军的任何登陆行动都不仅会有登陆艇，还会有滑翔机和伞兵部队。冬季时，一个由地质学家和地理学家组成的特别大队考察了法国北部沿岸。在一些工程师和托特组织的帮助下，德军将把索姆河到卢瓦尔河的河谷和港湾用洪水淹没，把水草地变成沼泽，将沼泽变成湖泊；那些地方，特别是在半岛东部，足以将伞兵部队淹死。在较干的一些地方，德国人把锋利的木桩埋入地里，并用网状绳子将它们连接起来，使其像一张巨大的捕鸟网。到6月初为止，500万根桩子被设置在法国北部，另有4 500万根已列入计划。5月5日，隆美尔拒绝了第15集团军要求让空军参观这些障碍物的提议，他非常清楚这些工事的有效性值得怀疑。隆美尔和他的助手斯派德尔承认，这些工事的作用主要是心理上的，因为它们可以提高防御者的士气。

没有部署部队的“大西洋壁垒”是毫无用处的。1943年，德国部署了像海岸防卫师这样的守备部队，这些部队是由一些年岁大而不能在陆军师服役的人员组成的。例如部署在诺曼底奥恩河口的第711师大都由二级预备人员组成，他们出生在1901年左右，在战争爆发前没有经过军事训练。一旦有敌人入侵的迹象，这些守备部队就由被称为“胃师”（因为这些人身体有残疾而不能服其他形式的兵役）的人员进行补充。像最著名的第70师就完全是由患有胃溃疡的士兵组成，这些人集中在一些特定的兵团，能够统一领取无酸军用食品。在1943—1944年的冬天，海岸防卫师得到了由苏联囚犯中的志愿者组成的奥斯托奔营的增援；部署在科唐坦半岛东岸的第709师得到8个格鲁吉亚营的补充；而第275师则有8个不同国家的分队，这些分队主要来自高加索和中亚地区，还有一小群弄不清方向的藏族人，他们是1941年在哈萨克边境放羊时被苏联军队征召入伍的。有一些奥斯托

↓1943年下半年，德国炮兵在他们的阵地建造防御工事。炮兵阵地被做了伪装以躲避空袭

奔营士兵对战争明显抱有漠然视之的态度，但也并不是全部如此。1944年5月18日，在视察科唐坦半岛西南海岸线的第77师时，隆美尔对鞑靼营被训练后成为部队的示范营留下很深的印象。到1944年5月为止，德军已组成34个守备师，他们被部署在“大西洋壁垒”从加来到比亚里茨之间。

隆美尔不愿静等盟军舰队进攻，他更愿让德国海军和空军在海峡中主动进行攻击。到了1944年6月，德国海军在大西洋和英吉利海峡沿岸已经只剩下4艘驱逐舰、4艘大鱼雷舰、35艘摩托鱼雷艇、50艘潜艇以及450只更小的船只（诸如武装的拖网渔船、沿海航船等）。尽管在数量上远远少于盟军，但它们仍有用武之地。在1943—1944年的冬天，德国海军在海峡布洛涅到瑟堡之间布设了16个雷区，而在靠近海岸的地方则布设了更多的小型雷区。但是由于大多数水雷都安装了一个计时装置，80天后就自动失效，以至于到6月时这些水雷失去功效已超过了两个月。一旦探知敌军将要发动进攻，德国海军就打算用摩托鱼雷艇在盟军所经的水路上布设轻型“牡蛎雷”，这种设备在船只经过引起水压变化时就会发生爆炸。潜艇、

↓一张诺曼底海滩防御工事的空中侦察照片，显示了德军所布置的各种不同的障碍物。在登陆日，登陆艇靠近海滩之前，盟军的工程师已经清除了很多人

驱逐舰和鱼雷艇则可从盟军护航舰的侧面进行攻击。

德军最严重的缺陷是空中力量。早在1944年4月1日希特勒就已向第3航空队（负责西北欧战场）司令胡戈·施佩勒元帅保证第一批1 000架“梅塞施密特”Me262式喷气式战斗机即将完成生产，可到了6月施佩勒仍然在等待。他的空中力量名义上有500架飞机，但其中只有160架能够战斗（90架轰炸机和70架战斗机）。尽管战斗力下降了许多，但施佩勒还是指挥了30万人，其中10万人在第3航空队加强了高炮部队——一支比空中战斗中队对敌人飞机更具有威胁的部队。另外，施佩勒还指挥一支新型战备反击部队——V1火箭部队，其发射装置正在加来和勒阿弗尔之间的地区以及科唐坦半岛北部海岸地区建造。最初打算在1944年4月20日希特勒生日那天将该型火箭投入使用，但由于生产延期，一直推迟到6月13日才进行了首次攻击。

德国的自信

尽管德国的西部防御计划形成较晚，但到1944年初夏它已初具规模。如果隆美尔能够迅速将部队集结起来，他就完全有信心在海滩就击败敌人的任何进攻，但问题是谁也不知道该在哪里去击败敌人的进攻。隆美尔和

↓在“大西洋壁垒”的地堡中，机枪手和他的武器严阵以待

他的海军将领一开始认为盟军会在索姆河口登陆，但冯·龙德施泰特和斯比埃尔却坚信会在加来——他们之所以如此坚信，部分是因为V1基地集中在这一地区，部分则是因为这一地区靠近德国，但主要还是因为德国在英国的情报部门称进攻将在该地区发生。在战争结束后，隆美尔的崇拜者指出他们心目中的英雄具有神奇的预测能力。据报道，5月9日，在一次对驻扎在诺曼底维斯特勒昂（卡昂的海港）的第1716炮兵旅进行视察时，他曾把军官们召集在一起，背对着他们遥望大海站了很长时间，然后慢慢转过身来说："先生们，如果他们登陆，将会从这个地方上来。"但也并非只有隆美尔一个人预计登陆地点将在诺曼底，因为后来德国最高统帅部的情报分析就曾十分简洁地提出："最有可能的登陆地点是诺曼底，次之是布列塔尼。"几天过后，隆美尔和其他高级军官们又改变了看法。6月3日在冯·龙德施泰特的司令部与克拉默将军进行的一次交谈中，隆美尔明确地提出登陆地点将会在索姆河口。至此可以看出的一个简单的事实是，德国人始终不清楚盟军究竟会在什么地方或什么时间登陆。他们预测在法国北部沿岸各地，却不能确定地点，只是偶尔才判断正确。但有一件事隆美尔做得是正确的，那就是判断盟军将在何种情况下发动进攻。5月17日，隆美尔在对炮兵旅讲话时告诉他们："不要认为敌人会在好天气里或白天才会进攻。"他们必须准备在暴风雨天气中和午夜迎敌。6月4日，那天天气将由初夏的温和平静转为西风加暴雨，但是隆美尔自己却在当日离开防线回德国去庆祝妻子的50岁生日，这似乎很不寻常。

↑"大西洋壁垒"的一个德国大炮掩体。防御工事最初是由法国人建造的，后由德国人进行经常性的加固和更新。图为在圣马洛的19.4厘米口径法国制的大炮俯瞰着海港

英国对此热情不高

自从1945年以来，英国史学家们一直都在努力证明，几乎在敦刻尔克大撤退一完成，英国就在准备跨越海峡，以便重返欧洲大陆。这些历史学家们认为鼓动英国进攻的人主要是首相丘吉尔。但是这种观点只是立足于一些断章取义的零散的参考材料，而忽略了大量的证据。事实是，英国高级将领对跨海峡进攻一点也不感兴趣，他们更喜欢采用其他方式进攻德国。

英国对跨海峡攻击的态度比较勉强有几个原因。首先是英国在多年前曾有过一次大型两栖行动进展很不顺利的经历：1915年4月25日，英国及其自治领的部队在加里波利登陆，希望占领伊斯坦布尔并促使土耳其退出战争，结果却遭到大败。土耳其把英军压制在狭窄的桥头堡，使其遭受25万人的重大伤亡，并迫使英军在当年年底撤退。当时任英国海军大臣的丘吉尔是设计该登陆战的一员，他被迫引咎辞职。另外，丘吉尔的大多

↓隆美尔正在诺曼底视察党卫军部队。他们身后是在整个二战期间德国运输工具中的载重车——“欧宝闪电”型卡车

数内阁成员以及所有高级军官都对一战期间英国在西线战场前线发动进攻所遭受的损失记忆犹新，特别是1916年7月的索姆河战役和1917年10月的帕斯尚尔战役。在《世界危机》（丘吉尔在1928年发表的对一战的分析）这本书中，丘吉尔尖锐地指责英军总司令道格拉斯·海格和其他高级将领的领导方法，认为他们似乎缺少思考能力，而只知道在显眼的地方去打击敌人。

间接战略

现在丘吉尔是在指挥他自己的战争，他的直觉是英国应执行一种间接战略，利用皇家海军的海上优势从外围去进攻德国和它的盟国，同时派皇家空军的轰炸机对德国飞机场进行直接轰炸。于是在1942年，当德国开始修筑“大西洋壁垒”时，英国8个装甲师中的4个、25个步兵师中的14个都被部署在中东或远东，以保卫苏伊士运河免受意大利侵犯以及帮助印度帝国抗击日本人。英国曾于1940年进行过一次联合行动，对德国占领的西北欧沿岸进行两栖和空降行动，但其主要目的是进行突袭，而不是对大陆进行全方位进攻。

希特勒和墨索里尼于1941年12月11日对美宣战，把美国拖入了欧洲冲突。为了抓住这个契机，丘吉尔和英国高级官员于12月22日来到华盛顿，参加阿卡迪亚会议，一直待到1942年1月14日。英国促使美国高级将领同意首先主要对付德国，但这对罗斯福来说却有些难度。当珍珠港袭击激起人们普遍的反日情绪时，对德国和意大利采取何种态度则仍是模棱两可。这并不仅仅是因为德国和意大利后裔在美国人口中占有很高的比例，而且因为美国人怀疑英国企图利用美国的力量去进一步达到自己的目的。这种普遍的忧虑在一定程度上也得到了美国一些高级将领的认可，特别是美国海军作战部长欧内斯特·金海军上将和美国陆军参谋长乔治·马歇尔将军。在以后的战争中，金成为主张集中力量对付日本一派的代表，并成为罗斯福与丘吉尔进行交涉的一个强有力的论据。马歇尔不同意金的观点，他认为尽早实施渡海峡进攻是美军部队在欧洲战场上唯一合理的做法。

在阿卡迪亚会议中背后支持马歇尔的是刚五十出头的秃头军官德怀特·艾森豪威尔少将，他是军事计划部的负责人。他在两年多前曾是一个“过客”的少校，在菲律宾曾担任日益傲慢、反复无常的道格拉斯·麦克阿瑟将军的参谋长。1939年后期，艾森豪威尔成功地使自己调回到美国，

→→英国首相丘吉尔在英格兰某地向美军士兵发表讲话。为了误导德国，盟军在英格兰东南部制造了一个虚拟部队，把敌人的视线从英格兰南部的大规模集结移开

不久又来到华盛顿——马歇尔通过采用艾森豪威尔的建议来管住他所讨厌的麦克阿瑟。即使根据战时标准，艾森豪威尔的擢升速度也是很快的。艾森豪威尔在阿卡迪亚会议期间所记的日记表明他已变成了一个全球战略主义者，他在1月5日的日记中写道："与英国人谈话已索然无味。跟他们谈话很困难，很明显害怕有人告诉他们做什么以及如何去做。他们的战争行动是很迟缓的。"到会议结束时，艾森豪威尔的思路已经变得很清晰："我们已经开始在英格兰建立空军部队和陆军部队。当我们足够强大时，我们就可以充分地打击德国，而那时苏联则正处于战争之中。"

根据马歇尔的指示，到1942年3月末，艾森豪威尔和他的伙伴们已经准备好了一个代号为"围捕"的进攻计划。到1943年4月1日，他希望能派遣6个师的英美部队在法国沿岸布洛涅至勒阿弗尔之间的某地登陆。后续部队将以每周10万人的速度抵达，直到在欧洲部署30个美国师和18个英国师。这次行动将需要7 000艘登陆舰艇（尚未建造）、3 000架美军飞机和2 500架英军飞机——其中只有少数刚出厂。

英国的怀疑

这就是1942年4月8日马歇尔在罗斯福的助手哈里·霍普金斯的陪同下带往伦敦的计划。英国迫切需要美国的援助，于是就在口头上同意了这个计划。4月14日晚上马歇尔终于在丘吉尔面前坦言道："在1943年对法国北部实施进攻这个基本问题上（英美）达成了共识。"而事实上，英国并不喜欢这个计划。英国首相很清楚用词的重要性，他对"围捕"这个代号并不满意，但也没有办法。他记录道："我担心如果把这个代号改掉，会使美国人认为这是有意节外生枝。因此，我们必须坚持使用这个夸张且选得很差的代号，希望它不会给我们带来坏运气。"英国参谋总长阿兰·布鲁克将军在日记中写道："这些计划充满着巨大的危险，成功的可能性很小，且依赖于一大堆未知的东西，而灾难的概率却很大。这是基于对敌人完备的军事力量的事实做出的判断。"

重拳

英国统帅部另外有个问题。1941年秋天，英国的军事计划人员设计了一个代号为"重拳"的行动——如果苏联在短时间内崩溃，英国将派8～10个师在法国沿岸登陆，可能在布列塔尼，或是在科唐坦半岛。实际

上这只是个临时计划，他们确信大多数部队都将有去无回。艾森豪威尔也持同样的观点，并给登陆部队增加两个美军师，同时把时间定在1942年9月15日。像英国一样，他也认为这几乎就是一个自杀行动。他估计先头部队登陆成功的概率是50%，而建立6个师的滩头堡则只有20%的可能性。但这是无论如何都要采取的行动，因为“我们所寻求的是让800万苏联人继续战斗”。

7月20日，英国人在接到艾森豪威尔的“重拳方案”时都感到十分吃惊。布鲁克争辩道，只有使几十个德国师调转方向，才会帮助苏联人，而问题是德国人只需几个师就可毁灭“重拳”计划。7月22日，丘吉尔通知罗斯福，称“没有一个英国陆军、海军或空军将领认为在1942年施行‘重拳行动’是可行的”。他们提议不在法国，而是在北非登陆。最后，罗斯

↓德怀特·艾森豪威尔在进攻的前夕与美国士兵交谈。艾森豪威尔以前没有指挥部队的经历，直到1942年11月，他才被指派负责在北非登陆的英美“火炬计划”。对任命他为盟军在欧洲的最高指挥官有很多反对意见，但他具有许多使他成为一个优秀领导者的品质

↑“大西洋壁垒”中一名德国炮手在他的炮位上观看和等待着。盟国的欺骗战略让德国人不停地猜测到底登陆战役将在哪里爆发

福和马歇尔接受了英国的建议，认为北非登陆可以在1942年完成。艾森豪威尔极为沮丧地向一位朋友透露：“我几乎不知道日子该怎么过。”他在1942年7月22日的日记中称这是历史上“最黑暗的一天”。

英国人则私下议论：美国人的问题是热情过了头。自从1898年在古巴登陆进攻士气低落的西班牙军队后，美国就再也没有参加过两栖行动；他们认为现代装甲武器、动力登陆舰艇和无线电通信将会使许多问题迎刃而解——但英国人却不这么认为。1942年8月19日清晨，一批联合突击部队在迪耶普登陆，包括5 000名加拿大人、1 100名英国突击队和50名美国别动队员。他们训练有素、经验丰富，目标是摧毁迪耶普以东及以西的德军海岸防御炮火，最终他们成功地完成了任务。身着火焰色军服的上校洛德·洛瓦特带领第4突击队，向位于迪耶普东6千米的德军伯尼瓦尔营地发动了猛烈进攻，终于消灭了驻防德军。同时，3号突击队在英吉利海峡与德国潜艇的交战中剩下的一艘登陆艇和20名队员在该镇以西6千米的瓦伦吉维尔营地登陆。彼得·杨少校——幸存的高级军官——带领他的小分队与敌人展开激烈的战斗，并将德军炮火压制了3个小时。

对迪耶普的进攻

在德军侧翼防卫营被消灭之后，那批缺乏经验的加拿大部队在迪耶普上了岸。既然该镇只有200名超龄的预备部队防御，战斗结局本应该是在预料之中的，结果却变成了一场大灾难。东边和西边的枪炮声惊动了德军士兵，他们立即占据了有利的地形，在悬崖边上新修的碉堡里以及在可以清楚地俯视海滩的房子上架起了机枪，少数德国人向登陆艇喷火，在加拿大人试图冲出水面时，切断了他们的包围。

↓经过灾难性的袭击后在迪耶普海滩上的一辆被击毁的“丘吉尔”式坦克。尽管这次战役完全失败了，但却给盟军对于如何实施两栖登陆留下了很有价值的经验

把加拿大士兵压制在海滩上后，德军急调后备部队到迪耶普，结果这里就演变成了一场大屠杀。当天傍晚时分，冯·龙德施泰特已在向希特勒汇报一个令其满意的消息：“已没有武装的英军残留在欧洲大陆上了。”英国和加拿大人在迪耶普留下了3 648名死伤和被俘虏的士兵，回到英格兰的人中500人受了重伤，而德军死伤相对较少。在这次袭击中盟军没有进行海、陆、空之间的密切协作，当空军和海军的炮火支持到达时，它们

已完全失去了作用。而更为糟糕的是，盟军的“丘吉尔”式坦克对海滩的情况处理得非常糟糕，它们在爬向海防墙时或是撞向页岩，或是钻进了岩缝中。

↑道格拉斯的“波士顿”（A–20）轻型轰炸机正在攻击海峡沿岸的目标，到1944年6月第一周，空军已经摧毁了80%的沿海雷达能力。这张图片清楚地展示了诺曼底范围广阔的海边沙滩。这也是这个地区被选为登陆地点的一个原因

丘吉尔的反应

对这次联合行动的指挥官路易·蒙巴顿勋爵来说，幸运的是8月19日这天丘吉尔正在埃及。丘吉尔在听了蒙巴顿对这次行动过分乐观的描述后非常满意，但当他回到英国看到一些具体报道时，他朝扁鼻子参谋长伊斯麦将军吼道：“我必须确切地知道这个军事计划是谁设计的？又是谁同意的？”随着惨败的细节渐渐抖搂出来，丘吉尔自我安慰道：“迪耶普登陆战正好暴露了我们的缺点。”这次教训揭示了团队协作是成功的秘诀所在，而只有经过训练的有组织的两栖兵团才能达到目的。迪耶普登陆战对

美国是一个很大的震动，他们曾天真乐观地认为实施大规模的两栖行动是一件很容易的事。一种新的沮丧情绪笼罩在大家的心头。

1943年1月，罗斯福、丘吉尔和联席参谋长们在卡萨布兰卡召开会议，同意把“围捕”行动提前，另外建立一个英美计划参谋机构。8周后，英国后勤专家费雷德里克·摩根被任命为盟军最高司令部参谋长，并负责制订进攻计划——伦敦圣·詹姆斯广场旁诺福克大楼中摩根的办公室里不久就挤满了从美军和英军中抽调来的最优秀的参谋人员。由于曾设计过许多突击计划的路易·蒙巴顿联合行动司令部任务的转移，使得英美计划参谋部人数更多。摩根的参谋人员规模之大是空前的，所要制订的行动计划也是空前复杂的。两个月后，摩根得知，罗斯福和丘吉尔在华盛顿会议上决定将登陆日期定在1944年5月1日，代号“D日”。由于充分意识到这次行动的巨大历史意义，他们决定将代号由“围捕”改为“霸王”，以与这次伟大的行动相称。

对盟军最高司令部来说，第一个问题就是要决定将在哪里登陆。从迪耶普得到的教训是，即使在一个防御较差的海港都会遭受无法接受的伤亡，因此部队要在远离设防港湾的开阔的海滩登陆。联合行动参谋部的人员已经分析了法国沿海，并将可能登陆的地点缩小为三个：加来、布列塔尼和诺曼底。加来是跨越英吉利海峡的最短路线，这就意味着海军能够比其他地方运送更多的人员和物资到对岸，而空军则可使战斗机在空中停留时间更长，并为进攻舰队提供更多的保护。同时，加来还为登陆部队提供了进攻德国工业中心鲁尔地区最直接的路线，这将最大限度地减少后勤支援方面的困难。

但是，加来在给登陆者提供各种方便的同时，也同样有利于德国人。另外，该地区高高的悬崖和只有极少出口的狭窄的鹅卵石海滩则会给重型设备的通过造成许多困难。这就意味着任何滩头堡都将要么向东延伸至包括比利时在内的海港，要么向西延伸至包括塞纳河三角洲的港口，而所有这些地区都防卫得非常严密。加之肯特海岸线的海港太小，无法给组成进攻舰队的数千艘舰艇提供足够的容纳之地。这批舰队还要以朴次茅斯至南安普顿的那些巨大复杂的停泊地为基地。而且在运送登陆部队到对岸海港之前，大多数舰艇都还要向东——在德国海岸炮火下沿海峡航行约160千米，而现在这些港口的防御措施要比1942年受到袭击的迪耶普强大得多。

英国坦克式（火箭）登陆船

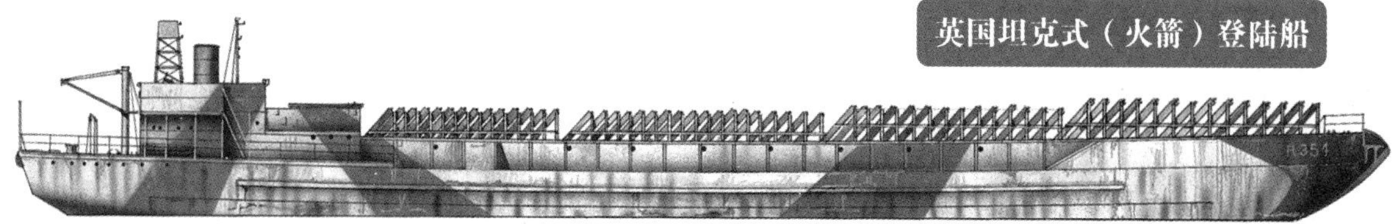

↑坦克式（火箭）登陆船是英国的一种经过改装的舰艇，它为上岸的部队提供特别的火力支持。它携带超过1 000枚127毫米的火箭，可以24发齐射。尽管它们并不能穿透混凝土地堡，但可以大大鼓舞士气

布列塔尼

与此同时，盟军最高司令部中有很多美国人则坚持要求在布列塔尼登陆。布列塔尼长长的锯齿形的海岸线上有许多便利的海滩，这对登陆显然是很有利的。而且一次成功的登陆行动还能促成夺取朝向陆地方向的一座布列塔尼的大港口，但是由于布列塔尼与德国距离较远，这将大大增加盟军的后勤困难，而且该地远离英格兰，盟军战斗机很难提供持久的空中覆盖和支持。再者，布列塔尼海滩暴露在大西洋的西南风中，这个海岸的风猛烈且无法预料，而且海岸本身还布满了许多具有潜在危险的小岛和暗礁。隶属于盟军最高司令部的皇家海军官员们对可能将会在布列塔尼登陆之事感到恐惧，他们一再提醒他们的美国同僚，英国和法国舰队在以前几个世纪中曾在这一带海岸线遭受过巨大损失。

现在只剩下两条沿大西洋和海峡的海岸线：从纪龙德到西班牙边境（太远）和从塞纳河河口到诺曼底海岸的科唐坦半岛。诺曼底海岸线是一片长而宽的沙质海滩，背靠许多沙丘和低矮的悬崖，它没有像加来和布列塔尼那样的困难，而且向北突入海峡的科唐坦半岛还能保护沙滩不受从西南吹来的风暴的袭击。加之这些沙滩也处于两个布防严密的海港——勒阿弗尔和瑟堡——之间，一旦登陆，盟军就可以选择夺取其中的一地或两地。所有的提议都将于1943年6月28日在苏格兰由蒙巴顿联合行动司令部召集的会议上进行评估，但实际上诺曼底现在已是盟军唯一真正可能的登陆地点。

诺曼底的防御工事

由于法国抵抗组织的出色工作，盟军最高司令部已经获取了大量有关德国在诺曼底地区防御工事的情报。

1940年，法国电影制片商吉尔伯特·雷诺·罗利叶成为第一位向夏尔·戴高乐初建部队提供服务的人，他使用克罗内·雷米这一化名回到

↑美国招募商船的广告画。在登陆前商船运送人员和装备到英国常常是在异常危险的情况下进行的，而它的作用却常常被忽视了

法国建立了一个情报组织——圣母同志会。这个情报组织不久就覆盖了北方海岸线的大部分。诺曼底和布列塔尼的渔民是很有效的信息来源，因为他们对海岸非常熟悉，并且能够估计出许多大炮的位置，而德国人有些时候对捕鱼进行限制。雷米的一些人员装扮成房地产机构人员，在诺曼底沿海小镇里公开拍摄一些优美的假日别墅的全景照片。该组织获得的最大的一个成果是勒内·杜切兹——卡昂的一位房屋油漆工——提供的：他在给该市托特组织司令部进行粉刷时，带出来一张6平方米的部分“大西洋壁垒”的蓝图。到1943年夏天，盟军最高司令部平均每月能从自由法国情报组织那里收到500多份详细报告。但是由于德国改变了其1942年的不严格管理，并在1943年逐渐加强了安全措施，因此情报收集所付出的代价也越来越高，许多人员都被逮捕和处死。

所有这些收集到的情报都被送到以牛津为基地的军内地形测绘部。在圣吉尔斯沿岸的办公室里有一个由地理学专家和皇家海军官员组成的部门，他们负责记录和筛选每个情报，包括沙滩的构成、水流特征以及潮汐的时间。所有这些都被纳入一个诺曼底海岸的详细模型中，该模型位于阿什莫尔博物馆的地下室，军内地形测绘部坚称，在那次灾难性的突袭之后，在迪耶普的海滩上留下了一辆被击毁的“丘吉尔”坦克。尽管这次攻击是一次可怕的失败，但它确实给盟军上了宝贵的一课，让他们知道如何进行两栖登陆。为了对抵抗组织的工作加以补充，侦察机拍摄了数百万张高低空照片。同时船只和小型潜艇也将潜水员送到离海岸数百米以内的海区，从这里游到沙滩用钻子取回沙石，以研究沙石的构成情况。这项工作极其危险，被俘的可能性很大。而根据1942年11月希特勒的“突击队命令”，他们一旦被抓住很可能就要被当作恐怖分子处死（有两个人是比较幸运的，他们在1944年5月20日被俘后被带到隆美尔处，由这位陆军元帅亲自审问，然后被直接送到战俘营，而没有被送到党卫队保安处处决）。根据这些费尽心血得到的情报，军内地形测绘部才能够精确而详尽地绘制敌占区地图。测绘部总共印刷了1.7亿张地图，其中有4万张是登陆海滩的高级机密地图，它们详细描述了德国的防御工事，细到带刺铁丝网的分布情况。

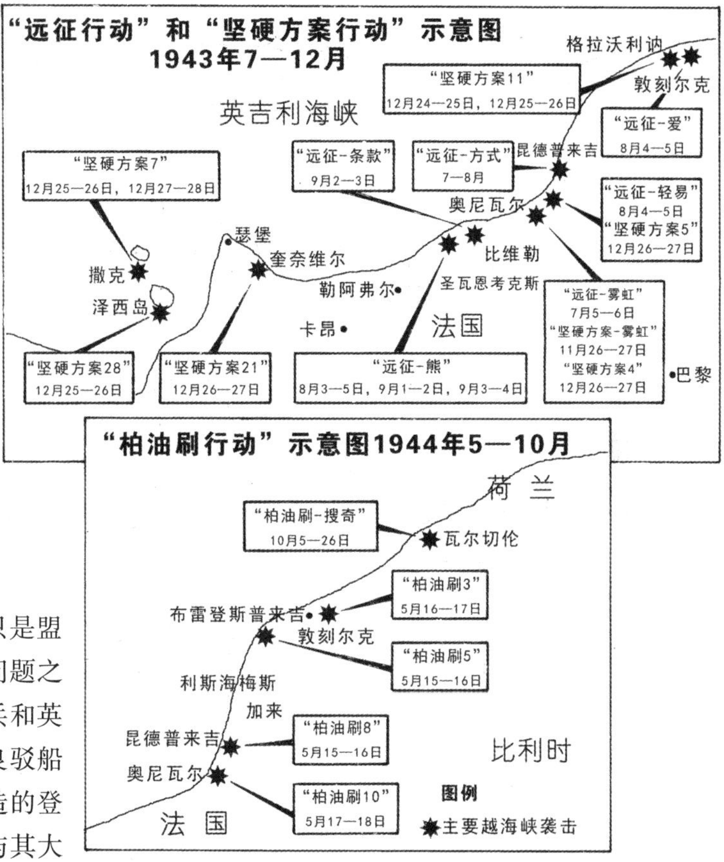

新型登陆艇

决定在什么地点登陆只是盟军最高司令部所要解决的问题之一。在迪耶普，加拿大士兵和英军突击队员曾用过新奥尔良驳船制造师安德鲁·希金斯制造的登陆艇。希金斯的船配备了与其大小相适应的强大动力系统，并且操纵起来非常灵活，但是它们都是木制的，只有轻型装甲。在大规模进攻登陆中其装甲就形同虚设了，因为船只只能以持续的速度在限定的路线上前进。

1940年皇家海军曾设计过钢制进攻型登陆艇，它可以装在运兵舰上，从吊艇架上放下来。海军还绘制了一些舰艇图：坦克登陆艇——一种能运3～5辆坦克的钢制驳船；坦克登陆船——一种大型远洋浅底船，它能在软质斜坡沙滩上登陆，并能运送多达60辆坦克。但遗憾的是，英国的造船能力已达到极限——到1942年年末英国已经生产了900多艘舰船，其中有接近650艘是小型坦克登陆艇。

在1942年1月的阿卡迪亚会议上，美国人同意根据英国的需要建造船只和舰艇，一方面为自己使用，另一方面作为《租借法案》的一部分交给盟国。仅1942年美国船坞就建造了7 000艘两栖军用舰船，包括62艘大型坦

↑两张示意图展示了大进攻之前在法国北部沿海已实施的各种袭击的位置、日期和代号，用以收集情报，同时迷惑德国人

克登陆船，因为过一段时间登陆船可能就会派上用场。但在1943年1月的卡萨布兰卡会议上英美领导人决定，鉴于大西洋战争已进入关键阶段，船只建造应集中到生产驱逐舰和护卫舰上。一段时间里两栖舰船的生产几乎停滞。到1943年下半年该类舰船又重新开始生产。此时英国船坞以惊人的速度生产了422艘大型登陆船，几乎与美国一样多。

装备火箭的坦克登陆艇

英国人（虽然不是美国人）从迪耶普行动中还认识到，进攻部队在沙滩上需要炮火支持。皇家海军解决这个问题的办法是将坦克登陆艇装上一排排127毫米火箭。一艘坦克登陆艇在30秒内能发射1 080枚火箭，在当时那段时间里还曾宣传这超过了皇家海军所有巡洋舰同时发射的火力。实际上，这种火箭并不能穿透地堡，但36艘坦克登陆艇能制造出有效的声势，这对提高士气很有效果，而且能杀死任何一个暴露在外的德国士兵。

然而，一旦登陆，能发射火箭的平底坦克登陆艇的价值就几乎全部

↓一辆“谢尔曼”扫雷坦克在英格兰西南部的演习中正在执行任务。快速旋转的带刺链子会在坦克经过的道路上引爆地雷

←一位炮手两脚分开坐在“丘吉尔”Ⅲ式坦克上。这种坦克可以发射重11.3千克的重迫击炮弹，可以从近距离将掩体和碉堡加以摧毁

消失了。盟军最高司令部在翻阅1917年为进攻德国占领的比利时海岸准备的但后来被取消了的行动计划时，发现了各种装甲进攻船的设计图纸，这些设计本来可以使迪耶普登陆避免遭受重大损失。1943年3月，布鲁克命令将第79装甲师改编成一个工程师进攻师，并将其置于装甲战争先驱之一——少将珀西·霍巴特的领导下。大约两年前他曾是英国国民卫队的一名二等兵，他作为一个正规战士的生涯被他那些固守传统的上级给过早地结束了。

霍巴特的“滑稽物”

数周之内，霍巴特就在自己周围集合起一些英国最好的工程师，他们带来了被英军戏称为“滑稽物”的各式各样的机器。其中最常规的是一种水陆两用式坦克或称游泳坦克，它的主发动机带动螺旋桨，并用一个粗帆布空气包使它能够在水中浮起来。这些坦克既可以在步兵之前登陆，也可以同步兵一道登陆。坦克装上旋转滚筒，带动钢链抽打地面，通过这种方法破坏雷区。被称作“AVRE”（意为“皇家工兵装甲车辆”）的“丘吉尔”Ⅲ型坦克上则装备一门大型迫击炮，它射出的18千克重的炮弹甚至能炸毁那些最牢固的碉堡的墙体。碉堡的墙体坍塌后，装有喷火器的马克Ⅶ型“鳄鱼”式坦克用液体高压喷火器对其进行喷射。为了帮助“AVRE”对付墙壁与壕沟，又给它们装上9米长的箱形梁式桥，并装有2.5米宽的栗木捆或长管子，用以放到反坦克壕沟中去。实际上，第79师采取了一种古老的包围辎重队的进攻方式。设计和建造该型坦克花费了很长的时间，直到1944年4月初该师才收到第一批“丘吉尔”Ⅲ型坦克。

“桑树”港口

在精心设计如何让部队登陆的同时，还要充分考虑对他们越过开阔的海滩提供支持的问题。迪耶普行动的命运已经排除了很早就能占领敌人海港的可能性。盟军最高司令部最乐观的估计是从第一批部队登陆到夺取瑟堡港将需要两周时间，另外还要有两至三个月时间去排雷和修理德军离开后被破坏的设备。盟军最高司令部再一次在1917年被取消的登陆计划文件中找到了答案，这些计划是要预先构建一个浮港。盟军最高司令部海军司令约翰·休斯·哈勒特上将使这些计划重见天日，并把仍记得1917年原始计划的丘吉尔提出的一些建议加到计划中去。英国准备建造两座人工港口，代号为“桑树A”和“桑树B”。“桑树A”将建在霍克角以东，供美军使用；“桑树B”将建在阿罗芒什以东15千米，供英军使用。这些计划需要150艘大马力拖船。为了保护这两个人工港，盟军最高司令部计划筑造两个大型人工暗礁，这需要沉掉74艘老式货船和废旧战舰，并要特别修造一些钢筋混凝土沉箱来补充。该计划代号为“凤凰”。

1943年10月，海军部下达命令，要求从克莱德到泰恩之间的各船坞建造200个以上的钢筋混凝土沉箱，规格是长60米、高18米、重6 000吨。另外还要建造浮起的码头外端，要求有16千米的钢制路面，93个各重2 000吨的钢筋混凝土浮坞。这些部件一造好，就立即沉到泰恩、克莱德以及100个其他的河口、三角洲和海湾等地方，以免被德军侦察到。等到需要时，只需把水抽掉，“凤凰”沉箱便可重现出来。

英国精心设计的方案要是没有代号为“波莱罗行动”的美军的集结，

几乎毫无作用。美国的工业生产能力超过了其1942年最保守的估计，美国以英国为基地的战斗机和轰炸机机群已从1942年末的15个变成了86个，占美军全部飞机的一半以上。到了1944年6月，英格兰东部几乎成了美国空军基地的飞机库。在英格兰西南部，美军数量从1942年5月的36 000人增加到1944年5月的150万人。从美国运来的作战物资更是惊人：在1942年4月到1944年4月这24个月内，通过港口输入的军事物资达500万吨，占这一时期英国进口物资总吨数的10%。

不过“波莱罗行动”获得巨大成功也远非易事。美国总后勤主任布雷亨·萨默维尔将军把主要精力花在了该项行动上。有段时间，特别是在1943年夏天，当他的注意力集中到地中海的时候，该计划受到很大影响。1944年年初时，萨默维尔努力要把堆积在纽约的大量储备物资运出来，却苦于没有船只，以至于无法在计划的登陆日之前按时完成。应罗斯福的要求，丘吉尔命令进一步减少消费品的进口，这虽然加剧了业已短缺的消费品的供给，但为军需品的运输提供了方便。到1944年5月底，萨默维尔已经向英格兰运送了5万辆坦克和装甲车、45万辆卡车和45万吨弹药，把这个国家变成了“有史以来最大的军事运作中心”（艾森豪威尔语）。

↓预先制造一些人工港口对登陆的胜利至关重要，因为它可使后勤的卸货工作顺利进行。如本图所示。共把146只沉箱拖过英吉利海峡并让它们准确地沉在指定的位置

集结继续进行

美军的集结给世人留下了深刻的印象，与此同时其他国家也向英格兰输送了自己的部队和装备。截至1944年5月，已有近20万加拿大军人来到英国。加拿大皇家空军有54 000人在加拿大37个飞行中队，或在英国皇家空军中服役。还有超过4万名澳大利亚和新西兰人，他们有的在本国飞行中队，有的在英国皇家空军，有的则在皇家海军中服役。欧洲被占领国家也在这方面做出了很大贡献，波兰和“自由法国”有4万人，比利时、荷兰、挪威和捷克共有大约一万人参加了此次大规模集结。但最大的部队——至少在开始时——还要算是英国的了。到1944年春，在不列颠诸岛上就有175万军人。据所知情况，盟军有300万人在英格兰南部驻扎，另外有100万美军将从美国直接开来，此外来自加拿大本土和在意大利的加拿

↓美国“韦科哈德良”式滑翔机正在一个英国空军基地组装和集结。滑翔机是用来运输伞兵部队的重武器和吉普车的，它是进攻计划中重要的一部分

大部队近10万人也将抵达。

到1943年秋，这些持续增长的部队仍没有一位最高统帅。丘吉尔设想这项工作应由英国人去做，并半公开地表示将任命帝国总参谋长阿兰·布鲁克将军担任此职。但罗斯福认为，鉴于美国物资和军队数量日益占优势，最高统帅应该是美国人，并试探地提及美国陆军参谋长马歇尔将军。由于意识到在这个问题上会有分歧，首相和总统都同意把这个问题放一放。然而，苏联人对此却日益不满，认为英美迟迟不任命盟军最高统帅是在有意延缓开辟第二战场。在1943年11月召开的德黑兰会议上，斯大林要求西方领导人把立即任命盟军最高统帅作为相互信任的一个标志。

艾森豪威尔成为盟军最高统帅

丘吉尔尽力推荐布鲁克，但罗斯福则明确表示，如果任命一位英国人为盟军最高统帅，美国公众会反应强烈，况且1944年是大选之年，英美联盟之所以运行顺利，是因为建立在首相与总统个人之间的良好关系上。为了不使罗斯福为难，丘吉尔撤回了他所钟爱的人选。直到12月7日，罗斯

↓进攻前，盟军部队在英国海边小镇的大街上列队行进。英格兰南部大部分地区在进攻前已经变成了巨大的兵营

福才决定不从华盛顿抽调马歇尔，而是直接任命艾森豪威尔将军为盟军最高统帅。自起草“围捕”计划之后，艾森豪威尔又被授命于1942年11月在北非执行“火炬登陆计划”，后又被任命为地中海战区司令。虽然他在率领部队进行战斗方面的经验较少，但他已在行政方面证明了自己的才能，而且他在外交方面的才能也正日益得到认可，特别是在北非处理法国的事务使他名声大振。被任命组织实施“霸王计划”后，艾森豪威尔派他的参谋长沃尔特·比德尔·史密斯少将到伦敦组织成立盟军远征军最高统帅部。史密斯是行伍出身，曾在第一次世界大战中被提升，他性格暴躁，缺乏耐心，但精力旺盛，这是对艾森豪威尔和蔼个性的一个很好的补充。

←←美军士兵正在练习使用一种“爆破筒”，这是一种里面填上炸药的管子，在对付带回刺的铁丝网防御工事时非常有效

1944年1月，艾森豪威尔抵达伦敦，发现史密斯已将盟军远征军最高统帅部组建完毕并且运行良好。盟军远征军最高统帅部设立在泰晤士河畔的布歇公园内，它吸收了盟军最高司令部的部分人员，到1944年5月时这里的人数已达到7 000人。

艾森豪威尔在1944年头几个月组成了一个指挥班子。他挑选盟军空军在地中海地区的前总司令空军元帅亚瑟·泰德作为他的副手，艾森豪威尔第一次遇到他是在1942年12月。泰德毕业于剑桥大学，他性格内向有学者气，常叼着烟嘴，以至于看上去更像一位大学教师而不像军队里的人。丘吉尔在最初判断人时倾向于根据其外表，因而认为他没多大用，就把他打发了。但艾森豪威尔很快就了解了他，并对其睿智很是欣赏。泰德是海、陆、空协同作战的坚定倡导者，而不像其他许多空军将领——他们似乎相信仅凭他们的轰炸机编队就可以赢得战争。泰德充分意识到空地协作的重要性，他最终说服艾森豪威尔任命了与他持同样观点的空军元帅特拉福德·利·马洛里负责盟军新型的战术空军部队，尽管利·马洛里是一个众所周知的难管之人。海军部队毫无疑问也是个重要角色，艾森豪威尔同意丘吉尔的建议，任命海军上将伯特伦·拉姆齐为海军总司令。拉姆齐在部署部队上岸或入海方面的能力都是无人可比的，他领导过1940年的敦刻尔克大撤退以及1942年盟军的北非登陆。丘吉尔强烈要求任命拉姆齐或许还有个没有明言的想法，即如果登陆日的行动进展很不顺利的话，他将是代替艾森豪威尔职务的最合适的人选。

对蒙哥马利的任命

艾森豪威尔觉得在挑选地面部队司令方面更不容易做决断。还在北

↑指挥诺曼底登陆的盟军最高司令部人员。从左到右依次为：盟军海军司令官伯特伦·拉姆齐，盟军最高司令官德怀特·艾森豪威尔，盟军空军远征部队司令官特拉福德·利·马洛里，盟军最高副司令官亚瑟·泰德，以及盟军第21集团军群司令官伯纳德·蒙哥马利

非时艾森豪威尔就对哈罗德·亚历山大留下了很深的印象——这是一个来自爱尔兰卫队的军官，衣冠楚楚，认真严肃，嘴角翘起，看上去就像好莱坞影片里的旧时英国将军。丘吉尔对他的评价也很高，但他的许多同事虽然也承认他有近乎自杀式的勇敢和外交才能，对他在其他方面的能力却都评价不高。英国皇家总参谋长阿兰·布鲁克竭力推荐他的门徒伯纳德·蒙哥马利将军，他在敦刻尔克时是阿兰·布鲁克手下的一个师长。蒙哥马利是目前英国最成功的将军，但他为人刻薄且以自我为中心，在北非时就对艾森豪威尔和其他美军将领们摆出一副屈尊俯就的样子。尽管艾森豪威尔对蒙哥马利的态度几乎上升到憎恶的程度，但他还是接受了对其的任命。而对任命奥马尔·布雷德利将军指挥美军第一集团军，艾森豪威尔就没有这样的疑虑。作为艾森豪威尔的亲密战友，布雷德利谦虚、文静，不摆架子。第三集团军司令乔治·巴顿将军是艾森豪威尔的另一位老朋友，他火爆的脾气使艾森豪威尔几次差点解了他的职。巴顿同艾森豪威尔一样，对蒙哥马利也是怀有矛盾心理。

这个指挥班子或许是1944年年初高级将领班子中最好的一个。作为

“委员会主席”，艾森豪威尔充分证明了自己的能力。还在担任道格拉斯·麦克阿瑟的副官时，艾森豪威尔就已习惯于对付那个敏感自负、以自我为中心的人。在接下来的几个月里，艾森豪威尔凭借着自己的老练和个人魅力使盟军远征军最高统帅部这架复杂的人员机器正常运转。他容忍了蒙哥马利的傲慢态度，只是在私下里挫一挫他的傲气，却从不在公开场合这样做。

艾森豪威尔所遇到的主要问题之一是说服“轰炸机大王”英国皇家空军上将亚瑟·哈里斯和美国陆军第8航空队的卡尔·斯帕兹将军，让他们同意将空军由轰炸德国转移到阻断法国北部的运输系统上来。1944年年初，泰德的主要科技参谋索利·佐克曼提出了一个方案，拟炸毁整个法国北部的一百多个铁路枢纽，他称该行动将使德国军队的调动和供应陷入停滞状态。这个“轰炸铁路计划”很快就得到了泰德和利·马洛里的支持，却遭到哈里斯和斯帕兹的反对，他们俩都认为只有集中力量对德国进行战略性轰炸才能赢得战争。丘吉尔由于担心这将会在法国造成平民伤亡，而

↓蒙哥马利将军（居中）与奥马尔·布雷德利将军（美第1集团军）和迈尔斯·登普西中将（英第2集团军）在一起。蒙哥马利负责指挥在法国的所有地面部队，直到1944年9月1日由艾森豪威尔接替。而在此之前，布雷德利和登普西各自指挥自己的部队并接受蒙哥马利的领导

不太愿意支持这个“轰炸铁路计划”。直到戴高乐保证说法国人民将会因为没有为自由付出代价而感到耻辱后，丘吉尔才同意了该计划。

艾森豪威尔的第一个胜利

但是哈里斯和斯帕兹非常顽固，他们做了一些巧妙的迂回方案，例如轰炸德国的综合炼油厂和汽车厂。实际上，他们执行的仍是老计划。3月25日，艾森豪威尔获得了自出任最高统帅以来的首次大胜利。在盟军远征军最高统帅部召开的一次气氛紧张的会议上，艾森豪威尔对“轰炸机大王”发出威胁说，如果他们不同意将空军部队转到轰炸法国铁路系统上来的话，他就只好辞职。面对将要背上破坏英美联盟和延误“霸王计划”的罪名，哈里斯和斯帕兹不得已做出了让步。

轰炸行动在4月初就很快开始了。在接下来的9个星期内，盟军飞机对80个铁路枢纽投下了71 000吨炸弹。从5月10日开始，轰炸目标扩大到法国西北部的所有桥梁。10天后盟军飞机开始袭击整个法国北部的火车。这

↓英军正在练习从步兵登陆艇上进行登陆进攻。这个特殊的工艺是由柯蒂斯开发的，卢伊、康沃尔等参与了这些至关重要的船舶建设

一轰炸行动对德国人造成的巨大冲击日益明显。例如5月9日，隆美尔的海军司令弗里德里希·鲁格上将在他的日记中写道：霍尔盖特的托特组织从5月1日后就一直调不来水泥。5月11日，托特组织估计他们已从修筑“大西洋壁垒”的人员中抽调了约65 000人去修复铁路。5月30日下午，陆军元帅隆美尔在视察中路过加利昂的塞纳河大桥时，不得不让车子加快速度开过去，因为到处都可能有炸弹落下，一小时后桥不见了。鲁格简洁地评论道：我们头顶上有许多飞机，但都不是德国的。截至6月5日，盟国空军已出动飞机20多万架次，投下了将近20万吨炸弹。“兰开斯特”式和B-17式轰炸机彻底摧毁了铁路枢纽和编组站，使得在法国北部的铁路运输减少了60%。盟军飞机接着又将注意力集中到“大西洋壁垒”的各个要塞上，它们一共摧毁了德军92个雷达站中的74个，从而大大降低了德国对英吉利海峡及英国的监听能力。但是在这些轰炸行动中盟军的损失也是巨大的：2 000架飞机被摧毁，12 000名机组人员受伤或阵亡。

盟军的训练

当“轰炸铁路计划”实施时，盟军部队进行了进攻前的最后一次演习。当时许多部队都已经等得不耐烦了，过多的训练已经使得进攻效率开始降低，精心准备的演习似乎已与实际情况没有多大联系。除了第29步兵师是在1942年就驻扎在英格兰之外，大多数美军师都是最近才抵达这里的。尽管他们经验不足，却个个士气高涨。其他部队则都已参加过多次战斗，著名的英国部队像第51高地师和第7装甲师从埃及途经利比亚、突尼

↓LVT4（英军称之为“水牛”）在太平洋战场上证明了它们的价值，在莱茵河上也同样成功

美国LVT4两栖坦克

↑盟军通过空袭阻止德国人将人员和物资运到登陆地区。这是一张刚遭盟军空袭后的卡昂火车站的照片。盟军的轰炸使该镇变成一片瓦砾，但也使英加军队在登陆后的进攻受到严重阻碍

斯和西西里，一直打到意大利。他们清楚地记得在阿拉曼、马雷特防线和萨莱诺等战役中所遭受的重大伤亡。他们知道前面将会是什么，而决不期待直捣“大西洋壁垒”。

丘吉尔的担心

首相理解他们的担心。2月的一个晚上，首相在与其下属们讨论“霸王计划”时突然问道：“我们为什么要尽力去做这件事？我们为什么不在一个友好的国家、一个我们最老的盟友的领土上登陆呢？我们为什么不在葡萄牙登陆呢？”于是他将备忘录送给参谋们等待第二天讨论。而整个晚上这些策划者都在纸上工作，勾勒经过西班牙、跨过比利牛斯山进攻的可能路线。

第二天早晨，阿兰·布鲁克在看过放在他桌子上的计划后勃然大怒。他的童年是在法国度过的，因此他对比利牛斯山很了解。在以后与丘吉尔一起参加的会议上，他尖锐地批评了该方案。鉴于这样的反应，丘吉尔意识到这是一个愚蠢的提议，不值得为其浪费宝贵的时间，但这也同时显示出丘吉尔清楚地意识到“霸王计划”的冒险性。两个月后，法地尤斯行动

期间在英国海岸几个类似于诺曼底的区域进行了真实的两栖登陆演习。人们被设备操作不灵、交通阻塞和海上碰撞等一片混乱景象惊呆了。4月27日晚，在多塞特的斯拉普顿沙地附近的海域，9艘德国潜艇进攻美国登陆艇护航队，用鱼雷击沉了3艘登陆艇，750多名美军丢了性命。之后几天，美军士兵的尸体被冲到多塞特海岸。这提醒了盟军应该重视敌军的作战能力。

1944年5月15日，在伦敦圣·保罗学校的模型室里，蒙哥马利在一群精选的观众面前展示了复杂的“霸王计划”的全部内容。这些观众包括国王、首相、盟军最高统帅、大英帝国总参谋长以及几十位海军、陆军和空军高级将领。登陆日（“D日”）定在6月5日，这天将有8个师在诺曼底登陆，3个师从空中、5个师从海上同时展开进攻。两个美军空降师——第82师和第101师，将于夜里沿科唐坦半岛东海岸空降，以确保滩头西侧的安全。同时英军第6空降师将在奥恩河以东着陆，其余5个师将在代号分别为“犹他”（Utah）、“奥马哈”（Omaha）、“金”（Gold）、“朱诺”（Juno）和“剑”（Sword）5个不同的海滩登陆在空降部队所保护的地区之间从西向东延伸。美军第4步兵师将在科唐坦最西部的“犹他”海滩登陆；美军第1步兵师和第29师奥马哈分部将在防御严密的霍克角和贝森港口之间的“奥马哈”海滩登陆；英军第50师在阿罗曼什到拉·里维埃拉之间的“金”海滩登陆；加拿大第3步兵师在位于拉·里维埃拉和卢克之间的“朱诺”海滩登陆；英军第3步兵师在“剑”海滩登陆。

↑这是1943年集结时加拿大“德·勒维斯”团的一位军官。加拿大人在迪耶普战役中损失惨重，在诺曼底登陆战斗中，他们表现得非常英勇

登陆日的目标

盟军计划在“D日”拿下诺曼底沿岸80千米长、纵深约16千米的一片地带。英军将负责保卫卡昂和贝约这两个重要的通信中心，同时，美军将转向西北方向，从陆地上进攻并占领瑟堡。一旦登陆成功，3天内“桑树港”将被运到目的地并以最快速度进行大规模集结。在登陆后90天内，诺曼底将由17个师增加到39个师。到那时，盟军部队将打出滩头阵地，跨过塞纳河，向低地国家和齐格菲防线推进。

随着“D日”越来越近，了解进攻计划详情的军官越来越多，安全保密就变得非常重要。在某一宴会或晚会上，特别是在伦敦外交场合的某一评论中，情报都有可能被反馈到德国，因此英国颁布了一项禁令：停止在

→→在英格兰南部沿海的演习中，一名美军坦克手正在练习从炮塔中向外扔手榴弹

英国的一切外交通信特权。但这却避免不了私人谈话泄露机密，例如在4月，艾森豪威尔的老朋友、西点军校同学亨利·米勒少将在克拉瑞吉斯饭店的一个鸡尾酒晚会上喝得太多了，口无遮拦地谈论登陆日，甚至还提到了具体日期。艾森豪威尔对此事进行了严肃处理，将米勒降级，并把他遣送回美国。他写信给马歇尔说道：“我对发生这种不必要的意外事件非常愤怒，我恨不得亲自把这个泄密者给毙了。”

盟军的谨慎

但是单靠保密并不能保证敌人刺探不到“D日”的详情，因此除了消极的安全措施外，盟军还采取了一个积极的计策，那就是误导和蒙骗德国人，让他们在“D日”之前把部队集中到错误的地方。为此，盟军在1943年曾设计了各种不同的计划，如“帽章计划”“吉尔计划”“保镖计划”等。但到1944年2月23日时盟军已把全部工作重心都转移到“刚毅计划”中去了，这个计划的一部分——“北方刚毅”——是为了误导德国人，使

↓重型设备正在一个英国港口装船。拖拉机和推土机成为与坦克和枪炮一样重要的工具

16

→→美军别动队员正在练习徒手搏斗。别动队员和他们的英国同伴（英军突击队）的任务是在大规模行动之前破坏敌人的碉堡并迅速向内陆进攻，以与空降部队取得联系

他们相信登陆地点会在加来。诺曼底登陆在此之后也开始进行准备，并使之像一次为真正的行动而作的佯攻，这就意味着要在肯特郡制造一些假象。第21集团军在英格兰中南部和西南部的无线电通信系统将全部打开，跨过陆地发送到英格兰东南部，并多次重发。同时，埃塞克斯和萨福克基地则冒出了巨大的营地，营地里挤满了橡胶吹起来的坦克，而空军基地里则停满了用三层木头做成的假飞机。此时的德国情报机构经过调换，由军事情报局五处领导，他们连续向德国提供这些营地不断扩大的详细情报，这些情报听起来似乎合情合理。

4月开始的“轰炸铁路计划”使德国的电话和电报联络长时间陷入瘫痪，因此德军不得不再次使用无线电这种低级联络方式。位于布莱切利公园的阿尔塔信报部破译了德军的密码。德国人的无线电通信显示，5月初，德国人确信盟军有79个师，而实际上只有52个师；在布列塔尼和诺曼底将会有佯攻登陆行动，而主要登陆地点是在加来。阿尔塔信报部还了解到：德国人估计登陆部队的统帅是巴顿将军；根据截获的德国无线电信号得知，德国高级将领都认为巴顿是盟军最优秀的将领。艾森豪威尔嘲弄地说德国人已经上钩了，并发布命令任命巴顿为虚拟部队的统帅，以使德国人确信他们的预测没错。

↓M10坦克歼击车的敞篷炮塔上装有一支76.2毫米机枪，但是它几乎没有装甲保护

最后的准备工作

5月，所有的准备工作都已全部完成。5月初，海军上将拉姆齐曾提醒

美国M10坦克

艾森豪威尔登陆日期可能要推迟，因为并非所有的坦克登陆舰都已从美国运到。艾森豪威尔的海军参谋还称6月5日可能会有潮汐现象，而这天就是登陆日。1944年5月，英国南部的天气非常好：天空万里无云，气温略高于平均气温，英吉利海峡像蓄水池一样平静。

英格兰所有通往南部沿岸海港的路上都挤满了军用物资运输队，有的超过160千米长。南部和西南部沿海地区已经禁止平民通过，一旦部队进入该区域，市民便与外界失去联系。大规模的人员和物资终于开始移动。

由于南部沿海继续沐浴在接近热带般温暖的阳光下，指挥官们开始焦急起来。5月30日，丘吉尔问海军大臣："这样的晴天怎么能适合登陆呢？天气有没有可能变坏，还是一直这样晴下去？"艾森豪威尔听了天气预报也很烦恼，直到5月31日晚他的心情才有所放松。

↓艾森豪威尔将军在第101空降师出发赴诺曼底之前向士兵发表讲话，脸上清楚地展示出重大的责任意识

日益恶劣的天气

英国的天气是多变的，几个小时后天气就变了：黑压压的乌云伴着狂风暴雨横扫英吉利海峡。在接下来的72个小时里，天气越来越坏。6月3日，艾森豪威尔重申准备在6月5日登陆的命令，但是6月4日天气预报报道在未来24个小时内海浪较大，能见度很低，而且诺曼底海滩上还有薄雾。最高统帅部别无办法，只得将这部巨大的进攻机器停了下来。

此时美军驶向犹他海滩的舰队已经从康沃尔出发，而无线电却与之联系不上。英国皇家空军不得不派飞机去通知他们返回。船上人员拥挤，环境很糟。甚至在索伦特避风的水域里，由于船只左摇右摆而使部队晕船现象严重，那些挤在甲板下面的士兵只得与呕吐的难闻气味相伴。艾森豪威尔知道，如果他取消“霸王计划”，至少要一个月才能恢复。而在这一个月里，士气将会受到打击，训练将会失去效果；并且在这一个月里，德国人还很可能会弄清“刚毅行动”并重新部署部队。但是如果他决定按计划进行，结果则可能会造成海洋史上最大的灾难。

6月5日凌晨4时，气象学家预计，从6月6日凌晨开始的24个小时内，恶劣的天气将有所缓解。海军上将拉姆齐和蒙哥马利将军都表示行动应该进行。艾森豪威尔此时下达了二战中最重大的命令，他说：“好，那就让我们干吧！”

↑第101空降师的一名二等兵，他的穿着与1944年的寒冬非常相称

“霸王计划”实施

当天晚上，艾森豪威尔从位于南安普敦附近的司令部驱车来到纽伯里附近的格林汉姆·科曼机场，在那里第101空降师将登机飞往诺曼底。一个星期前，利·马洛里得到消息说德国人正在加强空降地区的兵力，他不无担忧地告诉艾森豪威尔，空降行动只是对这些精锐部队的屠杀，是毫无用处的，并请求最高统帅取消这些行动，但艾森豪威尔拒绝了。现在他去和他们道别，他知道他是将他们送往死亡之地。当最后一架飞机飞走后，艾森豪威尔放松了一直紧绷的肩膀，噙着眼泪回到汽车里。同样是在这天晚上，丘吉尔对他准备睡觉的妻子说：“你可知道，等你明天早晨醒来时，两万名士兵可能已经失去生命？”之前，在国王的亲自干涉下，丘吉尔才放弃了与登陆部队一同前往的打算。在整个英格兰的各个司令部里，英美将领们都在度过他们最漫长的一夜。

2

登陆日

1944年6月6日凌晨，诺曼底沿岸的德国防御部队突然被一片惊天动地的枪炮声惊醒，发现预料中的进攻终于开始了。

按照以往的惯例，1944年6月5日，英国广播公司（BBC）法语台在新闻播报过后，开始播出“私人通讯”节目。但在这天晚上这一节目有一个不同寻常的大数字：共有325条消息，它们在一个多小时后才被全部处理完。“我要带蔷薇来”这个信息是特别重要的，这实际是命令法国北部的抵抗组织实施“绿色行动”，即破坏铁路行动。随着广播的继续，其他行动开始进行的消息也传了出来，如“乌龟行动”——破坏桥梁和公路；“蓝色行动”——破坏敌人的电力供应系统；“紫色行动”——切断电话和电报联系。在进入午夜之前，“法国内陆军”（FFI）的小组开始行动。在诺曼底滩头阵地地区的“法国内陆军”情报负责人纪尧姆·麦卡德（一位法国著名的自行车手，不久后他在环法自行车比赛中取得了好成绩）骑着自行车以极快速度沿着海滨大道将命令送到一个个小队。在卡昂，火车站站长阿尔伯特·奥吉和他的伙伴们使得该城市调度站的机车全部瘫痪。再向西，咖啡馆老板安德烈·法瑞恩带领队员们切断了瑟堡与外界的电话线。同时，其他一些小组在瑟堡一个杂货商伊维斯·格莱斯林率领下，炸毁了连接瑟堡与巴黎的铁路线。在布列塔尼，“自由法国”的一些小组乘飞机跳伞，参加了3 500名成员组成的抵抗组织的行动。在凌晨到来之前，他们对布列塔尼东部进行了一系列的破坏，他们拆毁桥梁和铁路

←←美军第107空降师的一名伞兵，全副武装地登上一架C–47运输机，1 270架飞机和850架滑翔机带着17 000个英国人和美国人去了诺曼底

线，炸毁电线杆，建立路障并部署机枪队和火箭筒队，他们采取各种方式阻止布列塔尼的15万名德国部队迅速增援滩头阵地。在600千米以外，以第戎为中心的法国东部铁路网在爆炸声中瘫痪，共有37个地方遭到破坏。整个法国在“法国内陆军”最初几个小时的行动中共有950个地方的铁路网被切断，180列火车出轨。

庞大的机群

在进攻开始的同时，一拨又一拨的运输机及众多的滑翔机则从英格兰各空军基地起飞。午夜时分，大约1 270架飞机，包括C-47运输机和经过改装的老式轰炸机，如“斯特林”式和“阿尔比马尔”式，以及850架英国“霍萨”式、“汉密尔卡”式和美国“韦科”式滑翔机，运载着17 000名士兵从英格兰南部的广大地区像潮水般涌向诺曼底海岸。

第一批代号为“泰坦尼克行动”的空降着陆已经开始。小股盟军带着500个假伞兵，在“奥马哈”、“金”和“朱诺”海滩后面远离实际着陆的地区空降下来。在“奥马哈”海滩10千米后面的勒莫勒里特瑞，德军第352师指挥官迪特里希·克莱斯少将在司令部里得知消息后大吃一惊，连忙派出后备部队在伊斯尼东南的树林里进行搜捕。

大约在同一时间里，配有精密导航设备的美英探路飞机在有经验的导航员

↑第1步兵师的这名二等兵穿着美军在二战中的最后一种样式的军服，拿着勃朗宁自动步枪

←←C-47运输机里的美国士兵在前往诺曼底的途中。在进攻诺曼底的行动中，共有第82师和第101师两个美军空降师。在空降过程中，两个师都遭受了重大损失，使实现预定目标变得异常困难

↑出发赴诺曼底降落区之前，英军第6空降师的军官们正在对表。他们身后是一架“阿尔比马尔”式滑翔牵引飞机

的指引下，将随身携带着大功率夜间照明器具的伞兵空投到着陆地区。20分钟后，飞艇和美国运兵用滑翔机载着第101和第82空降师沿东南直向海峡岛屿飞来，飞机在越过科唐坦半岛西岸时从海拔150米爬高到450米高度。德军第243炮兵团的雷达探测到了航空队，一阵密集的防空炮火过后，几架C-47运输机从空中栽了下来。飞行员们连忙将飞机紧急俯冲以进行规避，接着就消失在了云层里。几分钟后，飞行编队就被打乱了。一些飞行员不了解具体情况就命令伞兵往下跳。结果，一些伞兵被敌人的探照灯发现，而另一些人则被缠在降落伞里直接掉到水里淹死了；那些没有受伤的人员则在黑夜中努力寻找自己的队伍。第101师师长、陆军少将麦克斯维尔·泰勒单独一个人降落在一块田野里，并在附近找到了一些同伴。到这天结束时，6 600人中只有2 500人集中在着陆地带。第101师有些士兵降落到瑟堡的郊区去了，有3个士兵甚至落到了“奥马哈”海滩以西的霍克角去了。

第82师降落地带就位于第101师以北，他们同样也遭受了巨大的人员伤亡。在跳伞途中，有272名士兵被杀或严重受伤，而有些士兵则落在了离指定地点超过32千米的地方。大约有30名伞兵的确降落在他们最开始设计的降落地点：圣母教堂镇。但是由于该镇的一部分在当天早些时候曾被飞机轰炸过，因此当盟军士兵在火光的照射下落下来时，德国卫戍部队毫不费力地抓住了他们。其中一名盟军士兵的降落伞被钩在教堂的塔顶上达两小时，在他被敌人抓到之前，教堂的钟声差点把他的耳朵给震聋了。另有大约100人降落在该镇的郊区，他们在中校爱德华·克拉伍斯的指挥下攻入该镇。他们很快就消灭或俘虏了该镇的卫戍部队，随后又打退了德军的反扑。

地面上的“乌合之众”

到这天结束时，第82师指挥官马修·李奇微少将设法将6 396名士兵

↓被称为“呼啸山鹰”的美军101空降师的两个士兵，留着令人恐惧的“莫西干”发型，他们正往彼此的脸上涂颜料

中仅剩下的2 000多名集中到了一起。像第101师的麦克斯维尔·泰勒将军一样，他也感觉自己是在指挥着一群乌合之众。实际上，尽管行动没能按原计划进行，但这股分散的经过良好训练而且装备精良的部队还是给德军第709和第91防御师造成了很大的麻烦。他们非常分散，德军发觉自己无法集中力量去进攻某一个目标，结果德军同样也被这群“乌合之众”所重创。被突然召到雷恩作战的第91师师长威廉·法雷少将是一名经验丰富的指挥官，但就在黎明前，他在返回其位于皮科维尔附近司令部的途中遭美军伞兵伏击而亡。虽然第91师是精锐部队，但由于突然失去了指挥官，导致该师在整个“D日”期间行动严重迟缓，无法发挥作用。

当美军正在科唐坦登陆时，英军第6空降师的先头部队也已接近登陆地区。6月6日0时15分，6架“哈利法克斯”轰炸机在瑟堡上空1 500米处将6架“霍萨”式滑翔机从拉绳上放下。5分钟后，3架滑翔机降落在离目标地点45米的范围里，即位于英军滩头堡东边、卡昂运河和奥伦河在贝努维尔地区的大桥附近。在约翰·霍华德少校的率领下，这支牛津和巴克斯的轻型步兵部队跨过大桥，向敌人发起突然袭击，使德国人在迷迷糊糊中

↓“汉密尔卡”滑翔机正在着陆。英国的“汉密尔卡”滑翔机在诺曼底登陆过程中获得很大成功，它是盟军第一种可运载一辆7吨重轻型坦克的滑翔机，共制造400多架“汉密尔卡”滑翔机

被打得四散溃逃。第6空降师的另一些飞机在更靠东的地方降落下来。第5空降旅的68架滑翔机在离贝努维尔桥1.5千米的兰维尔着陆，其中有18架滑翔机撞到了德军修造的木桩铁丝网上而被彻底报废。切斯特·韦尔莫特是一位准备记录这场具有历史意义的战役的澳大利亚战地记者，他随第5旅一道着陆，他写道："我能看到其他滑翔机的轮廓，它们被挂在工事上，让天空衬出一片奇形怪状。一些飞机的头部钻进了泥土里；另一些掉了轮子或折了机翼；有一架钻进了一间房子里，还有两架撞到了一起。"师长理查德·盖尔少将于凌晨在韦尔莫特附近着了陆。他在旁边的一块地里抓了一匹马，直奔兰维尔，沿途把第6空降师的零散部队集合起来。到时，他已在兰维尔的奥姆城堡建立了师指挥部，并派几个营在东边挖好战壕，为对付敌人的反扑做了及时的准备。战斗将要在这里持续一整天。

短兵相接

但与此同时，第6空降师所承担的最重要的行动却遇到了困难。泰兰斯·奥特维中校所率领的第9伞兵营的任务是摧毁莫维尔海岸后面的一个德军炮兵连，这个炮兵连位于兰维尔东北约6.5千米处，其炮火能够覆盖"剑"海滩全部。就在奥特维的部队来到降落地点前10分钟，100架英国皇家空军的"兰开斯特"式轰炸机向这个炮兵阵地投掷了1 814.4千克炸弹，但其中大多数都落在了瓦拉维尔以南。几分钟后，当第9营的达克塔斯运兵飞机飞越瓦拉维尔时，它们遭到了德国守军高射炮的猛烈轰击。飞机立即向下俯冲并做躲避动作，飞行编队分开了。当飞机爬高时，伞兵向一片宽阔的地带降落下来，结果有好几十名士兵径直掉入了达卫兹河的沼泽地里被淹死。到4点钟的时候，奥特维只集合起拥有一些轻型武器的155名士兵，此前他预计能拥有600人的部队并拥有迫击炮、反坦克炮和吉普车。4时30分，按计划准备在该炮兵阵地迫降的3架"霍萨"飞机中的两架出现在上空。一架飞过了目标地点，另一架被炮兵阵地的高射炮击中，撞到了奥特维和他部队后面的一棵树上。

↑身穿标准服装的英军滑翔机飞行团的一名飞行员，不像他们的美国同行，英国滑翔机飞行员是训练有素的作战部队。他们着陆后在地面进行战斗

奥特维知道，如果他们延误进攻，英军的登陆就将遭到德军猛烈的炮火阻击，于是他率领队伍向敌人发起猛烈的进攻。到6时，在经过了一场短兵相接的战斗之后，炮兵阵地终于被英军拿下，110名死伤德军成堆地

躺在地堡内，伞兵部队自身也有65人伤亡。遗憾的是，奥特维发现此时没有办法摧毁那些大炮。把手榴弹扔到炮管里尽管可以暂时让这些大炮失去作用，却无法摧毁它们。在用尽一切办法后，奥特维只得带领80名士兵去执行下一个任务：扫清勒普兰的德军。结果德军趁机又占领了这个炮兵阵地，并在进行过一番修整后重新使该阵地投入使用。

随着空降部队进攻的开始，对布洛涅附近海滩的佯攻也正在进行当中。摩托艇用一种特殊装置向敌人阵地发射大量烟雾，并将带反射镜的气球拖到敌军阵地。同时一队队轰炸机则将名为“窗户”的干扰雷达铝条扔向敌军阵地，这就更使敌人的雷达辨别不清了。大约3时，一束束德军探照灯开始搜寻加来地区，岸炮连重新打开雷达，同时德军夜战部队也在搜索那些假空降部队。而在离该地西南方160千米处，3时15分至5时整，

↓盟军舰队在阻塞式飞艇所形成的防护屏的保护下，向诺曼底驶去。同时英吉利海峡的两端都用雷区、海军和空军巡逻机加以封锁，以阻止德国海军进攻舰队

1 056架“兰开斯特”、“哈里法克斯”和“蚊”式飞机则分成10组（每组约100架）在实际登陆海滩地区向10个德军最大的防守阵地发动了攻击。这次攻击总共投了5 000吨炸弹，每个地方约投下500吨。

空袭过后，运载进攻部队的舰队朝着指定的集合地点怀特岛东南部地区的2区驶来。这时，舰队已经驶过了10个被扫过雷的水道，美军驶向西南的“犹他”和“奥马哈”海滩，而英军和加拿大船只则向东南朝着“金”、“朱诺”和“剑”海滩驶去。舰队的导航器就是停在离海岸只有几百米远的两艘小型潜艇驾驶指挥台上发出的一闪一闪的灯光。尽管天气恶劣，到5点钟时，进攻舰队都已抵达指定位置。这些舰队覆盖了从东到西80千米、从南到北32千米的大片水域，在这块2 600平方千米的水域里集结了有史以来在一个地方同一时间最多的船只：5726艘运输船和登陆艇、1 213艘战舰和炮艇，共搭载了287 000名士兵。战舰大至战列舰，小至鱼雷艇，包括3艘美军战列舰、4艘英军战列舰，以及23艘美、英、法和波兰的巡洋舰。

猛烈的炮击

当最后一批轰炸机部队向北飞去时，5时10分，英国巡洋舰“奥利安”号上的152毫米口径大炮向1.5千米远的“金”海滩以南的弗勒里山炮兵阵地首先开炮。在随后的20分钟内，战舰开始朝分布在诺曼底海岸沿线80千米的29个地点进行炮击，160多架侦察机给炮火指引方向。有些德军炮兵阵地非常顽强——在“金”海滩大规模加固的混凝土阵地上，4门大炮战斗了两个多小时，直到英国巡洋舰“阿贾克斯”和“阿戈诺特”号发射了179枚炮弹并向炮眼处发射了两发后它们才被打哑。有些德军大炮——如在贝纳维尔的——在第一轮炮击中就哑了，但到了白天它们又吼叫起来。

↑德军第352师第916掷弹团的一名中士，手里拿着一支7.9毫米口径的毛瑟步枪。第352师是盟军“D日”之战所碰到的主要对手，该师使美军在“奥马哈”海滩遭受重大伤亡

德国海军的反应仅局限在以勒阿弗尔为基地的三艘鱼雷艇“海鸥”、“美洲豹”和“鹰”号上。它们在英国皇家空军沿登陆地区东侧散布的烟雾的掩护下，试图攻击英军“沃斯派特”和“拉米利斯”号战列舰，最后它们击中了挪威的驱逐舰“斯韦纳尔”号，使之很快就沉没了。但在第一天的进攻中，德国空军却没见踪影。天一亮，就已有36个英国的和16个美

↑一位美军士兵用音乐转移同伴们的注意力，使他们少受晕船的困扰。跨越海峡是一件很令人头痛的事，许多士兵晕船很厉害

国的战斗机中队在海滩上空巡逻，4个P-38“闪电”式战斗机中队在海峡上空盘旋，同时另有30个战斗机中队正在英格兰南部待命。

当登陆舰朝海岸驶去时，驱逐舰上的炮火又加入密集的海军炮火中去，安装在登陆舰上的一排排火箭也呼啸着朝敌军炮兵阵地飞去。最后，登陆舰艇上的119毫米2.7千克重的炮弹也直接飞向德军阵地。炮兵部队总计发射了5万发炮弹和火箭，每个登陆海滩都遭到了大约一万枚炮弹的轰击。在盟军在相应海滩登陆的前几分钟，最后一批美国空军第8军、第9军的1 600架轰炸机从头顶飞过，去袭击与海滩紧连着的内陆地带。

进攻最西边的“犹他”和“奥马哈”海滩的时间被定在早晨6时30分——落潮后一个小时。沿英国海岸向东——那里的潮汐来得晚一些——的进攻时间则被定在7时30分。天一亮，进攻“犹他”海滩的美军第4师就登上登陆舰，向11千米外的海滩驶去。6时，离对面海岸还有6.5千米，这时德军炮兵发现了进攻部队，并将引导进攻部队登陆的巡逻艇1 261号击沉，但大部队仍在继续前进。当登陆艇距离海岸约4 400米时，从海滩侧面冲来的一股大潮又将登陆艇冲远。再加上炮轰对航行至关重要的登陆标志的识别造成的负面影响，最终导致美军在6时31分涉水上岸时，已偏离原定的登陆地点以南2 000米了。第4师副师长、57岁的陆军准将小西奥多·罗斯福（西奥多·罗斯福总统的儿子）是一名有过在北非和地中海等三次登陆作战经验的老兵。随同第一拨部队一上岸，小罗斯福发觉自己非常幸运，因为该地实际上并未设防。在找到一条公路后，到9点半时他已带领主力部队来到了距离圣母教堂镇只有2.5千米的地方。队伍的伤亡人数少得令人吃惊——仅有197名，而其中有60名还是登陆舰在海上受阻时牺牲的。

但在穿过维尔三角洲向东的战斗中，美军部队遇到的情况就完全不同了。在从格朗冈雷班到德拉佩希角10千米长的海岸线上布满了一系列的悬崖和小岬。路走到中途就到了霍克角，这里是90米高的悬崖，队伍很难通过。德军在这里修筑了整个“大西洋壁垒”中最坚固的炮兵工事，在用钢筋混凝土加固的巨大掩体里配备了155毫米口径的大炮，霍克角炮火的最大射程达到16 500米，它很容易就能阻击从北边来的进攻、从西边“犹他”海滩以及从东边“奥马哈”海滩的登陆。盟军部队对该地进行了多次炮击。5时后，美军“得克萨斯”号战列舰上的406毫米口径大炮也开始对该地开火。但所有这些并不能保证摧毁这块炮兵阵地，于是攻坚任务就交给了曾在得克萨斯某中学担任过足球队教练的詹姆斯·拉德尔上校领导的第二别动营的三个连身上。别动队员们被盟军两栖攻击舰运到悬崖脚下后，开始攀登悬崖，去占领该阵地。

拉德尔的部队按计划应在6时30分登陆，但由于海峡风暴肆虐和导航设备不准的延误，他们直到7时10分才到达。美军“萨特利”号驱逐舰和英军“塔利本特”号驱逐舰开到离海岸3 200米以内的海域向悬崖顶部开

↓英国设计的两栖坦克，装有可充气的皮边和一个螺旋桨。许多打算用来在“奥马哈”海滩支持登陆部队的两栖坦克由于下水过早，还没到岸边就沉没了

火，迫使德军不敢抬头。从攻击舰上下来后，别动队员们爬到悬崖底部的隆起处，将绑着抓钩和绳梯的火箭向上发射，形成一架架绳梯。随着海军炮火上移，别动队员开始沿着绳梯向上爬。德军从掩体里出来，疯狂地朝别动队员扔手榴弹。一些绳梯被炸断了，别动队员摔了下去，但更多的队员仍在继续前进，并最终爬上了悬崖的顶端。

德军大炮被摧毁

虽然别动队员个个行动敏捷、身体强壮，并且只携带着轻型武器，但他们还是用了10分钟才爬了30米。他们利用炮弹留下的弹坑和弯弯曲曲的被炸崖体作掩护，向每个德军地堡发动进攻，并用炸药包将地堡摧毁。但是他们没有见到155毫米口径的大炮。拉德尔猜想德国人想必知道霍克角将会遭到大规模的炮轰，于是把它们运到其他地方去了。但是因为大炮需要在每个方位的掩体都有军队把守，所以这些大炮离这里也不会太远。8时后，拉德尔派出一个战斗巡逻队去搜寻大炮。一个小时后，当巡逻队跨过霍克角以南1.5千米的海岸公路时，他们发现了被伪装起来的大炮，这些大炮全都挤在附近田地里的灌木丛中。别动队员们一阵扫射将敌军炮兵吓跑，然后用燃烧弹将大炮炸毁，并将附近成堆的炮弹一并烧毁。

别动队员被迫撤退

到目前为止，别动队的行动一直都进行得非常顺利。但接下来，别

↓登陆期间，英军“霍尔姆斯”号驱逐舰的大炮向诺曼底海岸轰击。盟军的海军重炮使德军胆战心惊，在整个诺曼底战役中发挥了强有力的作用

↑一架B-17“空中堡垒”式大型轰炸机飞越诺曼底海滩。重型轰炸机从原来的战略空中攻击改为去攻击诺曼底及其附近地区的目标

动队却遇到了麻烦。由于通信系统出了故障，虽然别动队已经占领了霍克角，却没有办法将消息传到向北16千米以外的指挥舰上去。直到当天深夜别动队才重新与指挥部联系上，而在那之前，由于没有拉德尔的消息，指挥部判定这次行动已经失败，因此将增援的几个营转向“奥马哈”海滩方向。而霍克角的德军很快就恢复了元气并开始进行反攻，他们将拉德尔的队伍赶到了霍克角的顶端。别动队员们在此地坚守了三天后，一支增援部队才从“奥马哈”赶过来，而此时拉德尔的225名队员中只剩下90个人仍在战斗。

美军在“奥马哈”以东6.5千米实施的登陆行动遇到了各种困难。这块沙滩在落潮时是一片宽275米的宽阔地带，从德拉佩希角向东延伸6.4千米就是圣奥诺林以北的杜拉日海岸，那里多是崖石峭壁，是一片仅有的可供登陆的地区，但那里已经修筑了坚固的防御工事。德军从落潮线起修筑了三层障碍物：顶端布满带刺铁丝网的两米高的木头和混凝土海堤横亘整

↑美军第8空军第353大队的一架共和P-47"雷电"飞机，机身有黑白相间花纹。"雷电"式飞机被证明是一种有效的战斗轰炸机

个海滩，海堤后面是一块空地，这是一片有90～365米宽的水草地，其两侧是高达60米、欧洲蕨丛生的险峻的悬崖。德军工兵在这块空地上布满了地雷。空地的内陆边上挖了深达两米的反坦克壕沟，两边悬崖上修筑有机枪和迫击炮工事。而最难对付的则要数四个溪谷或凹进部分的防御工事，它们与悬崖的火力相交叉，并以几个与之相连的村庄命名：维尔维勒、穆兰、圣洛朗和科勒维尔。德国人知道通过这块海滩唯一可行的办法就是经过这四个凹进地带，因此在每个地方都修建了配备有机枪、迫击炮和20毫米、75毫米、88毫米口径大炮的暗堡，所有这些设施形成了一道道弧形的火力网。跨过维尔维勒凹谷，有一条碎石路通向内地，德军在这里修筑了一道高9米、厚3米的加强混凝土墙。德军在这片海滩上总共配备了100门大炮和迫击炮以及200挺机枪，由第916榴弹团的恩斯特·高特上校率领3个营负责守卫。这个团属于德军精锐部队第352师，其中大部分都是在东线战斗过的老兵，另有少量的18岁左右的应征新兵。

就在黎明到来之前，一批批B-17式轰炸机飞过沙滩向维尔维勒凹进部工事进行投弹。但是由于探路人把给飞机指明爆炸地点的火把扔到了太靠内陆的地方，结果所有的炸弹都投到了海滩南边，有的甚至投到3千米以外的地方。而运兵船此时还在20千米以外，它们从舰队抛锚地出发只走了一半的路程，从西北方向吹来的大风使得这里的风暴比"犹他"海滩更为肆虐，身负沉重武器装备的美军第29师第116步兵团和美军第1步兵师的第16团从舰船的绳梯爬上了剧烈颠簸的登陆艇。登陆艇一下水，翻滚的海浪就迎面扑来。几分钟内就有10艘小艇翻覆沉入海底，300名士兵中的大部分都被淹死，侥幸坐在没有沉没的小艇内的士兵也经历着与海浪进行搏击的难言的痛苦。装载两栖坦克的大型登陆艇目睹小型登陆艇的悲剧，直接驶向海滩，在距离海滩6.5千米处将两栖坦克放下水。但即使是在正常情况下，两栖坦克所能经受的海浪也不能超过1米。而此时有些海浪则已超过了两米高，所以29辆坦克中立即就有27辆被掀翻。有的两栖坦克在下沉时，甚至倒栽葱似的将里面的乘员直接沉入了海底。

固定的目标

“奥马哈”登陆曾被设计成像巴斯比·伯克利的音乐剧那样，共有约30个不同的攻击波次，每个波次之间的间隔是5～10分钟，但是那股大潮却将美军冲到了远离目标地点的“犹他”海滩。等到登陆艇再向东返回时，进攻波次就开始混在一起了。小说家欧内斯特·海明威此时是一名战地记者，他坐在一艘大登陆艇上，随着汹涌的海浪颠簸前进。他描述道：“士兵们由于晕船而脸色灰白，他们与海浪搏斗着，紧紧抓住船边使自己不致掉下海去。”在他们的头顶上，海军发射的重磅炮弹呼啸着向岸上飞去，“炮声使他们的头盔都发出回声”。海明威身体前倾，听到一名美军士兵大声说：“看他们是怎样对付那些德国人的，我猜那里已经没有一个活人了。”

↓美军为进攻“犹他”海滩做准备。一些士兵为执行特别任务而配备了特殊的装备，如携带爆破筒去清除带刺铁丝网，以及带铁爪篱杆来攀登陡峭的悬崖

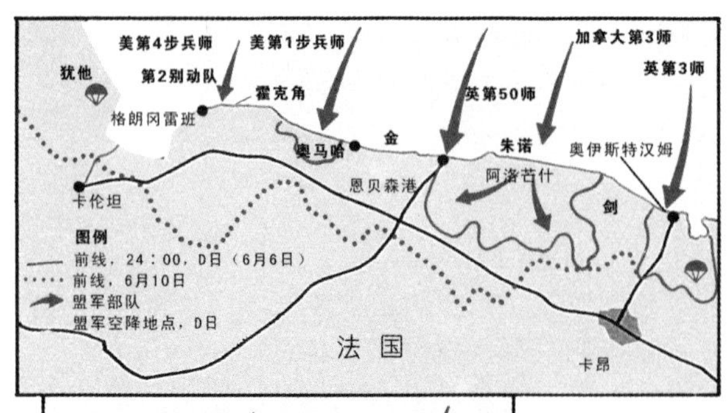

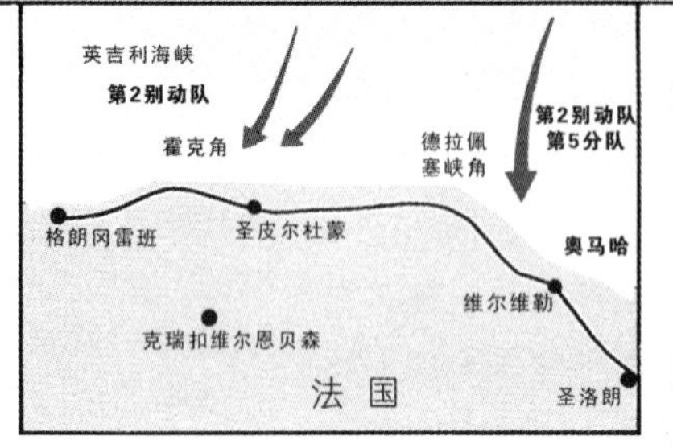

↑诺曼底登陆示意图

但是烟雾和低云却使海军的炮火支援无法找到目标，从海岸向内900米处，密集的机枪子弹开始向登陆艇倾泻而来。与此同时，迫击炮弹则呈弧形向头上飞来。第116步兵团A连的登陆艇是最先登陆的，在离维尔维勒凹进部275米的地方，随着登陆艇的接近，斜坡逐渐变低，德军直接向登陆艇开火，大多数士兵都被打死，幸存的人跳到水里藏在海浪中。第1师的战士在东面1 650米处的穆兰登陆时，也遇到了同样情况。比较成功的一拨登陆艇一直开到离岸很近的地方，并卸下重型装备。此时海水仅齐颈深，面对越来越密集的炮火，士兵们奋力向海岸前进。一些士兵藏到混凝土障碍物的后面，一些人则半浸入水里，无法穿越被子弹密集扫射的沙滩而躲到相对安全的海堤旁。《生活》杂志的记者弗兰克·坎帕是与第一波次一道来的，他隐蔽在浅滩的尸体中，用相机拍照着这些场景。仅拍了一卷，他就感到手抖得厉害，没法儿再装胶卷。这时潮水逐渐开始上涨，坎帕身边的许多伤员都被淹死了。

一名德国军官从维尔维勒打电话向克莱斯汇报说盟军在“奥马哈”的进攻已被击退，他估计美军将要放弃这里。进攻部队指挥官本杰明·塔雷上校与副参谋长从离岸边900米外的一艘攻击舰上目睹了这场惨剧，也持同样的观点，于是向总部汇报说这里的登陆行动应当中止。信息传到美军“奥古斯塔”指挥舰上的奥马尔·布雷德利将军那里。9时，布雷德利给盟军最高统帅部发了一个紧急电报，要求取消该处的行动。但由于通信故障，艾森豪威尔直到当天很晚的时候才收到电报，而此时情况已经发生了变化。

悬崖上的欧洲蕨已经着了火，一股烟雾开始将部分海滩遮没。德军炮火在布防严密的凹进地带最为密集，但随着其炮火渐渐稀疏，越来越多的美军士兵幸运地越过沙滩来到了相对安全的海防堤下。7时30分，第29师副师长科塔准将与其师部人员来到维尔维勒到穆兰凹进部的中段。在检查过周围的混乱情况后，科塔意识到这里所需要的不是一位将军，而仅是一名指挥员。科塔向挤在海堤后一组一组的人群看了看，发现既有工兵，又有别动队员，还有第1师第29师的步兵。科塔很快就组织起一个连规模的部队，派工兵用爆破筒去清除带刺铁丝网，并命令别动队领路。他带领部队越过开阔地爬上了悬崖的一个褶皱地带，这里可以免受敌人机枪的射击。在这里，科塔架起无线电，到10时终于与船上取得联系。科塔集中了大约600名士兵，派别动队向西到悬崖后面，从内陆向维尔维勒凹进部进攻；而来自第116团的步兵则从朝海一边的悬崖向维尔维勒发动进攻。到11时，这次联合进攻再加上海军炮火的准确支援，终于将德军赶出了维尔维勒。

在海滩的另一处，战斗也已渐入高潮。第1师第16步兵团第2营E连的约翰·斯波尔丁少尉已经进攻到从科勒维尔到圣洛朗凹进部的半途之中，他集合了23名士兵，带着他们穿越365米长的海岸沼泽地，钻过高高的芦

↓美军部队跳入“犹他”海滩的浅水，这次袭击直截了当，不像在“奥马哈”，在“D日”德国人顽强抵抗造成了极大困难带来了一半死伤

苇丛，爬上悬崖，到达顶部（战后在此处建立了美国军人公墓）。然后斯波尔丁转向西，去进攻圣洛朗出口的东边。8时15分，第16步兵团的指挥官乔治·泰勒上校上了岸后，集合起小队幸存者，向士兵大声喊道："留在海滩上的只有两种人，一种是死人，另一种是要死的人。来呀！把魔鬼从这里赶走！"两个营的最精锐队伍奋力突破峭壁上的敌军工事，另一些人紧随其后。这里后来被称作"斯波尔丁小道"。他们爬上崖顶后转向圣洛朗和科勒维尔，从敌人背后发起进攻。大约10时30分，两艘登陆艇——30型坦克登陆艇和544型步兵登陆艇——全速向前行驶，穿过科勒维尔东面海面上的障碍物，把所有的火力都向敌人牢固的据点倾泻过去。与此同时，两艘驱逐舰也开到穆兰对面海滩1 000米的海域。当船底一触及沙地，133毫米口径的炮弹就从东边向敌人据点飞去，其中一发竟从科勒维尔凹进部西边的一个地堡的炮眼中穿过。在这些炮火的掩护下，工程兵驾驶推土机穿过圣洛朗凹进部的沙丘，埋上了反坦克壕沟，也摧毁了雷区。当斯波尔丁率领的士兵及第16团的其他士兵开始从后面发动攻击后，圣洛

→美军部队在强攻靠岸时伤亡不大。盟军在登陆日的死亡人员总数不超过2 500人，只占事前预测的一小部分

朗的德军抵抗者在11时过后终于投降了。

滩头堡的建立

这样到11时30分，美军已经占领了维尔维勒和圣洛朗两个出口，并开始离开海滩向内陆挺进。另一个坚固的德军据点的炮火也明显稀疏下来，因为防御的德军弹药已经不足了。不过德军第352师师长迪特里希·克莱斯少将仍率领他的部队一直坚持到中午，此时很明显美军已经占领了维尔维勒并从圣洛朗凹进地带攻了出来。由于早已将预备部队派到西南地区去对付盟军的空降部队，克莱斯现在已无后备兵员可以调遣。下午早些时候，克莱斯在12门75毫米自行火炮的支持下，率领一个营的部队进入科勒维尔地区，但是他们的反攻不久就被盟军的海军炮火所阻挡。到了晚上的时候，美军已经控制了从维尔维勒到科勒维尔一块狭长的滩头阵地，更多的部队则正在上岸。这次进攻付出的代价是巨大的：566名别动队员中有300名伤亡，另外还有数百名开登陆艇的水手和试图清除沙滩障碍物的工兵伤亡。其中损失最大的要算步兵师了：第29师死伤2 440名，第1师死伤1 744名。德军第352师也付出了几乎同样的代价，该师有2 500人被俘，其中大多数是伤员，死亡或许多达1 000人。

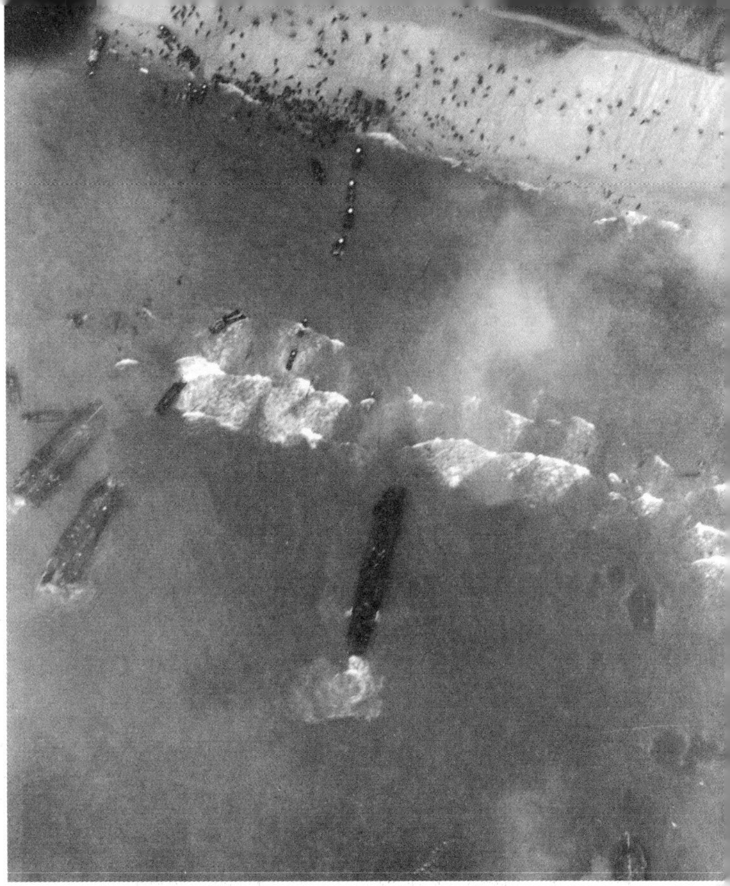

↑从空中俯视“犹他”海滩，大批部队正蜂拥越过海滩。两栖坦克也向前开进，给步兵提供大力支援。德军在“犹他”海滩的设防相对薄弱，美军部队迅速向内地推进

装甲部队的进攻

当登陆艇运送皇家汉普郡团第1营在科勒维尔以东10千米的“金”海滩登陆时，“奥马哈大屠杀”已经进行了一个多小时。在这里进行防御的也是德军第352师，其炮火击中了大多数登陆艇。与美军不同的是，英国人认为风暴太猛，不能让两栖坦克下水，因此该团发现自己处在孤立无援的境地。不久，指挥官、副指挥官、炮兵指挥官以及船长或死或伤，所有

↑指挥美国第1集团军在“奥马哈”海滩和“犹他”海滩登陆的奥马尔·布雷德利将军是一名谨慎又极富人情味的指挥官

的无线电设备都被打坏了。当指挥官巴克耐尔中将命令坦克登陆船冲过障碍物直接将坦克送上滩头时，美军在“奥马哈”的遭遇似乎又要重演了。德军在勒阿梅尔的阵地至少击中了20艘盟军大型登陆艇，但其中大多数还是成功地抵达岸边并放下升降梯门。然而随后从里面出来的却不是德军机枪手们所想象的步兵部队，而是一些巨大的装甲车辆，这些车辆属于第79装甲师。“巨蟹”式扫雷坦克从雷区扫出一条条通道并直奔海滩，对德军倾泻而来的机枪子弹毫不在意。林赛中士指挥一辆“巨蟹”坦克在勒阿梅尔东部登陆，穿过德军布防严密的小镇中心，一边射击一边自动扫雷，一直开到一座主炮台边。林赛将坦克慢慢地转过来，将炮口对准敌人的炮眼，然后射击，将炮台里的88毫米火炮和德军炸得粉碎。

在“金”海滩的中部，另一支进攻营——多赛特1营，在莱斯罗克特斯以东登陆。这次他们在“巨蟹”式坦克和“丘吉尔”Ⅲ型装甲车的支援下迅速向内陆推进。另一支德文郡2营在勒阿梅尔登陆，其后紧跟着运载皇家海军陆战队第47突击队的5艘登陆艇。汉普郡团刚到岸边，潮水就上涨起来，淹没了海滩上的障碍物，其中有3艘登陆艇撞到了地雷上，43名士兵被炸死，剩下的人员丢开登陆艇向岸边游去。尽管大量减员，但突击队员们仍装备齐全地向内陆进发，绕过敌人的阵地，沿英、美目标海滩的分界线从后面向贝森港发起进攻。

在“金”海滩的最东边，“格林霍华兹”第6营和“东约克”第5营分别在拉里维埃尔以西和以东的海滩登陆。这个地区是由德军第716师的第441营负责防守。10时，当“东约克”第5营和“格林霍华兹”第6营刚一越过主要海滩防御区，德军就四散溃逃了。负责该地带防御的德军指挥官命令第352师预备部队第915团支援拉里维埃尔。该团在头天晚上曾为了对付假伞兵部队的着陆而被派到西南方向，现在该团必须急行军32千米，一部分人靠步行，一部分人靠骑自行车，还有一部分人乘坐法国造的摩托车，但这些车却老是抛锚。实际上，这天通往贝约的大路畅通无阻，但英军并不知道这些，仍在将部队集中在海岸边并加固滩头阵地。

加拿大第3师在更东边的“朱诺”海滩登陆，遇到了更大的困难。当他们在一个大的突出部登陆时，登陆艇撞到了不明障碍物上的地雷。其中仅一个登陆营中的24艘登陆艇就损失了20艘——据称该师的306艘舰艇就有90艘在早晨沉没或失去战斗力。只有14辆DD坦克的加拿大第一轻骑兵，在3 300米宽的巨浪中，最终到达了岸边。但是由于A连登陆的地方太靠西，正好在该镇的对面，在付出15人阵亡的代价（踩中地雷）后部队才飞速冲过海滩来到海港防护墙这个相对安全的地方。“女王步枪团”剩下的人员在皇家海军陆战队的“半人马座”坦克及第79师“AVRE”式坦克的支援下从东面攻入库尔色耶镇，逐房逐屋地与德军展开巷战，到下午时他们终于牢牢控制了该镇。

↓“D日”结束时，第一批伤员从“血腥的奥马哈”撤离

大约向东3千米，“北岸登陆团”（新布伦斯韦克）在圣奥班的登陆则进行得比较顺利。加拿大装甲团的两栖坦克在距岸1 700米处下水，与步兵部队同时登陆，一起越过海

堤，摧毁敌人坚固的工事。但在以西1.5千米的滨海伯尼尔斯，事情就没有这样顺利了。运载“女王步枪团”的登陆艇在该镇最牢固的工事对面登陆，当登陆艇的搭桥刚一放下来，德军机枪就朝停泊的船只扫射过来。支援部队也遭受了较大的伤亡：“德拉肖迪埃尔”团（在加拿大被称为“肖兹”团）的5艘登陆艇中有4艘被击中，大多数士兵只得游泳上岸。在滨海伯尼尔斯，“女王步枪团”与德军展开巷战。“肖兹”团赶来增援，到10点半终于消灭了除几名狙击手以外的所有敌人。

整个上午，加拿大第3师的后续部队陆续登陆。他们在伯尼尔斯与圣奥班之间集结起大批部队，工兵集中力量在海岸障碍物地区打通三条道路。从14时开始，该师已开始向内陆推进。在向西南前进10千米后，加拿大第7旅的部分人员已与英军第50师在克鲁伊取得联系，并切断了卡昂-阿罗曼什公路。与此同时，“北方新斯科舍高原人”部队与第27装甲旅则在沿库尔色耶-卡昂公路向南推进，他们抵达了卡昂以东3千米处的维隆-雷-布伊

↓第二批“霍萨”式滑翔机在“达科他”（C-47）运输机的牵引下，越过诺曼底海岸去支援第6空降师

松，离“D日”的预定目标卡尔皮奎特机场仅有向北8千米的路了。

德军的抵抗

英第3师的登陆地点“剑”海滩位于圣·奥班–瑟默以东5千米，一直延伸到卡昂运河和奥恩河河口。盟军战役策划人员担心加拿大和英军主力登陆部队在“朱诺”和“剑”之间留下缺口，决定派皇家海军陆战队第48和第41突击队在两侧登陆，以尽快使英军和加拿大部队连成一片。当第48突击队于9时向圣奥班对面的海滩靠近时，5艘登陆艇触雷，1艘被炮火击中。到他们抵达海滩时，只剩下200名队员还能坚持战斗。这群幸存的士兵继续向内陆推进，并成功地占领了朗格伦村，但他们在继续东进时却遇到了敌人的顽强抵抗。第41突击队登陆时比较顺利，但他们不久就因遇到敌人猛烈的炮火而陷入困境。

洛瓦特勋爵的第1突击旅在位于维斯特勒姆对面“剑”海滩的最东边

↓恐怖的一天结束后留下的废墟。海滩被清理完毕，进攻部队由于后续部队的到来而得到休整。后续部队的任务是在德军即将到来的反攻之前巩固阵地，并向内陆推进

↑最终成功登陆：第13及第18轻骑兵队的士兵，包括一些伤员，登上“剑”海滩。他们的两栖坦克受到位于维斯特勒姆的敌军88毫米大炮的猛烈轰击，损失很大，大大降低了部队在进攻中的装甲支持

与第一批两栖坦克和“巨蟹”坦克同时登陆。首先登上海滩的部队是由让·基弗率领的“自由法国突击营”，其中有一个排在从登陆艇向外冲锋时，一枚迫击炮弹落在他们中间，该排的大部分人都被炸死或受了重伤。基弗率领队伍沿海岸公路向东攻入维斯特勒姆镇，有计划地挨家挨户清剿德军。德军防御中心设在维斯特勒姆的娱乐场，这是一座建在空地上可以俯视大海的坚固的大楼，其火力可以覆盖沿海滩的大片地区。德军花了很大工夫使该大楼变成了一座堡垒，但是第79师的“阿夫雷”式装甲车却摧毁了防护墙。突击队员们攻入大楼，被吓破了胆的幸存德军糊里糊涂地就成了俘虏。

就在基弗率领部队在维斯特勒姆展开巷战的同时，洛瓦特勋爵率领的大批突击队则正在向内陆推进，目的是争取与已处于困境的伞兵部队会合。他们所走的路线是由抵抗组织的情报部门精心选择的，当他们迅速向东南推进时，他们避开主要大路以及主要的德军据点，沿着树篱和农田前进。此时他们已能听到从南边传来的战斗声；再往前走，声音更大了——空降部队的“布伦”式轻机枪断断续续的震颤射击声与德军MG42式机枪激烈的呼啸声交织在一起。洛瓦特勋爵或许至今仍能记得，在印度勒克瑙1857年兵变期间，坎贝尔带人来解围曾命令他的吹笛手演奏“边境上的蓝绒帽”。很快，接近下午1时，突击队就与空降部队会合了。

突击队员进攻“剑”海滩的行动进行得非常成功，但第3师的大队人马却遇到了较大麻烦。“剑”海滩狭窄的地带使得第3师一次只能登陆一个旅，而他们的任务是“D日”中最艰巨的：夺取拥有大约10万人口的中等城市卡昂。由南兰开郡团第1营、东约克郡团第2营以及第13、第18皇家轻骑兵队和第79师的装甲部队组成第一进攻波次。大风吹动海水形成巨浪向岸边翻滚，使得控制登陆艇的方向非常困难。登陆艇在满是铁柱、斜挡板和尖顶上挂着水雷的木桩的水域中穿梭前进，这使得罗斯上校感觉像在一片奇形怪状的石林中摸索前进似的。英国广播公司记者霍华德·马歇尔当时正与第8旅在一起，他回忆道：“当我们正试图在德军防御系统中穿过时，突然登陆艇一晃，撞到了一枚水雷上，一声巨大的爆炸响过，整个船身剧烈地摆动，水开始涌入。”第13和第18轻骑兵队以及第79师的坦克已经登上岸，但遭到了来自维斯特勒姆的德军88毫米口径火炮的阻击。设在登陆地点以东的拉布莱什的一座坚固据点里的三门德军大炮击中了一辆又一辆坦克，整个海滩上到处都是燃烧着的装甲车辆。南兰开郡团向东进攻，花了

↓对盟军的进攻经过最初的震惊后，德军迅速组织起来，开始反攻，但由于缺少弹药和预备部队，德军的海滩防御效果甚微

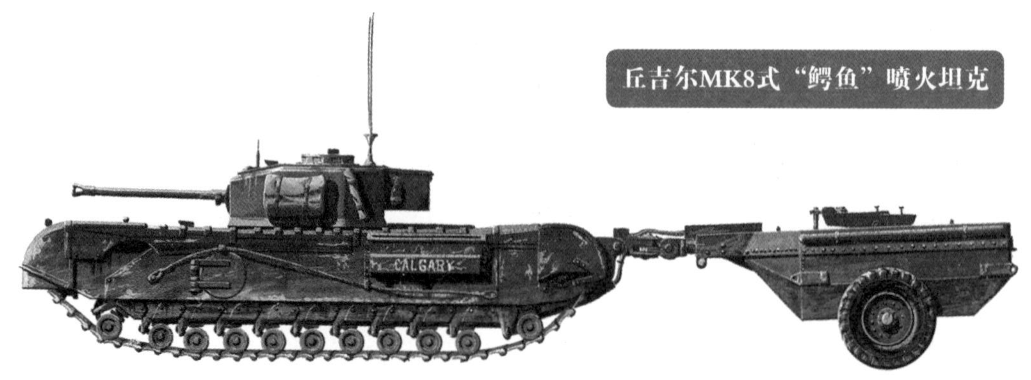

↑丘吉尔MK8式“鳄鱼”火焰喷射坦克，压缩氮把燃料从拖车推到安装在正常机枪位置的火焰枪里。这种武器能覆盖110米的范围

近3个小时才占领拉布莱什。该团人员伤亡107名，团指挥官也英勇战死。

上午，南兰开郡团已经攻占了从拉布莱什向内陆1.5千米处的赫曼维尔；东约克郡团正在清除维斯特勒姆以南的防御设施；萨福克团的一个营随后也成功登陆，在南兰开郡团和东约克郡团之间沿着高于海平面60米陡峭的佩里耶山脊向上进攻。在这里他们遭遇了两个被英国人称为“马瑞斯”和“希尔曼”的坚固的阵地：“马瑞斯”是一个相对较小的阵地，有4门大炮和67名守军，当萨福克团进攻时守军很快便投降了；但“希尔曼”却是一块难啃的骨头。这是一座550米长、365米宽的堡垒群，上面布满了铁丝网和地雷，它是德军第736团的指挥部。在德军很容易地打退了萨福克团的第一轮进攻后，该团指挥官决定不再组织强攻而使他的部队遭受无谓的伤亡。下午晚些时候，在炮火和空中支援下，装甲部队与步兵协同组织了另一次精心策划的进攻，即使如此,直到晚上20时“希尔曼”的德军才最终投降。

到夜幕降临的时候，整个英军第3师都已登陆，但他们仍然没有打通离卡昂仅5千米之遥的佩里耶山脊。直到几周以后，他们才开始有了进一步的进展。

隆美尔的警惕

对德国人来说，6月6日的事件很是令人困惑。5日这天，天气非常恶劣，因此隆美尔离开他在拉罗什居住的指挥所，乘汽车驶往他在德国南部赫林根的家去看望妻子，然后去奥伯萨尔茨堡谒见希特勒。德第7军指挥官弗雷德里希·多尔曼也同样十分肯定不会有进攻行动，所以6月5日他把大多数军官都派到布列塔尼的雷恩去参加军事演习去了。最早提示可能会有不祥事件发生的迹象来自驻守加来的第15军，该军的指挥官汉斯·冯·萨尔穆特将军对盟军在海峡的行动有了警觉，并让部队进入了全面戒备状态。冯·龙德施泰特在巴黎批准了这个决定，但鉴于恶劣的天气情况，他认为没有必要在其他地区也采取同样的措施。

大约凌晨2时15分，斯派德尔被告知有伞兵登陆，但对伞兵的规模或实力却没有确切消息。当他最终接通了冯·龙德施泰特的电话后，后者也没有更明确的消息，两个人都确信这次登陆行动只是给法国抵抗组织提供援助。但是到了4时30分，一个异常景象开始显现。无线电和通信员带来消息称，在科唐坦半岛和塞纳河口之间出现了数量庞大的船队。此时冯·龙德施泰特仍然认为这只是盟军的一种牵制战术，而真正的登陆地点将会在加来。不过他还是采取了一个预防措施，命令第12党卫军装甲师和教导装甲师准备向诺曼底开进。

凌晨5时30分，当盟军海军炮火中的第一发炮弹落在海滩上的时候，所有隐蔽的行动都已变得明确无误了，但把这个消息传到数千米远的内

↓进攻后“剑”海滩变成了一片废墟。在占领该海滩后，由第4别动旅的突击队员负责守卫，英军第3步兵师和第27装甲旅随后抵达

陆德军司令部却又被延误了。斯派德尔于6时30分最终接通隆美尔的电话时，隆美尔仍对盟军的轰炸不太在意。由于伞兵部队的着陆是被分别汇报，因此使这位陆军元帅产生了一种虚假的安全感。斯派德尔不久就获得了更确切的消息，但一直到10时他才再次接通了隆美尔的电话，又一次告诉他盟军已经在诺曼底展开了登陆行动。这个消息促使隆美尔立刻行动起来，但他花了大半天时间才赶回他的司令部，因为希特勒在此之前曾发布过一个命令，禁止德国高级军官乘坐飞机，以防被击落。

在勒芒，多尔曼将军司令部里的人员一直对登陆行动无动于衷，直到8时45分，他们才接到消息称英军已在卡昂对面的海滩进行登陆。他们直到11时才得知盟军在西边也登陆了。多尔曼认为后一个登陆行动是假象，早一些的英军登陆行动才是主要进攻方向。但冯·龙德施泰特却持不同的观点，甚至在他收到了确切的登陆消息后，他仍坚信这些全是佯攻，真正的进攻不久就会转到加来地区。

↓英军第二波次部队上岸，他们面临艰巨的任务——打通极难通过的开阔地带前进

希特勒的反应

其实这也是希特勒自己的观点。当他在10时得知盟军登陆的消息时，他正在贝希特斯加登开会，对此他似乎松了口气。“他们终于来了”，希特勒说道。因为在此之前的两年时间里，当盟军仍在英格兰南部进行集结的时候，日益庞大的德军部队已经沿大西洋沿岸做好了准备。现在盟军已经决定采取行动了，德国军队是能够消灭他们的。德国军备部长阿尔伯特·施佩尔6月6日和希特勒在一起，他在回忆录中记录了那天希特勒的一系列推理：“你能想起来吗？在我们所收到的各种报告中，有一条精确地预计了登陆地点和登陆时间，它更使我确信这次仍然不是真正的进攻。”

不过希特勒一开始仍对授权动用装甲预备部队比较犹豫，而与此同时德军部队则在海岸沿线拼命进行抵抗。但这些都是以连和营为单位的战斗，与高级指挥部几乎没有联系。在滩头堡的最东边，埃德加·费希廷格少将率领的第21装甲师（曾与隆美尔一起参加过北非的战斗）在此驻守。

↓一辆“丘吉尔”式坦克从一个法国村庄狭窄的街道上隆隆驶过。盟军后来从其所受的损失中发现，诺曼底乡村是德军进行防御的理想地带

尽管没有接到命令，他仍在黎明前就将坦克派往奥恩河大桥去进攻盟军的伞兵部队。到上午10时的时候，第21师已与盟军伞兵部队展开激烈的战斗，并已开始占据上风。此时费希廷格收到了总部发来的第一道指示，命令他甩开敌人，赶去保卫卡昂。第21师花了小半天时间，直到下午才赶到卡昂——他们大部分时间都浪费在路上了。到下午3时左右，费希廷格的许多坦克的燃料都已所剩无几，但其后勤军官却无法与卡昂的仓库取得联系，不能补充燃料。尽管如此，第21师的一个战斗组还是探明了英军第3师的右翼在位于“剑”和“朱诺”海滩之间有一个缝隙，于是6辆坦克和一个步枪连成功地抵达海岸。此时，预定为第6伞兵师在奥恩河以东着陆之用的运输机和滑翔机正从该处上空飞过。该战斗组的指挥官确信自己将会被另一支盟军空降部队切断退路，于是又从这条“走廊”把部队带了回去，这样就让盟军在几小时后把“剑”海滩和“朱诺”海滩连接起来了。

↓反攻：德军第21装甲师的“虎”式坦克正向诺曼底前线驶去。“虎”式坦克曾令盟军部队胆战心惊，因为这种坦克防护性较好且火力较猛

到了6月6日黄昏，德军的行动开始变得协调起来。装甲预备部队、党卫军第12师、党卫军第2师、教导装甲师和第17装甲旅都已接到命令，

↑ “D日”的消息传向全世界。在伦敦火车站的旅客急切地读着晚报。从诺曼底来的报道是乐观的，并经过认真的审查

开赴滩头堡，但一切都已为时过晚。对德军来说，这是糟糕的一天。他们对盟军的登陆做了错误的判断，这部分是盟军“刚毅”佯攻行动的结果，部分是由于各级指挥人员之间通讯联系上的失败。德军部队总的来说战斗较为顽强，但由于增援部队不能抵达，他们有的投降了，有的被消灭了。许多盟军将领曾推测这次登陆将会是加里波利惨剧的重演，但出乎意料的是，这次共有13万人的部队从海上登陆，另外有22 500人从空中着陆。在1万名死伤人员中，有一半都是在“奥马哈”造成的。虽然英军第50师应该能够占领贝约却没有成功，虽然加拿大第3师接近了卡尔皮奎特机场却停了下来，虽然英军第3师也没能攻占卡昂，但对盟军整体来说，这天确实是个好日子。

3

血战博卡日

对盟军来说，保住法国沿海的立足点只是战斗的第一步。现在他们面临着一个非常艰巨的任务：打出茂密的诺曼底灌木丛。

盟军计划人员花费了很多时间研究部队登陆问题，但对部队一旦打出海滩将会遇到什么困难却几乎没有考虑。盟军部队曾以大型装甲兵团为单位，在索尔兹伯里平原、达特穆尔、埃克斯穆尔和北约克郡莫尔斯等地进行过训练，为有北非行动特色的运动战作准备。在滩头堡最左边面向东南方向，第6空降部队在奥恩河上建立了一座可俯视大片地域的小型桥头堡，这里与索尔兹伯里平原有点相像。然而要是把它当作装甲师的集结地的话，这种桥头堡就显得太小了，当然也无法进行保密工作。在紧邻桥头堡的西边，情况则更糟。这里英军第3师面对的是德军布防严密的卡昂郊区的工业区，所有部队都不愿意攻入城市，因为这将是一场耗费时日的血战。在卡昂以西，乡村地区是开阔的，但是太开阔了。在这里，卡尔皮奎特飞机场从东到西横跨加拿大第3师向南推进的必经之地，德军集中力量防卫这条通道的南部。再往西，“金”海滩的英军、“奥马哈”海滩和“犹他”海滩的美军也都面临各种不同的困难。从卡尔皮奎特一直延伸到科唐坦半岛的沼泽地带是博卡日地区，这是个由错综复杂、坑坑洼洼的小道与四周围满多年灌木树篱的小块田地组成的地区，这些树篱底部有2.75米厚，高的则有4.5米。大的农舍或小村落大约每900米就有一处，散落在这片广阔的地带。农舍的房屋都是用大块石头砌成，并有很深的地窖，这

←←藏匿于诺曼底博卡日深处的伪装德军士兵准备发射迫击炮。德军士兵非常善于使用迫击炮，他们很快就会战胜没有任何支援的盟军。缺乏任何空中掩护，迫击炮往往是德军士兵唯一真正的火力支援

些都是在5个世纪前的“百年战争”末期，诺曼底作为战场留下的遗迹。更糟糕的是，从这里再向内陆深入16千米处，有一片高高低低的小山。其中最高的一座是有425米高的平肯山，它位于诺曼底地区的中心地带，被称作“诺曼底的瑞士”，因为它与阿尔卑斯山的丘陵很相似。诺曼底乡村是进攻者的恐怖地带，却是防御者的天堂。它是一片自然形成或人造的精致的障碍网，里面散布着成千上万座坚固的房屋，其中许多房屋都只有用大口径炮弹直接命中才能被摧毁。

隆美尔知道要想摧毁盟军的滩头堡，就必须调集大批部队迅速发动进攻。他命令第21装甲师和第12党卫军装甲师集中力量，协调一致发动攻击。但这两个师都因已经零散地与盟军展开了战斗而无法脱身并集中。到6月7日黎明时，仍有一部分第21装甲师的部队正在支援第15军的第346师和第711师进攻盟军伞兵和突击队在奥恩河以东建立的桥头堡。德军的反攻曾一度成功地夺回了一些地方，但紧跟着就又被英国皇家海军的炮火给摧毁。与此同时，第51高地师则已越过奥恩河，去支援盟军空降兵和突击队。在中部地区，德军第

←一队美军巡逻士兵穿过博卡日地区典型的树丛前进，战斗在非常狭小的范围里发生。你根本无法弄清相邻的地带正在发生什么事情，更不用说几千米以外了

12党卫军装甲师的先头部队已经对位于卡尔皮奎特北部的加拿大部队发动反攻，其中一个战斗组还成功地将在布雷特维尔的“女王步枪队”截断。此时速度是最重要的，德国教导装甲师试图在白天沿第12党卫军装甲师左侧向英军第50师发动进攻，却不断地遭到盟军的空中打击。该师指挥官弗里茨·拜尔莱因少将曾在北非战斗中担任过隆美尔的参谋长，他描述此次空袭是他所经历过的最猛烈的一次，维尔通向外面的道路成了盟军战斗轰炸机的靶场。教导装甲师在这次行军中共损失了80辆半履带式卡车、自行火炮和牵引车。空袭严重影响了德军几个兵团向诺曼底的调动，包括以圣·纳扎尔为基地的第275师的一个战斗团。该团于6月7日乘火车驶往贝约的途中，在阿夫兰奇斯附近遭到几批中型轰炸机和“雷电”式轰炸机的轰炸而全军覆没。

↓一名法国抵抗组织成员怀抱自己的布伦枪满心欢喜。盟军为这次行动专门给抵抗组织提供武器。抵抗组织成功地延缓了德军对前线的供应和增援

法国抵抗组织在阻止德军部队向诺曼底运动的过程中也起了重要作用。若不是臭名昭著的德军第2党卫军装甲师未能在盟军进攻的最初几天里赶到诺曼底，战斗的进程可能就会是另外一种情况。德军第2党卫军装甲师——“帝国装甲师”——是在西欧最令盟军头痛的兵团之一，它是一支拥有两万名训练有素、作战顽强的军人的部队，配备有240辆坦克和自行火炮，包括100辆“虎”式和“豹”式坦克。不过在“D日”这天，它却仍驻扎在离滩头堡约650千米的图卢兹北面的蒙托邦。

“帝国”装甲师的延误

6月6日晚，该师指挥官海因茨·拉默丁接到向诺曼底开进的命令。在正常情况下，该部将会在6月9日抵达目的地，但事实上其先头部队却只到达利摩日，离诺曼底南部仍有

320千米之遥。该师的余部从290千米外赶回蒙托邦，结果所有事情都弄糟了。尽管该师已处于完全戒备状态，但法国抵抗组织还是在6月7日将其大部分燃油储备和一些运输设备给炸毁了（在此之前的3个月时间里，该师在与法国抵抗组织的冲突中就已经死伤了200人）。德军迅速征用所有能使用的燃料和民用车辆，但部队行动还是被耽误了好几个小时。在随后的48个小时里，情况对德军变得更为不利。抵抗组织在索伊利克的一座桥上对德军先头部队实施伏击，而英国皇家海军的一支部队则早已在这里渡过多尔多涅河，他们从十几个地方对德军先头部队的侧面进行了袭击。

↓皇家空军部队的“台风”式飞机向法国北部的一辆德军运兵火车发射火箭进行袭击。对德军增援部队的阻击大大地支持了盟军部队在滩头堡的战斗

抵抗组织往往藏在暗处，袭击后又迅速消失在乡间。德军党卫队对因此所造成的伤亡和延误极为恼怒，他们用在东线镇压游击队的残暴方法进行报复。6月9日，拉默丁率领一个装甲掷弹兵营进入利摩日以南80千米的小镇图勒，逮捕了那里正在庆祝解放的市民。党卫军在挨着大街房子的阳台外吊死了99个男人、妇女和孩子，并强迫他们的家人观看。第二天，德军先头部队包围并占领了利摩日西北14.5千米的格拉讷图河畔奥拉杜尔村。党卫军将男人与妇女、小孩分开，并将他们分成几组，用机枪进行扫射。他们将妇女和小孩全部集中到教堂里，然后向教堂里投掷烈性炸药和手榴弹，然后在他们试图逃离火焰时枪杀他们，总共有642人被杀，其中男人190名，女人245名，还有207名孩子。

随后德军先头部队向北前进。当他们于6月11日抵达卢瓦尔河时，他们发现只有一座单行道桥梁在破坏和空袭中幸存了下来。跟在后面的队伍不断

受到抵抗组织的骚扰，现在他们全部挤入了这个狭口。由于英法特别行动队与抵抗组织配合，再加上中型轰炸机，使德军成了极易被打中的靶子。与此同时，6月14日，一部分德军“帝国”装甲师则已抵达该师的集结地区——距离滩头堡以南80千米的多姆弗朗。此时早已等候多时的发射火箭的“台风”式飞机在特别行动队的指引下向该部德军发动冲击，它们在第一波次的袭击中就摧毁了16辆装甲车辆。当党卫军第2装甲师费尽周折终于在6月23日全部抵达诺曼底时为时太晚，已经无法影响滩头堡的战斗了。

蒙哥马利在6月8日早晨登陆上岸后，将他的司令部设在克鲁利附近一个早已挤满各种车辆的法国城堡里。两天后，当丘吉尔与布鲁克、斯马茨前来视察时，蒙哥马利向他们勾勒出陆地战斗的宏伟计划。在经历了最初的阻碍后，美军集结的部队力量开始逐渐上升，蒙哥马利认为美军部队应向西进攻并占领科唐坦半岛，同时由于拿下瑟堡港也已迫在眉睫，因此他

↓负责滩头堡战役的指挥官（从左到右）：霍奇斯、克里勒、蒙哥马利、布雷德利和登普西。在这次战役中，蒙哥马利负总责。艾森豪威尔于1944年9月1日接任——这实际上是对蒙哥马利的降职，尽管在登陆之前就已经计划好了

↑该图是一架美军“野马”式战斗机，它的机身上有黑白相间的带状攻击条纹，这象征着忠诚于盟军的事业。“野马”战斗机负责维持滩头堡的空中优势，并对进攻纵深地区的轰炸机提供保护

打算把尽量多的德军吸引到由英军负责的地带。在那里，情报工作表明有一个取得巨大成功的好机会。很明显，德军将其预备部队调往诺曼底并进行协调一致的反攻行动时遇到了很大的阻碍。在卡昂西南部的维勒-博卡日地区，德军第12党卫军装甲师和教导装甲师之间存在一个缺口，在盟军第51高地师沿卡昂东边向南进攻的同时，刚刚登陆被称作“沙漠之鼠”的第7装甲师也正准备直接向南进攻，先穿过维勒-博卡日地区，然后向东与第51高地师会合，最后包围卡昂。

“疯子”兴德

这是一个大胆的计划，它需要有大胆的人才能执行。但是，不幸的是下级指挥官中的一些军官却不能执行这个精心布置好的行动，其他一些军官则因在北非、西西里和意大利已参与过太多这样的行动而对此感到厌烦。6月12日，蒙哥马利的直接下属、英军第2军指挥官迈尔斯·登普西中将在去拜访第30军司令杰拉尔德·巴克奈尔中将的司令部时（第7装甲师属于该军），十分惊讶地发现该部队竟对进攻没作丝毫准备。当第7装甲师的坦克于13日向南开进时，该师指挥官乔治·厄斯金少将对没有更早一天接到命令感到非常遗憾——他相信德军此时肯定已经堵上了这个缺口。时间就是战机，厄斯金派遣罗伯特·兴德旅长率领第22装甲旅为先头部队率先出击。兴德因在北非战斗中无所畏惧的勇敢行为而获得一个“疯子”的绰号。他率领部队于6月13日早8时攻进维勒-博卡日地区，然后命令伦敦第四县的义勇骑兵队和步枪旅的一个连赶往沿公路方向位于卡昂东北1.5千米的一座小山，这个山头在盟军地图上被标为213高地。义勇骑兵队的指挥官维斯考特·阿瑟·克兰利中校向兴德指出，这条路两边都是深沟，而且路边是厚厚的树篱，他想花些时间去侦察一下，但兴德则让他直接采取行动。大约11时，英军来到这座小山，从这里已经能够看到远处卡昂郊区的工业区科隆贝勒的烟囱了。而在213高地以南几百米，德军指挥官迈克尔·魏特曼——一位在东线参加过许多场坦克战的老兵，从经过严密伪装后的“虎”式坦克的瞭望孔中，也已清楚地看到树篱后面英军坦克的炮塔。英军坦克沿路排开，像鸭子一样进入了德军坦克的射程。

魏特曼率领第501重型坦克营第2连在晚上到达维勒-博卡日，但此时他已是单枪匹马。魏特曼将坦克开到与大路平行的农庄小道上，发射炮火击中了一辆从大路上开过的布伦枪运输车，黑色的浓烟立即从运输车中冒出来。“虎”式坦克轰鸣着向维勒-博卡日开去，魏特曼又向英军队伍发射了22发炮弹，每发炮弹都摧毁了一辆坦克或轻型装甲车，而英军的炮弹却从魏特曼的坦克上弹到了一边。进入小镇时，魏特曼又击毁了克兰利子爵的坦克，而后又将克兰利的副手以及团军士长的坦克也都给摧毁了。到达小镇广场时，魏特曼遭到英军坦克炮火的猛烈炮击，他迅速掉转方向，

↓德军迈克尔·魏特曼所率领的“虎”式坦克。党卫军第101装甲部队于1944年6月10日左右向前线运动，此时已到了莫尼村附近

↑一辆英国“克伦威尔”式坦克与德军“虎”式坦克相遇后被击毁。英国与美国的坦克都敌不过在诺曼底战场巡游的德国“豹”式和“虎”式坦克。但盟军压倒一切的空中优势则使盟军在战役中处于有利地位

在前进中又摧毁了一辆英军坦克。在补充过弹药和燃料之后，他又与另外四辆“虎”式坦克和一辆新式的4型坦克赶回213高地，完成了对伦敦义勇骑兵队的屠杀，然后在得到第2装甲师的一些坦克的支援后，再次攻入维勒–博卡日。但是这一次英军已经做好了准备，4型坦克以及包括魏特曼的坦克在内的3辆“虎”式坦克都被6磅和17磅的反坦克炮火的联合攻击给摧毁了，不过魏特曼和大多数乘员则都徒步逃走了。德军第2装甲师的力量在当晚和第二天逐渐增强，巴克奈尔命令放弃维勒–博卡日，第7装甲师在美军炮火网的掩护下于6月14日至15日夜间进行撤退。在这一仗中，德军以损失4辆坦克的代价摧毁了英军坦克和装甲车共53辆。进攻维勒–博卡日的大败完全阻止了蒙哥马利准备突破卡昂西部的最初打算。这也影响了第7装甲师的士气，惊恐和沮丧的情绪弥漫着整个盟军部队。

不过尽管德军在维勒–博卡日取得了胜利，但这却仅仅具有战术上的作用，因为这次行动以及盟军空军和法国抵抗组织采取的所有阻断行动已为建立滩头堡赢得了几天宝贵的时间。在登陆前的几个月里，为了设计出复杂的人员和物资的登陆程序，盟军计划人员按人员累计花费了数百万小

→在大风暴中，波涛将一个“桑树港”的沉箱冲开，摧毁了一个人工港

时的时间。在登陆诺曼底海滩的最初几分钟里，所有的计划都派不上用场，因为到处都是混乱场面。后勤部队在海滩上组成专门小组，不停地将物资运往临时仓库。到第一天结束，仅在英军负责的海滩上就登陆了8 900部车辆和1 900吨物资。这些工作常常受到勒阿弗尔德军炮火的干扰，他们不停地朝“剑”海滩发射炮弹。但英军遭到的最严重的一次袭击却并不是来自德军炮火，而是来自皇家空军轰炸机：6月7日，一架“兰开斯特”飞机轰炸目标时判断失误，朝海滩外的英军主要军械库投下一连串炸弹。结果是灾难性的，26 000升燃油和400吨弹药都毁于一旦。

大风暴

盟军的后勤计划人员知道，向露天海滩运送人员和物资将会是一件危险且难以完成的事，因为很难提供足够的军事力量来保卫海滩，更不用说打出滩头堡向内陆突破了。成功的关键在于尽快使“桑树港”到位。最初的600只沉箱和仓库船于6月7日被放置在英军区域的阿拉曼什之外和美军区域的“奥马哈”海域，11天后美军海港收到了第一批货物。到6月

←破损严重的港口需要进行大修才能使用。风暴于6月19日开始并持续了三天，这严重地影响了盟军发动进攻的时间，同时也使盟军损失了105 000吨物资和两万部车辆

18日，已有24 412吨的补给和军火通过这两个人工港上岸。大约在18日至19日深夜，海风吹到了东北部海岸，到黎明变成了大风暴，塞纳河海湾变成了一个沸腾着的大锅。泰勒上校率领一批拖船拖着22只沉箱在海峡中航行，在他以前的航海生涯中还从未遇到过如此猛烈的大风暴。风暴也不知从什么地方吹来的，一开始是“呼呼”地拂过海面，最后则变成了狂风怒吼。风暴抓住了这些不适合航海的拖船，恶狠狠地把船抛来荡去，直到这22只从索伦特的好天气中驶来的捕鲸船没有一艘能够浮起来为止。大风暴猛烈地撞击“奥马哈”海滩，海浪打在防波堤上，仓库船后部被撞破，“凤凰”沉箱开始解体。大风浪穿过缺口狠命地撞击浮动道路和码头，不久它们就开始下沉了。飘浮着的登陆艇和设备与半浮在水上的浮动道路堆在一起，各种残骸使停泊处和海滩变成了乱糟糟的一片。沿着海边摆放的很长的浮动道路和船只也都已破损不堪。盟军在这次大风暴中的损失是极其惨重的。

在“奥马哈”海滩一个出口的对面，一名工程师记录下共有35艘机械登陆艇、11艘坦克登陆艇、9条“犀牛”渡船、3艘步兵登陆艇和20多条其他船只横七竖八地堆在一起。放眼望去，“桑树B”人工港也好不到哪儿去。泰勒回忆道：沿着阿拉曼什海滩，乱七八糟的船只残骸堆得很高，使高水位线附近成了混乱的钢铁堆。尽管看上去与此相反，但是“桑树B”人工港还是可以挽救的——海港前的卡尔瓦多斯暗礁抵挡住了风暴的很大一部分力量。美军人工港的残余部分被拖到东边去修补英军的人工港。到这个月底每天可以通过人工港运送4 000吨物资，而更多的物资则继续在露天海滩上岸。大风暴过后，后勤人员所面临的问题显然已不是如何将物资运上岸，而是如何在海滩上找到一个存放物资的地方。

虽然大风暴没有对盟军的后勤工作造成致命影响，但它的确凸显了占领一个港口的必要性。这是在“犹他”海滩登陆的柯林斯第7军的任务，不过他们首先得将美军的几个滩头堡连接起来。两个海滩后面的地形比较复杂，而且对守军有利。部队离开“奥马哈”海滩越过悬崖后，摆在面前的是被淹没的奥莱峡谷。美军第1师第26团的部分官兵直到6月8日早晨才占领了1.5千米以外维耶维尔滩头堡后面的一个小村庄福米尼。第116团在别动队的支援下，直到6月9日才消灭了霍克角顶端分散的德军士兵。再向西南，第29师、第175步兵营和第747坦克营在海军炮火的掩护下缓慢地向前推进，大约在相同的时间内攻入了已经变成废墟的伊西尼。

↓美国国旗在“犹他”海滩上空飘扬，急切地等待后续步兵部队及物资的上岸

缓慢推进

在科唐坦半岛对面，第101空降师从空降地带向南沿瑟堡–卡昂铁路朝卡伦坦镇前进，他们必须占领这条铁路线才能将美军的滩头堡连成一片。6月9日，第101空降师第506空降营营长罗伯特·辛克上校率领一队巡逻兵穿过海滩后面的沼泽地，来到一条高于周围2～3米的公路上。这条公路向西南跨过杜夫河通向卡伦坦。很快这支空降部队就在越过公路前进时遭到敌军炮火的阻击。由于辛克与德军交火的汇报被他的司令部曲解了，他们得出的结论是这条公路布防松散，于是第101师师长麦克斯维尔·泰勒少将命令第502空降营攻过这条公路，但士兵们发觉他们只能形成一个单一队形弯着腰甚至要匍匐前进，他们用了三个小时，横跨杜夫河及其支流上的一系列桥，前进了不到0.8千米。部队的行进受到公路西边一间大石屋里的火力阻击而完全停滞，这个大石屋建在靠沼泽地一侧笔直上升的一个小丘上。鉴于炮火没法将这个阵地摧毁，第502空降营营长罗伯特·科尔中校命令部队进攻该农场。科尔和他的副手约翰·斯托普卡中校踏着水花穿过沼泽向德军冲去。一开始他们后面只跟着大约60名士兵，但由于受到长官的鼓舞，或者为自己的犹豫而羞愧的缘故，越来越多的士兵加入了进攻的队伍，最终他们攻上了敌人的阵地，并用手榴弹和刺刀消灭了德军。

↑陌生人在陌生的地方：在一架“勃朗宁”12.7毫米的高射机枪下面，一名美军士兵在抓紧时间读一本学法语的小册子

当第502空降营和其他部队接近卡伦坦镇时,该镇德军指挥官弗里德里希·冯·德·海德少校催促增援部队迅速赶到，但是由于盟军空中部队和法国抵抗组织有效地阻断了德军的增援行动，他得到的唯一援助就是11日至12日晚一架运输机空投的18吨步兵弹药和88毫米炮弹。德军后勤部队几乎起不了什么作用，因为盟军海军炮火、大炮、迫击炮和坦克炮联合轰击

卡伦坦，并使许多建筑物燃起熊熊大火，这时德国后勤部门才刚刚开始分发弹药。

6月12日凌晨2时，对第502营进行换防的第506空降营开始攻入卡伦坦东北部，同时第327滑翔机步兵营则从西北部发动进攻，到7时30分两支部队在该镇中心会师。

与此同时，美军在向“犹他”滩头堡以北进攻的时候也因遇到了德军的猛烈阻击而陷入停滞。紧挨着的西边，情况则更为糟糕。6月8日，在勒莫特伊的梅雷迪特河上建起的桥头堡，在德军的反攻中由于第507空降营部分士兵的害怕和临阵脱逃而几乎被德军占领。美军第7军军长乔伊·劳顿·柯林斯将军调遣第90师越过梅雷迪特河，并命令该师师长杰伊·麦克凯尔维率领部队进攻科唐坦半岛西海岸。6月10日早些时候，第357步兵团的第2营主力在炮火的掩护下向前进攻，但他们很快就在迷宫一样的树篱和小块田间走散，

↑美军第101空降师的伞兵身着典型的战斗服。该师徽章上嘶鸣的老鹰是美国内战时期“铁旅”中的一个团的吉祥物

→一名德军掷弹兵驻守在发了洪水的科唐坦半岛的一个防御工事里。他披着一件伪装防潮布，这种东西既可作雨披，又可用来支帐篷。他的武器是令人恐惧的42型机枪

最后只前进了几百米远。下午第1营前去支援，也没有很大进展。第90师在第二天继续进行尝试，由于德军炮火猛烈，部队只能以蜗牛一样的速度前进。直到13日部队才在密集炮火的掩护下前进了3千米抵达庞特·阿贝镇，当时该镇已被夷为平地，一位美军军官称只发现两只野兔生还。

柯林斯对自己的部队进攻如此缓慢很为吃惊，他在一天内同时解除了麦克凯尔维及其两个团长的职务。他一边调整第90师，一边决定重新设计进攻计划。柯林斯最初经历的战斗是于1943年1月在丛林覆盖的瓜达尔卡纳尔岛上，当时他率领第25师与日军作战。他现在意识到科唐坦半岛在很大程度上更像西南太平洋上的小岛，而与美军在英格兰的达特穆尔和埃克斯穆尔进行的训练截然不同。由于穿过树篱需要更多的步兵，柯林斯调派了第9师和著名的第82空降师以第90师为中心向前推进。效果立即显现出来。到6月16日为止第82空降师已向西推进8千米，并占领了圣·索维尔-勒维科姆；两天后，第9师攻占了巴尔维尔-瑟默——从这里可以俯视科唐坦西海岸——并用炮火消灭了一股沿公路向南撤退的德军。

↓滩头堡后面的地形对德军进行防御非常有利。图中为美军部队迅速跑向高大的树篱环绕的地带以寻找藏身之处

↑盟军最初的进攻速度比预计的要慢，一些镇子和村子里的居民急切地期盼他们的解放者早日到来。大多数情况下盟军一到就会受到热烈欢迎。图中为美军士兵正与瑟堡市民共同庆贺

“空中粉碎”

在重新组织过部队后，柯林斯派第4、第9和第29步兵师向北进攻。到6月20日，美军已经突破了德军的主要防线。这条防线是一个钢筋混凝土防御系统，它以10千米长的半圆置于瑟堡南部。柯林斯的部队如果遇到的是正规德军或党卫军的话，可能很难成功。然而幸运的是，在德军部署该工事系统内的25 000名驻防官兵中，大部分都是中年行政人员，其中超过1/5都是由波兰和苏联俘虏组成的。

6月21日，柯林斯请求对瑟堡郊区50平方千米的地区实施“空中粉碎”，以摧毁德军士气，迫使其投降。第二天中午12时40分，数百架战斗轰炸机向该地区投放炸弹，并从90米的高度向下扫射。尽管有24架战斗机被德军防空炮火击落，但德国空军却不见踪影。战斗机刚刚飞走，一批批重型轰炸机又嗡嗡地飞过头顶，对瑟堡外围防御工事投下了1 100吨炸弹。在24小时内，三个美军师就从许多地方突破了德军的防线。6月25日，美

→第101师的一名空降兵正给一辆在卡伦坦缴获的德国车加油。这种小型多用途车为德国空降部队运送物资和弹药之用，或者用以牵引轻型榴弹炮和反坦克炮

→“谢尔曼”坦克在博卡日复杂而危险的地带前进。坦克前进的速度非常缓慢，因为每个树篱丛中都可能藏着一个机枪群、一门穿甲炮或一门88毫米的反坦克炮

军又得到3艘战列舰、4艘巡洋舰和几艘驱逐舰的炮火支援。炮火如此猛烈，以至于瑟堡守军指挥官卡尔·威廉·冯·施利本被迫藏到了一个很深的地堡里，从而失去了对部队的指挥能力。6月26日下午，随着美军攻入瑟堡郊区，冯·施利本被迫投降。此时德军士兵已经把海港变成了一片废墟：沉没的船只阻塞着海港，倒在地上的起重机成了七弯八扭的废钢筋堆，地雷埋得到处都是，盟军花了8周时间才将沉船残骸清理干净，直到11月海港才全部重新投入使用。德军做事通常是非常有效率的，他们破坏得如此彻底，迫使美军不得不仍依赖露天海滩的供应。

↑保罗·豪塞尔，德军东线令对手胆寒的第1党卫军装甲师前指挥官，他接替了多尔曼第7军军长的职务

希特勒大发雷霆

当美军正为瑟堡而战时，卡昂周围发生的事件更是引人注目。6月17日，希特勒飞往法国，召集冯·龙德施泰特和隆美尔开会，他在会上愤怒地咆哮：“别叫它滩头堡，这是敌人所能拥有的最后一块法国土地。”斯派德尔——隆美尔的参谋长——记录道：他们这位迄今为止一直神情沮丧的陆军元帅开始变得乐观起来，并称颂元首的“不可思议的魔力”。希特勒这次表现出了毫不妥协的强硬，他命令从东线调派两个精锐师到诺曼底，这使隆美尔到6月底为止在军事力量上占有质的优势，虽然这也仅仅是暂时的。6月20日，希特勒命令庞大的6个师的部队向贝约进发，并于7月1日发动进攻，旨在击破盟军滩头堡，并使他的部队最终彻底击败英美部队。

几乎就在希特勒为自己的计划进行设计的同时，蒙哥马利则正在为包围卡昂做准备，这次是从更近的地方进攻该市。蒙哥马利不是派一个装甲师穿过博卡日，而是打算派第8军三个师于6月25日实施突然袭击。由于这天是英国著名的赛马日，因此这次进攻被命名为“埃普索姆行动”（埃普索姆是伦敦以南的城市，以赛马著名）。6月22日，蒙哥马利召集第二军所有军、师级指挥官到他在克勒利的作战司令部开会，并勾勒出他的计划。“现在一决雌雄的阶段已经到了。”蒙哥马利称，“在内陆保住一个立足点的阶段已经过去了，敌人正在增强力量，准备包围我们。我们已经到了为行动作细致准备的阶段。我们决不能退缩，我们必须保住现有战果。整个部队在前线必须迅速前移，并迫使敌军无法前进一步。”这次进攻共分为两个阶段。6月25日凌晨4时15分，第49师的先头营借着浓厚的晨雾朝冯特雷村和罗瑞村挺进，去保护行动的第二阶段也是最主要阶段的出发地。雾非常浓，它一方面为进攻部队提供了掩护，另一方面却也使他们无法进行联系协调。到了上午，雾已全部散去，在冯特雷村西南部，博卡日的德军炮火阻挡了第49师的前进。

6月26日黎明，一阵极其猛烈的炮火揭开了第二阶段的进攻序幕，盟军海军有700多门大炮参加了这次炮击，这是诺曼底行动中火力最集中的一次。第15苏格兰师、第43威塞克斯师和第11装甲师共计6万人和600辆坦克从冯特雷村东仅3千米长的前线冲向切尤克斯村的大街。沿这条大街急转直下是一个深溪谷，溪谷底部有一条横跨奥登河的小石桥。一旦越过该地区，第8军团就可转向进攻卡昂东南，并与从卡昂东部过来准备进攻卡昂西南部的第51高地师会合。第8军团的主力部队——第15苏格兰师在攻入切尤克斯后，发现他们来到了一个精心准备的屠场。党卫军装甲师的士兵已经在大街上布满了地雷，并在每个房子里都开凿了枪眼并布设了陷阱。苏格兰师只得通过逐房逐房的近距离战斗来扫清切尤克斯的敌人。在这次战斗中，该师的主力营——第2格拉斯哥高地营有12名军官和200名士兵战死。下午早些时候，第11装甲师的侦察分队——北安普敦郡义勇骑兵，终于穿过了切尤克斯大街，来到奥登溪谷。在这里他们遭到了躲在茂密丛林中的党卫军装甲师的猛烈炮击。向东大约1 500米，阿吉尔第2营和萨瑟兰高地营也攻下奥登河，并完整地夺取了图尔莫维尔村内的大桥。第23轻骑兵团的坦克排成纵队渡过了河。在接下来的48个小时里，轻骑兵团向南沿斜坡进攻位于卡昂西南部245米高的高地，该地在盟军地图上被称为第112高地。德军本想依靠其88毫米大炮将英军坦克压制在河湾，但是盟军战斗轰炸机的持续轰炸为轻骑兵团扫清了道路。参加过第112高地战斗的一名幸存德军士兵回忆道：“下午早些时候刚过，大约12辆坦克分成两队向我们驶来，对我们发动突然袭击。到底该先打哪儿？是先打飞机还是先打坦克？正当我们被空袭弄得晕头转向时，敌军坦克也开始向我们开炮。一门又一门大炮连同炮手被击中。现在只有一件事能做了：撤退！”

↑美军第1步兵师的一名士兵身穿迷彩服。由于这身衣服与德国党卫军服装相似，它很快就被更换了

蒙哥马利在6月27日晚与布鲁克通话中称他对战斗的进展非常满意，

←在切尤克斯的德军党卫军。就是在这里，第15苏格兰师走进了德军精心布置的陷阱，并遭受重大伤亡。在这个村子里进行的是野蛮的近距离巷战

并相信登普西很快就会率领整个第11装甲师登上第112高地。英国现在即将获得重大胜利，因为占领第112高地将使英军能够封锁卡昂南部。德军此时的处境显然已经到了十分危险的地步，其第7军指挥官多尔曼将军在被告知瑟堡已失守后，发觉如果第112高地失守的话，后果将不堪设想，他于6月29日早晨猝死。尽管德国媒体宣称他是死于心脏病，但人们私下都估计他是自杀的，因为他担心将会被取代，并被召回德国，围绕他在诺

↓"丘吉尔"式坦克在天刚蒙蒙亮时就开始向卡昂驶去，作为第二波进攻部队去夺取该市

曼底战斗中的指挥，他受到一系列的指控。事实上，情况还没有多尔曼想象得那样严重。虽然在第112高地的轻骑兵团得到第29装甲旅一部分人员的增援（该旅隶属于第11装甲师），但英军的大部队则仍在奥登河北。太多的坦克、卡车和人员都挤在狭窄的前线附近，致使切尤克斯大街出现严重的交通堵塞，并一直堵到出发地。由于第49师进攻受阻，队伍的西侧敞开，而小股德军又从切尤克斯的麦地里过来偷袭，这更增加了混乱。

6月29日凌晨，多尔曼的继任者、曾在东线率领过令苏军胆寒的第1党卫军装甲师的保罗·豪塞尔开始扭转局势。豪塞尔命令正在集结起来准备开往切尤克斯的进攻部队按计划出发。但并这不能算是一次密切协调的快速进攻行动，因为部队抵达奥登河时豪塞尔只能零星地供给他们补给。6月29日，蒙哥马利驻扎在“犹他”海滩的情报官埃沃特上校收到截获的敌人情报显示，第8军正处于日益危险的境地。尽管盟军第15、第43步兵师和第11装甲师占领了从第112高地向北延伸的长约10千米、宽约3千米的一个走廊，但“犹他”海滩的情报显示，德军第2、第9、第10党卫军装甲师和教导装甲师正从西向这里推进，同时，德军第1和第12党卫军装甲师与

↓维勒–博卡日的小镇被盟军炸弹和炮火夷为平地。法国在二战中死亡的30万平民中很多是在盟军进攻诺曼底时死亡的

虽遭到连续打击但仍有一定实力的第21装甲师则正从东边向该地赶来。

盟军的担心

对蒙哥马利和登普西来说，此时的情况已变得非常严重。第112高地正在进行着激烈的战斗，盟军第29装甲旅被从高地的南坡赶了下来。更为严重的是，一个德军战斗部队已经攻入切尤克斯，这个行动预示着德军打算切断所谓的“苏格兰走廊”，但是英军统帅部对此却一无所知，这就是德军的高水准。英军炮火和空中力量在反攻中遭受了重大的损失，但豪塞尔几乎承认失败。登普西此时已经相信“犹他”情报部门所提供的德军意图和能力的情报是准确的，因此他命令第29装甲师放弃第112高地，撤到奥登河以北。在接下来的48个小时里，德军部队遭到来自盟军战列舰和巡洋舰大规模炮火的猛烈阻击，重型轰炸机则将高性能炸弹像雨点似的投向德军。不过轰炸机并没有特别的区分，为了阻断德军第9党卫军装甲师的前进，皇家海军第175部队的“兰开斯特”轰炸机将维勒-博卡日炸成了一堆燃烧着的废墟，这预示着事情将会变得更为复杂。

↑陆军元帅京特·冯·克鲁格在东线。他于1944年7月3日受希特勒之命接替冯·龙德施泰特任西线总司令。几个星期后他受到用炸弹谋杀希特勒的事件牵连，于8月18日自杀

6月30日，蒙哥马利召集各级指挥官到他位于希瑞西森林附近布雷村的新司令部（高调访问破坏了总部所在地），向他们宣布，尽管包围卡昂的行动没有成功，但“埃普索姆行动”则进行得比较成功。不过包括许多美军高级将领在内的很多人都对“埃普索姆行动”的评估持怀疑态度。这是蒙哥马利所要求的“闪击战”，却成了死伤惨重的消耗战，仅第15苏格兰师，就有2 331名人员伤亡，死亡士兵的尸体在奥登河的河谷中堆积如山。

但是德军则遭受到更大的伤亡。“埃普索姆行动”已经挫败了希特勒准备发动大规模进攻的企图。7月1日，7个师的联合攻击计划是德军打散

↑在卡昂的一辆德军装甲车。盟军重型轰炸机造成的严重破坏在很大程度上影响了盟军夺取该市，因为废墟为防御的德军提供了极好的掩护

和摧毁滩头堡的唯一希望。但对英美政治领导集团来说，这种情况不是即刻就能感觉到的，他们此时已经对蒙哥马利作为地面部队总指挥的能力开始产生怀疑。

在7月的第一个星期里，英军和德军的指挥官都面临着危机。7月2日冯·龙德施泰特打电话给最高统帅部的陆军元帅威廉·凯特尔，告诉他反攻已经失败的消息。当凯特尔问："我们该怎么办呢？"冯·龙德施泰特气恼地接口说："议和！你们这些蠢材！"这位倔强的普鲁士老人此时已是69岁，他总是毫无顾虑地说真话。3年前他就曾因直率地建议希特勒放弃"巴巴罗萨计划"而被解职。1944年7月3日，希特勒又一次解除了冯·龙德施泰特的总司令之职，任命陆军元帅京特·冯·克鲁格接替他的职务。克鲁格主张不论损失多大都应该坚守现存防线。冯·克鲁格具有与冯·龙德施泰特不同的性格，他是一个比较温顺的人，由于对希特勒一味奉承才使他获得目前的地位。就因为如此，希特勒在冯·克鲁格60岁生日的时候（1942年10月30日）送给他一张25万马克的支票，其中有一半是为了修葺他的房产。

虽然冯·克鲁格没有冯·龙德施泰特那样的统帅才能，但他至少能够通过不向希特勒汇报令人不快的事实而保住自己的职位。

丘吉尔面临压力

在滩头堡，蒙哥马利的职位就像他的前任德军对手一样岌岌可危。他曾向艾森豪威尔保证"要继续向东推进，直到我们中的一方崩溃，那将不是我们"。他也曾向空军保证给他们提供一个空军基地，但所有这些他都没有做到。空军上将亚瑟·泰德开始鼓动艾森豪威尔解除蒙哥马利的职务。艾森豪威尔对寻求丘吉尔的支持去解除蒙哥马利的职务一事第一次感到非常踌躇：他知道任命蒙哥马利为第8军总司令是布鲁克的主意，而丘吉尔此时也十分矛盾。

丘吉尔此时面临着较大的政治压力，因为6月23日，东线苏军在巴格拉季昂作战行动中已经突破了德军防线。而且自从6月14日以来，德军V1火箭已经在英格兰东南部造成了2 000人死亡，另有7 500人严重受伤。公众都深知消除这种威胁的唯一方法就是盟军部队攻占进攻地带，但是英美报刊则都以醒目的标题宣称“诺曼底前线陷入困境”。7月6日，在地下内阁作战室内召开的一场全体会议上，布鲁克记录道：“丘吉尔由于部队行动缓慢而对蒙哥马利进行指责，一再重提艾森豪威尔对蒙哥马利的过分谨慎的批评。我立刻火了，问他能否给他的将军们多几分的信任而不是贬低他们。丘吉尔对我大发雷霆，但我希望这对将来有些好处。”蒙哥马利的职务危机暂时是过去了，但这并不是说已上了保险。

在越来越多的批评和压力的背景下，蒙哥马利发动了第三次大规模进攻行动。“温莎行动”和“查恩伍德行动”都是扩大滩头堡和占领卡昂西北部的补充行动。7月3日晚在“温莎行动”中，英军战列舰“罗德尼”号从24 000米以外向位于卡昂西部的卡尔皮奎特空军基地以北的卡尔皮奎特村发射了15枚口径16英寸的炮弹。第二天早晨5时，加拿大第8步兵旅以福特·加里骑兵部队为先锋，在炮火的支援下攻入卡尔皮奎特村。党卫军装甲师的部分人员躲在空军基地西侧的混凝土工事里拼命抵抗，24小时后，加拿大军队的进攻陷入困境。

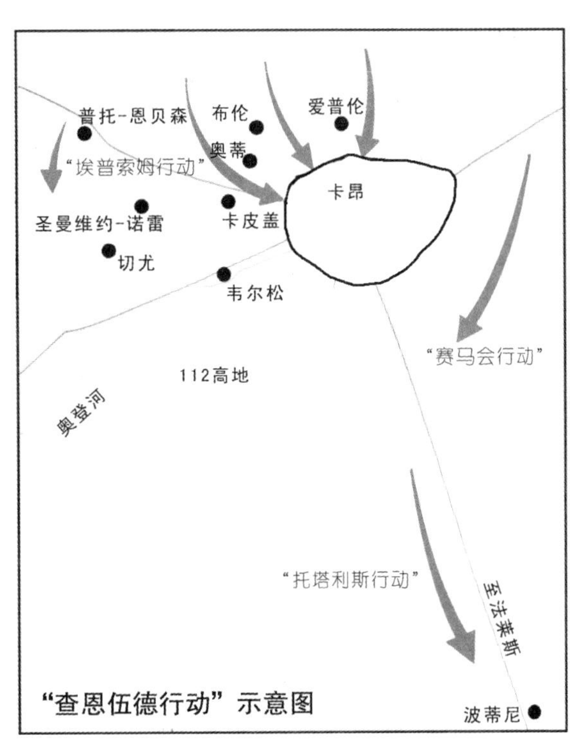

“查恩伍德行动”示意图

48小时过后，最主要的进攻——“查恩伍德行动”在卡昂展开。没有部队喜欢进行逐房逐房的近战，蒙哥马利决定不让他的部队陷入小型的“斯大林格勒”，他采取的办法就是摧毁这些房子。7月7日22时，467架“兰开斯特”式和“哈里法克斯”式轰炸机在该市投下了2 500吨

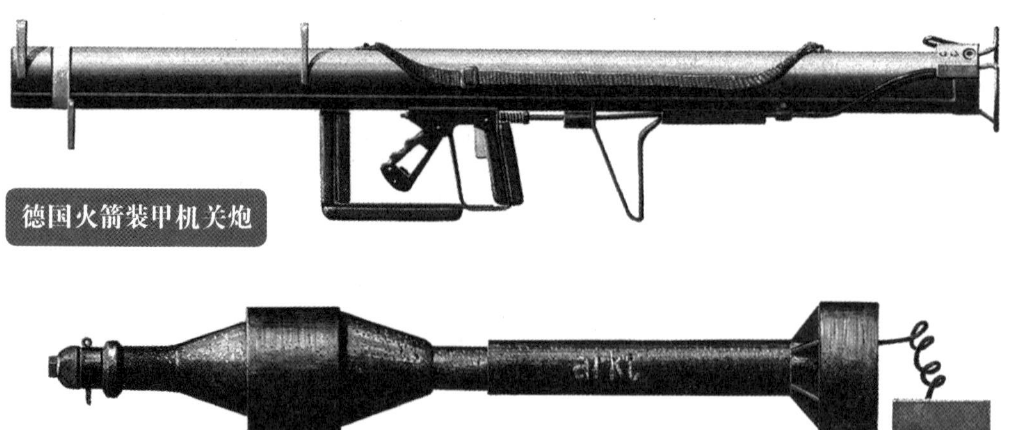

↑德军火箭装甲机关炮主要是根据1943年突尼斯之战所缴获的一些美制M1坦克火箭炮的原理制造出来的。博卡日狭小的空间使盟军坦克在经过很好伪装的德军装甲机关炮前成了活靶子

高爆炸弹。东约克郡第2团的副团长比尔·雷尼森少校后来回忆道：从北部望去，一片夹杂着尘土的“黑云”直冲云霄，几乎遮盖了整个城市。“黑云”慢慢地朝我们飘来，飞到了奥登河上空。空袭结束后，盟军士兵站在狭长的掩体边拍手欢呼。这对鼓舞士气十分重要。但不幸的是，这时卡昂城里挤满了法国平民，因此后果是可怕的。卡昂城的中部和北部大部分地区都变成了一片瓦砾，至少有6 000名法国平民（其中大部分是妇女和儿童）被炸死或伤重而亡，成千上万人严重伤残。盟军的轰炸破坏了德军的供应线，但是卡昂市北部地区的德军防御工事受到的影响却并不大。英加联军集结起占绝对优势的部队，在1艘战列舰、2艘巡洋舰和250架轻型轰炸机的炮火支援下，终于冲破德军的防御。在卡昂东北部的格鲁希，加拿大第3师侦察团的16名队员手持布伦枪攻入敌军防御工事的心脏。大吃一惊的德军稍作抵抗后便成了俘虏。但是在其他地方，特别是党卫军装甲师则顽强抵抗，一直战斗到最后，直到最终被“鳄鱼”坦克火焰炮发射的烈火所击溃。战斗在近距离展开，进行得非常残酷，到7月9日德军已死伤6 000人。英军和加拿大部队的死伤人数也不少：约有3 500人死亡、受伤或失踪。到7月9日晚为止，英加联军已经攻占了该城的西北部。但郊区工业区哥伦贝尔利斯以及位于奥恩河东南部的半个卡昂城则仍在德军手中。

当蒙哥马利发动被称作“朱庇特行动”的第四次大规模进攻时，卡昂城内的战斗暂时停止了。“朱庇特行动”是以第43师（威塞克斯）为主力进攻德军位于卡昂以西第112高地的德军阵地。这是一场残酷的消耗战的开始，战斗一直持续进行了数周。在最初的36个小时内，第43师在试图夺取高地北坡的立足点的战斗中就死伤了2 000人。在几乎不可能的情况下坚持下来，德军在7月11日发动的一次反攻几乎将英军打退，但是第4萨默塞特轻型步兵营牢牢坚守住了一个略微凸出的地带。7月12日凌晨1时，该营发动了一次反攻，但立即遭到猛烈的阻击。英军幸存者考波拉尔·道格拉斯·普鲁克特下士生动地描绘了那天夜里进攻的恐怖场面：一个进攻小分队的指挥官试图爬过敌人的铁丝网，一颗子弹穿过他的腹部，结果引爆了他带在网兜里的燃烧弹，他在绝望的挣扎中被缠到了布满铁钩的铁丝网上并被吊在上面，成了一个活生生的人体火球。为了从火焰的地狱中解脱出来，他无奈地乞求战友马上将他杀死。这次进攻几乎使第4萨默塞特步兵营的进攻分队全军覆没，参加这次行动的考波拉尔·普鲁克特所在排中的36人最后只剩下了9个人。该营被迫撤出第112高地，由其他部队接替。战斗一天天地进行着，又持续了两周时间。

易受攻击的“谢尔曼”坦克

7月中旬，英军和加拿大部队战区的战斗已经陷入困境；此时美军战

↓博卡日的美军炮兵正在发射炮弹。大雨加上厚密的树篱常常给相邻部队的无线电联系造成很大困难，甚至联系不上，这给部队之间的协同作战造成了严重的麻烦

区的情况也不比那边好。攻陷瑟堡后，布雷德利率领所有部队向南挺进。7月3日，第8军在特洛伊·米德尔顿少将的率领下攻入科唐坦半岛西海岸并向库坦塞斯推进。与此同时，查尔斯·科利特率领的第19军则向卡伦坦东南部发动进攻，沿着维尔河一直推向圣洛。布雷德利命令柯林斯率领第7军沿中部进军，夺取位于库坦塞斯和圣洛之间的小镇皮埃尔斯。布雷德利的意图是保护圣洛-库坦塞斯公路，并将这条公路线作为向西南发动全面进攻的集结线。这条公路线与海岸线平行，它一直通往阿夫兰切斯，博卡日从这里开始逐渐变成更为广阔的乡村。

美军沿着一条非常广阔的前线（48千米）穿过乡村向前挺进，他们在博卡日遇到的困难最大。在这种乡村地带，部队之间保持联系非常困难，更不用说编队了。厚密的树篱很快就使进攻营变成了进攻连，然后又变成以排为单位的进攻，因此进攻的成败与否在很大程度上都要依赖于排指挥员的能力和经验，指挥员的死亡或者受伤常常会使进攻停下来。而一挺德军机枪在1～2门迫击炮的支持下则能坚持数小时。美军发现当雨水打湿树篱的时候（1944年夏天，三天就有一天下雨），从一个地方到另一个地方的电波信号就传不过去。那时常常会发生这样的情况：某个排在一个地方的进攻成功了，而在相邻地域的战斗却失败了，于是各部队彼此之间的联系也就被割断了。为了保持进攻态势，步兵指挥官调来坦克进行支援，但是在树篱间穿行的“谢尔曼”坦克的高大轮廓很容易被德军发现，它们成了部署在附近的德军及坦克炮的靶子。坦克兵很快就发现“谢尔曼”坦克由于没有足够的马力或牵引力很难越过树篱，每次尝试都使坦克的底盘抵在树篱上，使坦克最容易被损坏的底部暴露在德军各种反坦克炮火之中——德军的反坦克小组不停地在树篱中搜索盟军坦克——结果盟军坦克非但未帮上忙，反而遭受了重大损失。

到7月15日为止，第8军的四个师以伤亡一万人的代价仅推进了11千米。而第7军情况则更糟：7月4日，该军的第83师只前进了180米就死伤人员1 400名。第19军同样进展缓慢。7月7日，第3装甲师和第30步兵师试图夺取德军防御工事的一个缺口时，双方都把对方误认为德军，并进行了激烈的战斗。两个师都调来美国空军战斗轰炸机，而这些战斗轰炸机也都不加区别地对双方进行扫射，致使双方都伤亡惨重。等到两个师分清对方时，德军已经堵住了这个缺口。

7月10日，为了将德军的防御部队移开，布雷德利决定派兵夺取德军

↑德国党卫军装甲旅装备一种反坦克火箭发射筒。德军经常越过布满树篱的土埂，对美军“谢尔曼”坦克易损的底部进行攻击

防线东边的支撑点圣洛。该镇曾于6月6日被盟军一波又一波轰炸机的连续空袭而彻底摧毁，那次轰炸造成800名居民死亡，并使该镇变成了一堆废墟。比圣洛本身更重要的是从北到西环绕圣洛镇的一些小山和山脊，德军在该地集结了强大的部队：第3空降师、第353、第352和第266师，同时还得到各种重炮及反坦克炮以及多发火箭发射器的支援。负责指挥的是空降兵出身的欧根·梅因德尔中将，他作战顽强，并有在东线的丰富作战经验。德军防线是由许多能够进行相互支援的坚固的阵地组成的，所有这些工事对空中和炮兵侦察员来说都很难定位。圣洛镇正北有一座小山——它在美军地图上被标为第122高地——被作为德军防御工事的核心。参加进攻德军这片复杂的防御工事的共有两个美国军：伦纳德·杰罗少将率领的第5军和查尔斯·科利特少将率领的第19军。但是两个军的总指挥认为直接进攻第122高地代价可能太大，于是决定采取迂回战术，从东边夺取马丁斯维尔山背和附近一个45米高的高地，这个高地被命名为第192高地。

美军进攻的开始

美军对进攻时将会遇到什么样的困难并没有一个清晰的概念。7月11日黎明，承担夺取第192高地任务的美军第2步兵师在精心安排的炮火支援下开始行动，但是事情一开始就乱了套。早晨的大雾使得能见度极低，以至于计划在进攻之前进行的空袭不得不被取消。但不幸的是美军部队事先已经后退几百米以躲开己方的轰炸，而在空袭被取消后，部队就要在德军重炮的轰击下行进更远的路程。由于德军的防御工事和掩体布置在树篱深处，很难被探测出来，结果在第一轮进攻中美军就死伤200人并损失了6辆坦克。上午晚些时候，第2师在自己一方大炮发射的两万多发炮弹的支援下发起第二轮进攻。这次步兵终于能够靠近躲在树篱后的德军，并用手榴弹和步枪攻击他们。下午，防御的德军开始撤退，他们将第192高地丢给美军。从第192高地向南则是更高更可怕的第101高地，此时第29师本应沿马丁斯维尔山向上进攻，但却没有。当天晚上德军空降兵进行了一次先发制人的袭击，并用火焰喷射器造成盟军伤亡150人，并因此延缓了盟军的

↓美军士兵为夺取圣洛镇进行苦战，布雷德利认为夺取这个地点是突破诺曼底继续进攻的重要一环

进攻。第29师直到第二天上午才开始出发，但他们很快就遭到第101高地德军的炮火阻击，部队的进攻慢了下来。7月13日这次进攻被迫停止。

此时美军指挥官认为进攻第122高地已是势在必行，别无他法。在随后的四天里，战斗在圣洛镇前后的小山上激烈地进行着，美军火力最终压制住了德军的炮火。7月16日，第29师第116团的第2、第3营终于攻进该镇，但是德军密集的子弹却将他们与该师的大部队从中断开。第3营营长托马斯·豪威尔少校试图继续进攻，但他刚一露面便饮弹而死。第116团的其他部队于7月17日晚攻入该镇，并与分散的各营会合，到次日上午他们已打到了镇中心。下午，覆盖着美国国旗的豪威尔少校的尸体被抬到圣洛镇中心，放在一座被炮弹炸毁了的教堂前：象征着美军为夺取这座小镇而遭受的伤亡和损失。那天晚上，在圣洛镇的部队士气非常低落——盟军在诺曼底的整个战斗中都很少有比在该镇所遭受的损失更大的了。战役进入第7周，盟军已有122 000人伤亡。这次战役破坏了一度平静的诺曼底省，并造成成千上万法国平民的伤亡，而突破行动则似乎仍然遥遥无期。

↓美军部队在博卡日进行战斗，他们遭到了德军士兵的顽强阻击。盟军费了九牛二虎之力才将德军从其防御工事中赶出去。该图为美军士兵正用步枪和手榴弹来摧毁敌人在树篱中的阵地

4

突　破

在历经数星期痛苦的消耗战之后，盟军突破的意图几乎在一夜之间使战斗演变成了一场人与物资的消耗竞赛，但也正是这种性质的战斗将横扫挡在盟军面前的所有德军的抵抗。

1944年7月16日，苏联军队穿过了战前白俄罗斯和波兰边境一部分的寇松线。第二天，57 000名德国战俘在莫斯科被押解着进行横贯全城的示众游行。苏军自6月23日发动攻势以来，已经前进了480千米，并且完全摧毁了德国中央集团军群。而与此相反，在诺曼底，盟军自6月6日登陆以来在一些地方仅仅前进了8千米。英美报纸的头条相继报道着："红军渡过布格河"、"红军席卷利沃夫"、"登普西的部队遭受全面阻击"和"英军面临大规模坦克反攻"的消息。诺曼底战役受到了阻碍，蒙哥马利对此一筹莫展，他后来所竭力掩饰的正是这一窘态。当时他剩下的唯一手段就是不断向德国人进攻，这种策略与一战中海格在西线战场所采取的战略仅仅略有差别。武器确实是换了，但是"温莎"、"查恩伍德"和"朱庇特"等行动却都在重演着相同的消耗战。

布雷德利对于美军的阵线也不太乐观，他后来回忆道："到了7月10日，我们在诺曼底仿佛要陷入与一战同样危险的困境了。"以现在盟军前进的速度，哪怕到了1950年也到达不了莱茵河畔——看上去，这场战争好像会一直打下去。但是就在这场战役处于最低谷的时刻，布雷德利研究出了一个新策略，尽管后来蒙哥马利竭力宣称是他想出了这一办法。布雷德

←←终于行动了：美国大兵在博卡日的一条小道上前进。1944年7月，盟军在诺曼底的形势十分严峻，这让人联想到了一战中的佛兰德斯

利认为，在像博卡日那样的战场态势，在广阔战场上推进，将对德军充分发挥其实力十分有利。因而，他决定反其道而行之，集中兵力像利剑一样插入敌方。从表面上看，这与英国在“埃普索姆行动”中的部署如出一辙，但事实上却大相径庭。布雷德利计划将第1军的主力集中于科唐坦半岛中心的圣洛至佩里耶公路以北。这条路是一条笔直的古罗马道路，可以轻易地从空中辨认出来。在这条路的南面，他划出了一块面积达15平方千米的长方形地带，就是这块地方将遭到美国空军第8军毁灭式的轰炸。一旦轰炸结束，两个装甲师和一个摩托化师将插入西南26千米外的库特斯。他们将从库特斯向阿夫兰奇斯进军。一旦攻克阿夫兰奇斯，布雷德利的部队就会摆脱困境，并挥师西部进入布列塔尼，攻占该地大型的大西洋港口。

↓“眼镜蛇行动”这次的胜利主要归功于在德军阵地上所投掷的4 000吨炸弹。轰炸消灭了德军在这一阵地上仅有的一个装甲师

这次行动的代号叫“眼镜蛇”。7月10日，在蒙哥马利位于21集团军群作战司令部所在地的蓬屋里，布雷德利向蒙哥马利和登普西概括说明了

←蒙哥马利和布雷德利在研究“眼镜蛇行动”的细节。这一计划试图夺取圣洛西面的战场。从那时起盟军将发动突破攻势。这次行动的结果比盟军预计的要更为成功

他的计划。登普西在会后写下了他对会议全过程的回忆。这些记述将蒙哥马利说成是制定这项新战略的首要角色。根据登普西的描述，这一重大时刻的来临是这样的：蒙哥马利用他特有的方式将两根指头一起放在地图上并对布雷德利说：“假如我是你的话，我想我会将我的兵力稍微集中一点。”事实上，布雷德利早已准备这样做了；但是为了增加进攻的胜算，他需要英国第2军的支持。蒙哥马利和登普西毫不迟疑地答应，通过用英国和加拿大部队对卡昂东部发动进攻来支援“眼镜蛇行动”。这些进攻行动分别被命名为“古德伍德”和“大西洋”。它们将和“眼镜蛇行动”一样以猛烈的空袭作为战斗的先导。在7月10日的会议上，“古德伍德行动”和“大西洋行动”的日期被定在7月17日，而“眼镜蛇行动”则被定在7月18日。但是在几个小时之后，登普西就开始改变他对于这次行动的实质和外延的看法，他要把英军和加拿大部队的行动当成盟军的主要突破行动来看待。

蒙哥马利没有采取任何措施来打消他下属的这一念头。7月12日16时30分，蒙哥马利在他的司令部与登普西会面，并且同意用整整一个英国装甲军进攻东南方的计划。这天深夜，蒙哥马利向艾森豪威尔许诺道：“我的整个东翼将于星期六（7月19日）燃起熊熊烈火，这次行动在星期一（7

月21日）就会产生影响深远的结果。”艾森豪威尔的回应很热情，并对他保证布雷德利将“让他的部队像魔鬼一样一天24小时不间断地战斗，为你的装甲军提供所需的机会，以取得全胜”。第二天，登普西对英国第8装甲军发布命令，要求其在7月18日穿过卡昂以北的奥恩河，向南攻击，并在以下地区——布雷特维尔、维蒙特、阿根斯、法莱兹分别进驻一个装甲师。最后提到的城镇法莱兹位于战线以南48千米处。这就只意味着一件事情，那就是英国第2军希望使“古德伍德行动”不仅成为一次支持“眼镜蛇行动”的配合战役，而且能成为一次主要的突破战役。实际上，艾森豪威尔和盟军最高统帅部的其他工作人员对此也都心知肚明。数天之后，英方对行动的这一诠释随着布雷德利发现他的一些师团弹药发生短缺而得到加强，因为“眼镜蛇行动”将不得不延迟到弹药得到补充后才能实施，而到那时恶劣的天气又迫使“眼镜蛇行动”进一步推迟。随着原本作为配合行动的“古德伍德行动”逐渐成为主要焦点，这两次行动最终被确定为两

↓“谢尔曼”坦克通过法国狭窄的街道向前线进发。这种坦克是“谢尔曼-萤火虫”式，是一种装备了17磅重炮的英国改装型号。这种重炮有助于对抗重装甲装备的德国装甲部队

次分别的行动。

登普西视察前线以寻找进攻点，他将注意力集中在了滩头堡最东部。6月6日，英国伞兵部队在此处曾经攻占了奥恩河南岸的一小块飞地，如今该地被第51苏格兰高地师镇守。其战线以南大约10千米处是一片平坦而又相对开阔的地区，地势逐渐升到布尔格布斯山脊；战线东侧是德国人控制的科隆贝勒的工业化郊区，西侧是一个低矮树木繁茂的区域。与其他地方相比，这一地区看上去是一条进行装甲攻击的理想的天然通道。作为一次攻击的发动点来说，它仅有的缺陷就是其面积和入口。这块飞地的面积仅有15平方千米，只能凭3座越过卡昂运河和3座越过奥恩河的桥梁才能到达。假如交通线如同在“埃普索姆行动”期间那样被切断，混乱将随时发生。

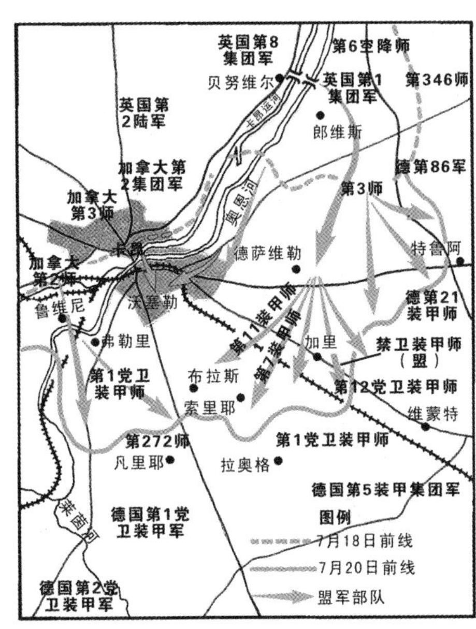

↑ 1944年7月的“埃普索姆行动”示意图

7月18日黎明，1500架重型轰炸机在科隆贝勒和贝文特森林上空投掷下5 000吨高爆炸弹。随后，中型轰炸机又在这条走廊一直到布尔格布斯山脊南部的地带投掷了2 500吨的碎片炸弹。随着这些轰炸机的离去，1 500门大炮和重型海军火炮又开始进行弹幕射击。在这之后，当英国第3师前行进入贝文特森林时，加拿大第3师则攻入了科隆贝勒的废墟中。由北安普敦义勇骑兵部队作前锋，第11装甲师的先锋第29装甲旅穿过了已被第51高地师的工兵清理过雷区的17条通道。

这次轰炸是战役开始以来最为猛烈的一次，它大大激励了盟军士气。第29装甲旅的先锋营主力营皇家坦克团第3营的中尉布朗利回忆道：“蔚蓝的天空中布满了轰炸机，预先狠狠地打击了这一地区。我们中的许多人都站起来高声欢呼。”在附近的一座小山上，为英国广播公司（BBC）录制节目的切斯特·威尔莫特报道说：“我转身向海上望去，‘兰开斯特’式和‘哈利法克斯’式轰炸机密密麻麻，遮住了北部的天空……它们从地平线上黑压压地成群涌出。轰炸持续进行了45分钟，没有遭到任何阻击。轰炸机飞走后火炮继续轰炸，炮声潮水般地节节高涨，撼天震地。”对于猛烈炮火过后的进军情况，布朗利回忆道：“对我们来说，它是一堵由炮弹爆炸而构成的灰色的固体墙，我们列队前进了大约一英里，而我们除了演习还从未列队前进超过几百米。难道炮火摧毁了一切生命吗？”他们遇到了一小股幸存下来的德军士兵，他们显得可怜兮兮的：有的被轰炸吓傻了，凝望着天空，有的则漫无目的地走来走去。

隆美尔的回应

登普西曾打算让禁卫装甲师和第7装甲师配合第11装甲师行动，由750辆坦克发动英国历史上规模最大的一次装甲攻势。假如这种势头能够保持下去的话，“古德伍德行动”也许就会获得成功，然而在行动中却出现了严重的交通堵塞。这次攻击所调动的不仅仅是坦克，还有9 000辆其他车辆，它们有一些在越过卡昂运河和奥恩河的路上撞坏了履带，阻塞了道路。其他坦克被迫开出道路，结果又在雷区里炸坏了履带。因此展现在人们眼前的并不是一场装甲风暴，而是零零散散地驶出来的坦克和卡车。到了上午，第11装甲师的坦克断断续续地以长纵队形向布尔格布斯山脊驶去，而它们的随行步兵却被扔在了北部几千米以外去对付小股德军的

↓一辆“谢尔曼”坦克在盟军进军的过程中被击中，因弹药受热而爆炸。早期，汽油驱动的“谢尔曼”车辆很容易燃烧；后来的柴油发动机车型则没那么脆弱

↑对英军无线电信号的窃听使德国人能够勾勒出英军计划的清晰图景，陆军元帅隆美尔立即组织“斯帕尔里涅拦堵防线”去阻止英军前进

抵抗。

德国人通过无线电窃听和直接从科隆贝勒钢铁厂耸立的烟囱上进行观察，在几天前就已经清楚地掌握了英军的计划蓝图。隆美尔能够觉察到英军正在计划发动一场大的攻势，他的对策是将剩余部队部署在一片从英军前线起到纵深超过18千米的地区内。隆美尔让第22步兵师的分队驻扎在穿过英军进攻线的卡昂–特鲁尔铁路北面的高坡上。他们拥有6组自行火炮和反坦克炮炮群，每组有4到6门火炮。往南一点，在卡昂–特鲁尔铁路和卡昂–维蒙特铁路之间，同样也沿着一块高坡部署了隶属于第21装甲师的两个装甲掷弹团、一些隶属于第1党卫军装甲师的“豹”式坦克以及第503重型坦克营下辖的一个装备有“虎”式坦克的连队。再往南一点，在布尔格布斯山脊北坡的村庄里，有来自令人生畏的“阿道夫·希特勒警卫旗队”师的6个营，它们属于第1党卫军装甲师的装甲掷弹部队。在山脊顶部的火炮阵线上装备的是78门88毫米的反坦克炮、194门火炮和270门多管火箭发射器。在离山脊以南大约6.5千米远的森林里，隆美尔安排了“阿道夫·希特勒警卫旗队”师的主力和两个战斗群，每组拥有40辆坦克外加步兵，这

些坦克隶属第12党卫军装甲师。德国部队总共有230辆坦克，他们经验丰富、部署恰当并且占有绝佳的射击阵地。7月17日，隆美尔亲自视察了这些部队，感到兴奋不已：因为他已经一手将德军阵地上最薄弱的环节转变为最强大的了。然而，隆美尔却错过了这场战斗。7月17日夜里，在他视察返程的路上，他的公务车遭到英军战斗轰炸机的扫射。隆美尔身负重伤，神志不清，最后因伤返回了德国。

德国方面的准备是非常全面的，所以即使隆美尔缺阵也无关紧要。7月18日上午，处于进攻线以南6.5千米处的英军第11装甲师的前线部队法夫–福尔法郡义勇兵正在通过遭受沉重空袭并明显被遗弃的卡格尼村，并接近了卡昂–维蒙特铁路的路基处。士兵约翰·索普是一名"谢尔曼"坦克的炮手，他回忆了那个糟糕的时刻：他们刚刚爬上路基，"一阵非常猛烈的穿甲炮弹就从我们阵地北面的灌木林中打了过来，在前方，一阵接着一阵，一些坦克手身上着了火，满地打滚试图扑灭他们衣服上的火焰。不久，燃烧的坦克和庄稼以及引擎所喷出的烟雾使能见度变得很低。接着，前方所有的坦克都熊熊地燃烧起来。18米外，我看见一个坦克手正从喷着

↓一个骑摩托车的通信兵经过一辆被击毁的"谢尔曼"坦克。一些由汽油驱动的坦克易于爆炸或受打击后燃烧。德国人轻蔑地将它们称为"蒸煮英国人的容器"

火焰的炮塔里向外爬，却没有成功。在把一条腿放上去试图跨出炮塔的时候，他又摔到了坦克里。弹药在燃烧的坦克里爆炸，巨大的浓烟从坦克的炮塔中涌出”。实际上，法夫–福尔法郡义勇兵已经被歼灭了，而完成这一切只用了几分钟。

事实上，在卡格尼村西北的一个农庄里，只有4门88毫米口径的德国火炮藏在灌木林中。这些炮手们观察法夫–福尔法郡义勇兵的行动已经有相当一段时间了，但是由于他们是一支党卫军防空部队，他们认为这不关他们的事，因而决定不向这些坦克射击。但是英国人很倒霉，统率隶属第21装甲师的冯·勒克战斗组的汉斯·冯·勒克上校刚好在法夫–福尔法郡义勇兵开始攀爬路基时赶到这个村子里。他很震惊地发现这些88毫米口径火炮的炮管指着天空无所事事。更让他感到愤怒的是，党卫军指挥官拒绝压低炮口去摧毁那些坦克。冯·纳克上校拔出鲁格尔手枪，说道：“要么马上行动向坦克射击，并因此得到勋章，要么我就杀了你。”而这个党卫军防空部队的头目行动起来是如此疯狂——他不仅解决掉了正前方法夫–福尔法郡义勇兵的“谢尔曼”式坦克，还向北方900米外一些黑乎乎的东

↓英军坦克途经一辆被击毁的德国“虎”式坦克。在防御战中，“虎”式坦克是令人生畏的敌手

西开了火，结果干掉了属于德军第503重型坦克营的两辆“虎”式坦克。

“豹”式坦克的攻击

几乎就在同时，其他驶向东南的英军坦克则撞上了党卫军第1师的“豹”式坦克。这些“豹”式坦克在轰炸中没有受到一丝损伤，它们隐藏在布尔格布斯山脊的南面山坡上，正好处于轰炸线以南。由于英国人没有步兵队伍攻打拥有88毫米口径火炮的炮队，而“豹”式坦克在射程上又优于英军坦克，因此第11装甲师伤亡惨重。在铁路堤岸的一座桥下，这个装甲师的指挥官“矮子”罗伯茨少将在他的战术指挥部试图寻求空中支援，但此时载有皇家空军军官和两个能联系到英国皇家空军的无线电台的装甲车却遭到了炮弹袭击，结果军官身受重伤而且设备也被损坏。

↓“布伦”式轻机枪枪手和英国步兵在博卡日与德军作战。“布伦”是一种极好的轻型机枪

不久以后，罗伯茨少将又遭到了另一打击。他突然看到了第7师第22旅的旅长“疯子”兴德，他想这可能是第7师在赶来支援。可是兴德只是来进行侦察，他在看见罗伯茨时说：“这里已经有许多坦克了，我可不准备再让我的坦克栽在这儿。”罗伯茨曾于1942年9月1日在埃及的阿拉

←皇家空军的机械师在一架“霍克台风”式战斗轰炸机机翼下的炸弹架上安装27千克的穿甲火箭弹。这些战机在前线以巡航队形行动，准备着一旦需要就先攻击敌人的装甲部队

姆·哈勒法战斗中指挥过第22旅，当时在那里他们挡住了隆美尔和他的非洲部队。罗伯茨震惊于兴德对待他的态度，后来他写道：“我要诅咒我的旧师和旧旅。”

首次投入战斗的禁卫装甲师打起仗来毫不犹豫，但是增援行动却变成了与第11装甲师的殿后部队毫无希望地纠缠在一起的糟糕局面。随着德军装备有反坦克火箭筒的反坦克部队的突然出现，情况变得更为混乱不堪。当禁卫装甲师的师长罗伯特·阿戴尔看见德军反坦克火箭筒部队径直向他开来时，他不得不掉转前进方向力图控制局势，命令他的司机高速倒车。在东部，第3爱尔兰警卫营遭受了第503装甲营“虎”式坦克的攻击。第503装甲营的“虎”式坦克给“谢尔曼”和“克伦威尔”式坦克造成了令人惊恐的重创。形势之所以能够得以挽回要归功于一辆由戈尔曼上尉指挥的“谢尔曼”坦克，它径直冲向一辆“虎”式坦克，并在它转动炮塔的时候撞了上去。这一开拓之举使戈尔曼得到一个“木头人”的绰号。

第7装甲师已有6年的战斗经验，因而它前进得极为谨慎。当坦克经过奥恩河上的大桥时，他们遇到了满载着贝文特森林战斗中受伤的第3师士

↑英国首相温斯顿·丘吉尔访问“蒙蒂”的移动总部时，蒙哥马利与他一起度过了轻松的时光。他此前曾打算解雇这个英国指挥官

兵的卡车，伤员中发出了痛苦的尖叫。一些坦克驾驶员在雷区被清理出的道路上行进时迷了路，履带在触到地雷时被炸坏了。其他一些坦克没有迷路，却还是驶入了雷区。几乎是在慢慢爬进的第7装甲师现在驶到了禁卫师的后部。由于部队间已经失去了联系，许多英国坦克都是作为独立单位继续战斗。当“豹”式坦克的杀戮接近时，“矮子”罗伯茨成功地用彩色烟幕弹引导一队“台风”式战斗轰炸机攻击从布尔盖比山脊开过来的“豹”式坦克。这下轮到德军伤亡惨重。随后英军和德军坦克又在此地混战了两天，直到7月20日夜里一场倾盆大雨使战场变成一片泥沼，作战双方都不可能进一步开展军事行动为止。

这次行动并不完全是盟军的灾难，他们也取得了一些进展：加拿大部队占领了卡昂的其他地区，而英军则在付出伤亡5 500人和430辆坦克的代价之后（这超过了他们在诺曼底登陆的坦克总量的1/3），成功地前进了大约10千米并拿下了布尔格布斯山脊。

“怒气冲冲”的艾森豪威尔

至少“古德伍德战役”的重要性是由蒙哥马利宣扬出来的。但是当艾森豪威尔和他在盟军最高统帅部的下属指责蒙哥马利失败地发动了一场期待已久的突破行动时，蒙哥马利争辩说，他从来没有针对“古德伍德行动”做出以此来取得突破的断言。但是根本没人听他说什么。空军元帅特拉福德·利-马洛里爵士曾经是蒙哥马利的支持者，他以让人难以置信的语调说道：“8千米用了7 000吨炸弹！”这句话概括了当时艾森豪威尔司令部里的气氛。艾森豪威尔“怒气冲冲”地听着利·马洛里的话，雷鸣般地说：“用超过了7 000吨的炸弹去换8千米，盟军可没有本事以每英里1 000吨炸弹的价格走过法国。”盟军最高副统帅、空军元帅泰德长久以来就对蒙哥马利持批评态度，他提醒艾森豪威尔，丘吉尔曾经给予他解除任何不称职指挥官的权力，并且急切地请求他解除蒙哥马利第21集团军群指挥官的职务。泰德在7月21日的日记里写道：“艾森豪威尔同意了，并着手准备解除蒙哥马利职务的通告。”

恰在此时，蒙哥马利又因宣称太忙没法在他的司令部接待首相而冒犯了丘吉尔。布鲁克于7月19日9时30分看到丘吉尔时，他正在对蒙哥马利大发雷霆。布鲁克写道：“海格在一战中一直让丘吉尔做后勤部长。他可受不了蒙哥马利这样，他把这件事当成攸关荣誉的事……”两年前在布鲁克的操纵下，蒙哥马利被任命为第8集团军的司令，如今布鲁克又迅速行动来挽救蒙哥马利的职位——他直接飞到了第21集团群作战司令部的简易机场，告知蒙哥马利形势非常严峻。布鲁克告诉他，艾森豪威尔已经表示了不满，同时指责蒙哥马利非常固执，当美军在右边发动攻击时他没有在卡昂前线投入足够的兵力。丘吉尔对这些指责极为认真。布鲁克几乎是命令蒙哥马利邀请丘吉尔去他的司令部。

↑美军陆军第8航空队的一名轰炸机驾驶员在研究目标地区的一幅地图。战略轰炸机不适合发挥战术作用，炸弹偏离目标会造成数百名盟军伤亡

蒙哥马利的妙举

丘吉尔于7月21日早晨到达了蒙哥马利的司令部。“他看上去很严肃，愁眉不展。”蒙哥马利的随从副官亨德森上尉回忆说，“丘吉尔来这里解除蒙蒂的职务在战术空军司令部是众所周知的。我的意思是说我们都知道这件事。他来到这儿，穿蓝衣，戴蓝帽，而在他的口袋里则放着解除蒙蒂职务的命令。当时确实是这么一种气氛。”蒙哥马利曾经历过许多山穷水尽的处境，是一个机智、爱出风头的人。汇报会由他的情报主管比尔·威廉姆斯开始，他向丘吉尔介绍了敌人行动的详情。蒙哥马利接下来又说了5分钟，概括说明了他将如何打败德军。接着他开始上演他的拿手好戏。蒙哥马利从威廉姆斯的“超级机密”里得到消息：一群德军将领正准备谋杀阿道夫·希特勒。并且他也清楚丘吉尔前一天晚上是在阿罗芒什港口的“企业”号巡洋舰上度过的，根本没有时间检查他的急件箱。于是蒙哥马利问丘吉尔：“那场正在德国发生的革命怎么样了？”威廉姆斯回忆道：“丘吉尔完全被搞糊涂了。他坐在蒙哥马利放地图的帐篷里唯一的

板凳上，沉默地望了我们一会儿。接下来，我清楚地记得他拿出一长串挂满钥匙的链子，打开了两个急件箱：里面放满了乱成一团的纸张。”蒙哥马利和威廉姆斯“乱翻着这些纸张。它们是内阁文件、‘超级机密’文件和其他情报通告，所有的东西都乱成一团”。在意识到战争有可能因此而结束时，丘吉尔显得目瞪口呆。“一开始，他含糊不清地自言自语一些诸如他要如何处理纳粹倒台和和平建设的充满文采的句子，并开始搜寻合适的演讲词”。其他一切在他脑海中的东西迅速黯淡下去并变得无关紧要。丘吉尔离开蒙哥马利时兴致很高，并带走了来自将军的一件礼物——一瓶极好的法国白兰地。当天晚些时候，艾森豪威尔会见了蒙哥马利。这次会面气氛紧张，但艾森豪威尔离开时却非常满意。这要得益于刚刚收到的“超级机密”情报——不仅德国陷入了政治危机，而且即使并非蒙哥马利的本意，“古德伍德行动”也已经确保了两个德军装甲师被牵制在英军的

↓一辆装配了清除树篱装置的“斯图亚特”坦克展示了这项为坦克所做的发明的重要性，盟军的坦克再也不会因为树篱而“肚皮朝天”了

阵地上。如果布雷德利的部队现在能够越过库特斯到达开阔地带，德国人将很难阻挡住他们。

可能艾森豪威尔和蒙哥马利还不知道：“古德伍德行动”已经迫使自从隆美尔受伤后就担当德国西线主要指挥官的冯·克鲁格陷入了近乎绝望的境地。7月23日，冯·克鲁格写信给希特勒：“我带着坚定的决心来到这里实施您的命令——不惜一切代价站稳、守住，而这项政策的代价就是逐渐并且肯定会毁灭我们自己的军队。”冯·克鲁格接着抱怨了盟军空军部队的“毁灭性力量”，而他的部队则什么都缺——包括弹药，他们正处于绝望的境地，急需支援。冯·克鲁格警告说：“尽管竭尽全力，我们一再强调的‘防守’还是要接近崩溃的时刻了。一旦敌人涌进开阔地带，我们的部队由于调动能力差，根本不可能进行有序且有效的战斗。”此时德军离灾难已经越来越近。

↑劳顿·柯林斯将军，他指挥的第7军被奥马尔·布雷德利将军选中作为诺曼底突破中“眼镜蛇行动”的先锋。在盟军目标被落实之前，第7军进行了艰苦的战斗，伤亡惨重

自从美军首次涌入这一树篱丛生的迷宫后，美军的坦克手们一直都在努力寻找能够穿过这些区域的道路，以防止他们的坦克出现“肚皮朝天”的情况。在这些树篱上，一辆向空中呈45度角被困住的坦克是没有作用且脆弱的，因为坦克手无法使炮塔转动，并且装甲薄弱的底部暴露在反坦克火力之下极易遭到攻击，成百上千辆“谢尔曼”坦克就是因此而被击毁的。坦克手们试验了各种不同的砍伐器械来使坦克穿过而不是越过一片树篱，但是他们都失败了，直到第102骑兵侦察队中一位没有军衔的中士——寇蒂斯·库林在他的坦克前焊接了一排长铁钉为止。这是一个聪明而又简单的处理办法：长钉深入树篱的底部，防止了坦克“露出肚皮”。坦克先进后退，就像一个巨大的花园耙子，几乎能将树篱连根拔起。到了7月的最后一个星期，大约3/5的美国坦克都装备了库林式的长钉。到目前为止，这种坦克还没有一辆投入战斗——布雷德利已经决定留着它们，直

↑机组乘务人员正在把12.7毫米口径机关炮用的弹药带装在一架P-47“雷电”战机的翼舵内。第9战术空军的“雷电”战机在战斗艰苦的诺曼底突破期间和之后承担了盟军空军主力的重任

到“眼镜蛇行动”开始时再让德国人大吃一惊。

凝固汽油弹走到台前

布雷德利选定柯林斯的第7军作为“眼镜蛇行动”的先锋。这是一支经过加强的部队，有3个装甲师和3个步兵师，总共拥有大约9万人和500辆坦克。布雷德利和柯林斯是老朋友，由于大多数计划都是在非正式场合中制订的，因此很难说是哪位将军制订的这些计划。6个师被集中部署在沿着佩里耶-圣洛公路一段只有6.5千米的阵地上，面向西南。布雷德利相信通过重型轰炸机产生的“爆炸效应”就足以取得胜利。他要的是一次大规模短时间的空中打击。为了避免轰炸造成的弹坑过多，阻碍地面部队的前进，同时也为了防止摧毁位于重要道路枢纽的村庄，他要求只能用重量较小的炸弹。他划出佩里耶-圣洛公路正南方一块6 400米宽和2 300米纵深的矩形攻击目标。空袭在地面攻击前80分钟开始，由350架战斗轰炸机攻击20分钟，紧接着，他的计划如下：由1 800架重型轰炸机在长达一个小时的攻击中轰炸这一区域。在这些重型轰炸机的攻击结束之后地面进攻开始——350架飞机将再次空袭这块狭窄的区域20分钟。在这次打击完成后10分钟，396架中型轰炸机再接着轰炸这块方地的南半部45分钟，在这一切进行的过程中，另有500架战斗机在这些轰炸机之上巡视天空，以消灭有可能露面的德国飞机。总之，“眼镜蛇行动”将用2 500架飞机在仅仅2小时25分钟之内向15平方千米的目标区投放5 000吨炸弹。除了使用高爆炸弹和杀伤性炸弹之外，美军还决定使用凝固汽油弹。这种炸弹是由澳大利亚人发明的，并于8个月前在新几内亚山林覆盖的崎岖的山区被首次用来对付日本人。它是一种胶凝汽油和白磷的混合物。不同于其他武器，凝固汽油弹能烧毁这些树篱，从而减少有利于德军作战的覆盖物。一旦空袭结束，火炮就将立即展开进攻。布雷德利从美国陆军第1军调拨充足的炮兵装备给第7军——包括第1军21个重炮营中的9个、19个中型火炮营中的5个、所有的7个轻型火炮营共计258门大炮，以及第7军原有的火炮。在预期进行攻击的5天内，第1军的后勤部队划拨给第7军大约14万发炮弹。

↓一户接一户的清理战斗是大多数士兵恐惧的任务。在这种战斗中士兵不时受到狙击手和伪装地雷的袭击

根据第1军的情报估计，由于“古德伍德行动”的成功，第7军将要面对的是一支不足100辆坦克配合下的不到17 000名德军。但是冯·克鲁格在把装甲部队从对美军阵地上撤下来的同时，又用步兵部队取而代之，这样事实上德军的兵力就接近3万人。“眼镜蛇行动”定于7月24日13时开始，但天空乌云密布，飞往诺曼底视察轰炸的空军元帅利·马洛里不得不下令延期。但不幸的是，300架已经起飞的重型轰炸机却没能接到这一命令。它们把550吨的高爆炸弹和135吨的杀伤性炸弹不仅投到了德军阵地，而且也投向了美国第30师，并造成25人死亡、131人受伤。虽然柯林斯已被告知行动推迟，但他看到轰炸已经开

始进行，就决定地面进攻必须随同推进。然而，此时第30师的攻击营却已被炸得目瞪口呆，士气大落。他们的军官花了一个小时才使士兵继续开始行动。另外两个攻击师——第9师和第4师——立刻就碰到了困难，大多数营队只前进了90多米就已有几百人伤亡。

↓美军士兵在“谢尔曼”坦克的掩护下进入一个法国村庄。当坦克给步兵提供活动掩护和火力支持时，步兵能消灭一切反坦克的威胁，比如德军的“铁拳”火箭炮队伍

“眼镜蛇”第一天的行动是一场惨败。布雷德利没有其他选择，只有在7月25日11时再次进行这一行动。这天天气晴朗，1 500架B-17和B-24轰炸机分为12组投掷了3 300多吨炸弹。接着，380架中型轰炸机又抛下650吨炸弹。最后，550架战斗轰炸机又扔下200多吨炸弹和几千加仑凝固汽油弹。这一轮攻击本来是对准目标的，但是由于浓云一样的灰尘和浓烟使地面的构造变得模糊，炸弹再次落到了美军的头上。一位第4师的军官回忆说：“炸弹正好从我们头顶上落下来。我们用光了所有的橙色烟幕弹，但是我认为没有任何用处，他们不能从飞扬的尘土中看到它。打击太恐怖

了，许多人在轰炸后乱坐在地上，完全吓呆了。”

此时处在后面稍远处的作家欧内斯特·海明威这样描述道：一阵如同一万辆马车在空中奔驰的轰轰声传入耳中，很快这种声音又变成了一辆快速列车接近时发出的呼啸声。海明威虽然很受惊吓，但还是侥幸活了下来。总共有600名美军士兵被炸死或炸伤。死者中包括美军地面部队的第二高级指挥长官——陆军中将莱斯利·迈克莱尔，他是作为一名观察员来到战场上的。部队的进攻准备再次被严重打乱。一些士兵根本不想再挪动一步，而其他士兵也前进得十分勉强。7月25日的夜晚对于艾森豪威尔来说是整个战争过程中最难熬的。现在看来已经十分明朗的是：“眼镜蛇行动”甚至难以取得“古德伍德行动”那样平庸的战果。艾森豪威尔为同意使用重型轰炸机来对付战术目标而向布雷德利道歉，他说：“这次是我给他们开了绿灯。但是我向你保证这是最后一次。”

↑乔治·巴顿将军（图中所示）和奥马尔·布雷德利。巴顿将军身上那支著名的珍珠柄的左轮手枪分外耀眼。他指挥着美军第3集团军在阿夫兰奇斯突破并且在1944年8月向塞纳河快速进军

柯林斯的赌博

这天夜里，在第7军的作战司令部里，柯林斯正为手里的报告而疑惑：德军的抵抗尽管在一些地方仍然顽强，但是总显得不协调。这意味着有两种情况：要么轰炸确实削弱了德军的抵抗力量，如果是这样，那么他就能够让他的装甲师放手一搏；另外一种情况则是，德国人受到了7月24日轰炸的警告，已经把他们的主要防守阵线向南推移，这样他就有可能会把他的装甲师扔到陷阱里去。柯林斯赌了一把，决定第二天早上就把他的装甲师打出去。柯林斯的装甲师编成了两个纵队，每个纵队都有200架战斗轰炸机掩护，于26日早上向马里尼和圣吉尔斯进发。

“谢尔曼”坦克由于装备了在这一地形下有着显著作用的长钉，现在能够在原本会把它们“举”起来困住几天并使它们腹背受敌的地方四处

→图中的场景十分典型地反映了迎接向塞纳河进军的美军的人们表现出来的兴高采烈的心情，即使是在遭受盟军炮弹和炸弹严重破坏的城镇和村庄也是如此

→一队美军士兵警惕着无处不在的狙击，他们沿着一座法国小城的街道，小心翼翼地向前移动

活动。到下午晚些时候，柯林斯几乎可以肯定，他们的部队已经彻底突破了敌人的防御工事。柯林斯认为在这种情况下，速度比谨慎更为重要，因此命令步兵师在夜间继续进攻。在7月27日，没有任何失误：尽管地形困难，但美军前进的势头正在增强。到了7月28日，美军知道胜利已是近在咫尺。随着地势逐渐变得开阔起来，坦克驾驶员已经不必让坦克低速行驶了。这天深夜，第7军的先头部队进入了库特斯。

进展迅速

在经历了52天令人痛苦的消耗战后，美军已经撕裂了德军防线最西端的末梢部分。现在该是他们收获英军苦战所取得的成果的时候了：德国人手上已经没有部队可以阻止他们。7月29日，美军快速行军26千米到达阿夫兰奇斯，接着于7月30日渡过塞伦河进入布列塔尼。德国人又遭受了一次打击。直到7月底，德军高层指挥官仍然认为巴顿将军所率领的美国陆军主力仍然驻扎在英格兰东部，等待袭击加来海峡。德国人为了对付他们预想中的袭击，一直将其主力保留在塞纳河东北部。8月1日，噩梦成真。但是巴顿的部队，即新组建的第3集团军并没有渡过多佛海峡对德军施压，而是在德军支离破碎的左翼蜂拥通过阿夫兰奇斯的缺口。

在随后的5天里，巴顿的坦克纵队一路杀向法国西北部，第3集团军的第4装甲师快速通过布列塔尼抵达洛里昂。当第83步兵师封锁圣马洛时，第6装甲师于8月6日正处于布

↓一个炎热的夏日，在盛开的鲜花之前，一个法国女人正向美国士兵分发牛奶。小镇的人们在德国人占领下度过了4年多，现在总算熬到头了

列斯特的外围。与此同时，随着德军的左翼大开，艾森豪威尔决定不将第3集团军的余部投入对布列塔尼的占领，而是让其“完成摧毁德国陆军的任务……并且竭尽我们所能加以利用……”为此，8月5日，第3集团军的第15军在韦德·海斯利普少将的指挥下，出现在阿夫兰奇斯的突破口，并向东南进击。到了8月9日，第15军的先头部队已经到达阿夫兰奇斯东南145千米处的勒芒。塞纳河位于勒芒以西190千米处，而向北95千米的卡昂则是英军和加军的阵地。当美军取得惊人的突破时，加军和英军也保持住了对德军的压力。7月25日，加拿大第2军发动了“春天行动”，这是一次自卡昂南部向奥恩河上的马依、凡里耶和尚皮涅的小城镇的进攻，其意图是确保德军不能向西调动任何一个师。但是加拿大人却不知道德军已经安全地藏在了这一地区的深处：一座联合企业的铁矿里。在这里他们可以免受来自空中和火炮的打击，并能通过隧道把足够数量的兵力运到前线任何一个受威胁的地方。这是德军在诺曼底最坚固的阵地。仅7月25日一天加

↓8月上旬在博卡日与德军作战的一名盟军士兵。他手持缴获的德国造40式冲锋枪。这在盟军中是普遍现象，德制武器得到了极高的认同

↑加拿大的进攻得到了重型火炮和空中轰炸的支持。不为加拿大军所知的是，德军在一座铁矿的深井和隧道里找到了保护。他们能够根据需要在隧道内运送大量部队

军就有1 500名伤亡，其中近1/3被杀。除了在迪耶普唯一的例外，这是在战争中他们所经历的最为糟糕的一天，相比之下收获则微不足道。

就在加军进攻受阻时，蒙哥马利收到了布鲁克的急电：艾森豪威尔再次向丘吉尔抱怨英军的明显无能。布鲁克警告说："部队必须尽早发动攻击。"

这可是件难办的差事，因为此时有3/4的德国装甲部队仍然在集中对付英军。正如蒙哥马利写给登普西的信中所说，盟军在卡昂地区再次进行攻击"不大可能取得成功"。英军的指挥官们查看了战场地图，他们一致认为取胜的唯一希望是调动整个第30军和第8军到卡昂以西32千米，这样就几乎到达了英军与美军的交界处。"超级机密"情报系统的窃听报告表明，该区域没有德国的装甲部队。

登普西于7月30日指挥了这次代号为"蓝衣"的行动。英军第8军的先锋第11装甲师沿着与美军的分界线向南行军，并与德军第21装甲师的一个战斗队相遇。在击溃了他们之后，英装甲师到达距维尔镇3千米以内的区域，仅在阿夫兰奇斯以东38千米。登普西和蒙哥马利都认为英军的胜利就要到来了——第8军现在所要做的就是向正西方前进，驶向阿夫兰奇斯，

↑阿道夫·希特勒从1944年7月20日的炸弹暗杀计划中死里逃生，他着手实施的大规模报复行动致使其最为杰出的陆军指挥官埃尔温·隆美尔元帅死亡

以便包围圣洛以南实力犹存的德国部队。然而不幸的是，第8军的东翼却并非万事大吉。第30军本应该与第8军并列前进，但是由于有重兵防守的潘贡山正好位于向南的道路上，第30军取得了一些小成果后就受阻了，这样整个第8军的东翼便处在德军的反击之下。登普西被“超级机密”情报系统警告说：有两个德国装甲师确实正在往西调动。他认为不能冒这个风险，于是下令停止了第8军的前进。蒙哥马利认为是第30军进军失败使他失去了即将到手的胜利，而这一胜利本可以与“阿拉曼”的胜利相媲美的。8月3日，他解除了第30军指挥官的职务，以及第30军最著名的部队第7装甲师指挥官的职务。随同被解职的还有大约100名第7装甲师的下级指挥官，包括准将“疯子”兴德。

希特勒的愚蠢之举

尽管“蓝衣行动”失败了，但盟军的高层指挥官们仍然充分估计到：诺曼底的德军在发现美军从阿夫兰奇斯向东迅速推进之后，可能会立刻向塞纳河方向退却以构筑新的防线——这恰恰是许多德军将领正计划去做的。然而远在东方2 100千米之外，待在东普鲁士“狼穴”里的阿道夫·希特勒对他的部队将获得一场大胜却深信不疑。在7月20日的暗杀行动中幸免于难的希特勒现在认定：自从1942年就降临到他部队身上的无数灾难都是由那些叛国的反纳粹军官造成的。现在盖世太保已经将他们肃清了，战场上将重新出现德国人在1940—1941年所取得的令人惊叹的胜利局面。希特勒仔细地研究了地图，他认识到阿夫兰奇斯是美军进攻的关键——所有支撑巴顿部队的装备都要通过这座城市，而且美国人控制的环绕阿夫兰奇斯的走廊只有26千米宽。

由于气象预报确定清早有雾，于是在8月6日至7日晚之间这段时间，

4个德军装甲师从莫尔坦向阿夫兰奇斯开进。他们向西北行进32千米，插入美军阵地纵深达13千米，并切断了美军一些战斗营之间的联系。短时间看上去希特勒投机的直觉确实令人出乎意料，但是天一破晓，天空中并没有云，上午在阿夫兰奇斯上空出现的是盟军的战斗轰炸机，它们迫使德军在白天逃入地穴。在随后的72小时里，德军白天隐蔽不出，夜晚则进行攻击。

艾森豪威尔于8月7日飞抵布雷德利的司令部，主持一个危机处理会议。美军的指挥官们决定无论发生什么事都要继续推进部队通过阿夫兰奇斯缺口。假如德军成功地占领缺口并且截断美国第3集团军的后路，艾森豪威尔个人承诺将每天空投给巴顿的部队2 000吨物资。对布雷德利和艾森豪威尔来说，莫尔坦反击战看上去就如同是战争之神送来的礼物。德军疏忽了向东迅速开进的巴顿部队，却向西调动了越来越多的人力和物力，这样就使他们在法国北部的大部分陆军部队正好陷入被包围的困境之中。8月8日，当巴顿第3集团军的先锋部队海斯利普的第15军到达勒芒时，布雷德利命令这支队伍往北经过阿朗松和阿让唐向位于诺曼底滩头的英军阵地行进。现在布雷德利所要做的就是说服英国人向南一直打到阿让唐，在那里和美军会师。

既不受艾森豪威尔和布雷德利控制，也不受蒙哥马利支配的加拿大第

↓一辆在诺曼底的德国3型突击炮在行动。这是一种备受推崇的武器，它低矮的炮体和强大的火力使盟军部队胆寒

2军的陆军中将西蒙兹计划于8月8日向南攻击，从卡昂打到法莱兹。这一天是了不起的加拿大军在一战的亚眠战役期间攻击德军之战的26周年纪念日。那场伟大的战斗对于挫伤德意志帝国陆军的士气起到了极大的作用，并且导致了德军的崩溃。西蒙兹希望来一次历史的重演，因为一连串失败的经历使加拿大军取胜的决心更加坚定。8月8日傍晚之后，1 000架重型轰炸机轰炸了通向法莱兹走廊的侧翼，而对这条走廊本身则丝毫未动。在没有预先轰炸的情况下，两个纵队的坦克向前移动，跟随他们的是一种移去炮塔的被称为“袋鼠”的坦克，待在里面的是步兵。经过很长一段时间，盟军总算有了自己的载人装甲车。这次进攻是全面突袭。到拂晓时分，最近才登陆的由马切克陆军少将指挥的波兰第1装甲师也加入了加拿大纵队，正迅速向法莱兹进军。

↓美军向处于莫尔坦地区一座孤零零的农庄走去。德军在莫尔坦地区的攻击使盟军暂时受阻，但这并不能阻止美军和物资进入布列塔尼和诺曼底南部

加军被歼灭

德军于8月9日11时30分发动反攻。在这次战役中，最异乎寻常的战斗是迈克尔·魏特曼驾驶他的“虎”式坦克只身闯入一队“谢尔曼”坦克

←迈克尔·威特曼的“虎”式坦克被波兰装甲师的“谢尔曼”坦克击毁后的状况。“谢尔曼”坦克从后面跟上它，通过近距离齐射把“虎”式坦克打成了碎片

中。结果，他发现这些“谢尔曼”坦克并没有掉头逃跑而是直直地向他驶来——他很不走运地遇到了波兰装甲师的一部分。虽然魏特曼击毁了不少波兰人的坦克，但是它们仍在继续前进。一些坦克徘徊在他的侧翼，另有5辆“谢尔曼”坦克则从后面紧跟着他。通过近距离的齐射，魏特曼和他的坦克被打成了碎片。加拿大人和波兰人打退了德军的反攻，并准备在下午2时再行攻击。500架B-17轰炸机飞临战场上空，要将德国人炸成粉末，结果却重复了“眼镜蛇行动”的灾难：许多炸弹投掷错误，超过300名加拿大和波兰士兵被炸死或炸伤，很多坦克也被炸毁。这次攻击出师不利。第二天，一个由加拿大第28装甲团和“阿尔冈昆团”组成的战斗组在进军途中迷了路。他们闯进了两个德国装甲师和波兰第1装甲师的交战战场，被夹在德国人和波兰人的炮击之间——加军被摧毁了。

若不是美军在南方向阿让唐大举进攻所营造出的特殊形势，总体行动可能已经失败了。现在迫切需要一定数量的英国部队赶往法莱兹。盟军在接下来的四天里，策划了重新恢复活力的总体行动，此次行动被命名为“驯服行动”。“驯服行动”是一场全面的猛攻。大量的火炮被用来制造诱导弹幕——部分是高爆炸弹，部分是烟幕弹，以此来掩盖地面的行动。在这些爆炸所构成的烟墙背后有300辆坦克和驾驶着“袋鼠”式坦克的4个旅的步兵。而在他们头顶上则有将近800架“兰开斯特”和“哈里法克斯”轰炸机飞向德军阵地。

↑一名英国军官穿着典型的作战服。除了他手中的史密斯·韦森左轮手枪外，我们很难看出他是军官

但后来每件事又都搞糟了。许多轰炸机又一次没有准确轰炸目标，被

↑英军士兵在一辆“谢尔曼”坦克的掩护下前进，可以在树篱的缝隙处看到。“谢尔曼”坦克的高车体和炮塔轮廓使它很容易被敌人的炮手发现

炸死炸伤的加拿大士兵和波兰士兵超过400名。装甲纵队不顾这些伤亡继续向前压进。由于厚厚的烟幕，他们很快就失去了协调，导致相互碰撞。在完全混乱的状况下，“谢尔曼”和“袋鼠”坦克驶入了一条小河——莱松河。这条河穿过了进攻线，它曾被认为太小了而根本没有必要为之担心。莱松河的确是一条小河（只有3.5米宽），但是它的河岸却很陡峭——结果成了一条天然的反坦克壕沟，装甲纵队留在北岸狼狈而缓慢地来回移动。最后，直到装载着成捆木料的皇家装甲工程车设法在莱松河的几个点上架起桥梁，坦克才得以继续前进。由于桥梁太窄，全速冲锋变成了缓慢爬行。8月15日，加军最终到达法莱兹。他们居然花了一个星期才走完这段22.5千米的路程。在这段时间里，美军已经向勒芒北部前进了97千米，现在位于离阿让唐南部还不到32千米的地方。8月11日，巴顿就曾对海斯利普说：“别再关注蒙哥马利的破烂阵线了。准备出发，如果必要的话就越过法莱兹，我会给你下命令。”8月16日，巴顿发无线电给布雷德利，希望能够得到批准向阿让唐北部进军。他半真半假地说：“我们要不要继续下去，将英国人赶进大海，再来一次敦刻尔克呢？”布雷德利回答说，他更喜欢“在阿让唐有一个结实的肩膀，而不是在法莱兹有一个可能折断的脖子”。他命令巴顿原地待命。

此时希特勒仍然相信装甲反击能够给德国带来胜利。他命令陆军元帅冯·克鲁格保持住对阿夫兰奇斯的压力，并同时向法莱兹和阿让唐发动攻击，防止加军和美军会师。8月15日，冯·克鲁格对战场上的部队进行了一次巡回视察。部队显然处于袋形阵地中。和隆美尔一样，他也遭到了战斗轰炸机的攻击，但却死里逃生。当天晚上，他告知柏林："不论有多少命令下达过来，部队不会、不能、也不足以击败敌军。屈从于一个不可能实现的愿望将是致命的错误。"还没有得到希特勒的回复，冯·克鲁格就命令部队开始从袋形阵地撤出。狂怒之下，希特勒解除了冯·克鲁格的职务，命令他返回德国（倔强的克鲁格宁愿服食氰化物也不想回去）。8月17日，希特勒用陆军元帅沃尔特·莫德尔取代了克鲁格，莫德尔是一名刚从东部前线归来的忠诚纳粹，在苏联曾多次成功地摆脱困境。莫德尔很快就意识到，除了继续撤退并无其他妙法可为。与此同时他则动用了手上所有的装甲部队去攻打法莱兹和阿让唐，以尽可能长时间地阻止美军和加军会师。

↓法裔加拿大人突击队士兵行进在一座法国小镇里通往法莱兹的道路上。显然这座镇上的德国人已被清除，否则图中的士兵不会显得如此轻松

到了8月19日，德军的处境更加绝望。波兰第1装甲师已经向东南推进。而且一个有1 800人和80辆坦克的波兰战斗队还在这条走廊的中段守住了奥梅尔山，他们从那里控制炮火并引导空中打击来对付从山岭另一侧撤退的德军纵队。奥本菲德威伯·汉斯·布朗是德军第2装甲师的一名幸存者，当时他处于受攻击部队的尾部。他回忆整个撤退如同是地狱之旅："永不停止的爆炸……士兵们向我们挥手求援；垂死者的脸痛苦地扭曲着；失去理智的军官和士兵们在壕沟和掩体处乱挤成一团；燃烧的车辆里传出凄厉的尖叫。一个士兵跌倒了，正把从他腹部流出的肠子塞回去。受伤士兵躺在血泊里，不是胳膊就是腿断了。其他人则都发疯了，大声哭嚎，尖声惊叫，哭爹喊娘，歇斯底里地狂笑。还有那些马，一些仍然被套在破损

的车辕上，恐怖地嘶鸣着，竭力想用后腿的残肢逃脱这场屠杀，它们在烟雾和尘土中若隐若现形同鬼魅。”

莫德尔派出了两个装甲师从这一袋形阵地外发动了对奥梅尔山的反击。尽管波兰军在数量上远远少于德军，但是他们的士气极为高涨。他们把收音机调到英国广播公司（BBC）电台，这个电台正在播送来自华沙的可靠报道，波兰本土的部队已经起来反抗德军了。除了华沙的街道上，这些波兰人已经没有更乐意待的地方了。

到处都是德国人。波兰人大量杀伤他们。此刻，向南324千米处陆军少将雅克·菲利浦·勒克莱尔率领的刚刚登陆的法国第2装甲师正在从阿让唐向北进攻。法国人的脑海中也在想着另一场战斗——8月19日星期六，巴黎如华沙一样举行了起义。勒克莱尔的部队在阿让唐一直战斗到8月21日，直到狭口接合、包围圈完成。24个小时之后，法国第2装甲师的纵队全速驶向他们的首都，诺曼底战役终于结束了。

↓自从诺曼底的突破取得成功以来，盟军就一直在全速前进。法国内陆军的士兵向快速驶向巴黎和塞纳河的盟军坦克挥手。路边是报废的德军车辆

↑法莱兹地狱，5万名德军和德国第7、第5装甲部队的所有重型装备都被困在这里，并处于盟军战斗轰炸机毫不留情的攻击之中。不过，大部分德军已经渡过塞纳河逃脱了

代价高昂的胜利

在为期11个星期的战斗中，不论是对盟军还是对德军来说，各自的计算都有很大一部分失误。盟军曾预计在头一天里伤亡巨大，实际上，除了在“奥马哈”海滩进行的战斗之外，伤亡比预计的要少。而预计盟军在加来海峡登陆的德军，直到7月下旬仍相信在诺曼底登陆的盟军虽然攻势强大，但只是佯攻，因而他们没能在诺曼底登陆之初就迅速集中适当的兵力，对滩头阵地展开进攻。在盟军方面，他们曾期待在滩头阵地战之后能够快速进军，随后进行贯穿法国北部的军事行动——在飞机和装甲武器数量上的巨大优势使他们掌握了战争的主动权。事实上德军的实力难以粉碎盟军滩头阵地的攻势，且在好几个星期里盟军也没有足够的力量去突围。

盟军在大规模炮火和空中轰炸掩护下一再发动进攻，却只取得了有限的成果。德军则一再利用防守严密、伪装巧妙的阵地，重新调动他们大量用马拉的火炮和非机械化的步兵去阵地上那些有被突破危险的地带，以阻挡盟军的进攻。其结果只是同样的消耗战，只有占有大量人力物力的一方才能获胜。伤亡人数反映了战斗的实质：在6月6日至8月22日期间，盟军损失了20万人，德军阵亡了40万人，法国（包括市民和抵抗者）大约死了10万人——在77天里总共死了70万人。盟军为了打破德军阵线付出了巨大的代价，不过好在西北欧的这场战役现在终于能够进入一个新的阶段了。

5

“铁砧－龙骑兵行动”

到了8月份，随着德军在诺曼底的全面撤退，整个法国都做好了起义并推翻德国统治的准备。当盟军在南部登陆时，他们的机会来了。

1944年六七月间，当诺曼底激战正酣的时候，法国的其他地方也远非那么平静。法国内陆军在整个初夏平稳地发展壮大着。5月下旬，“马基”（二战中抵抗纳粹的法国地下组织）已经在中央高原的蒙赛特山区的营地聚集了一万名战士。英国皇家空军和美国空军达科他部队向他们提供步枪、火箭炮和手榴弹。但是除了一些别动队之外，他们所期待的伞兵部队并没有到达。6月6日，“马基”的大部队在卢瓦尔河谷进行了一次远达150千米的突袭。一个12 000人的德国师被派去对付他们。德军于6月10日发动进攻，随后的10天战斗在残酷程度上可以与诺曼底滩头阵地战相提并论。抵抗组织粉碎了德军的首次进攻，给德军造成了3 100人的伤亡，但是德军调来了拥有重型武器的一支约8 000人的队伍，并有空中支援。6月21日凌晨，弹药短缺的抵抗组织中止了战斗，撤进中央高原。

在东南部，另一场起义也正在进行着。从韦科尔高原到格勒诺布尔西南陡峭而又树木茂盛的山坡给这一区域设立了一道天然的屏障。1943年抵抗组织在这片森林里设立了许多训练营。到1944年6月6日，大约4 000名“马基”成员已经聚集到了高原上，并为即将到来的盟军运输机开辟出了一个简易机场，他们相信盟军的运输机很快就会到达。其中一位领导人欧仁·夏温特曾经去过地中海沿岸与一艘盟军舰艇会合，并在阿尔及尔待了

←←法国坦克兵在向法国南部进发的途中停下来送给一个女孩一块巧克力。到了8月份，法国南部的德国军力相对较弱，总的来说盟军进展顺利

↑抵抗组织成员公开在地中海沿岸城市耶尔反击占领者。像这样遍及法国的行动束缚住了德军的手脚，阻碍了他们对前线的人力和物力的支援

一个星期。在这段时间他被告知：一场对法国南部的进攻迫在眉睫。再次确认了这一点后，夏温特在6月5日回到韦科尔，并发出了总起义的命令。如同蒙赛特山的“马基”成员一样，韦科尔的人们也开展了突袭并进行了破坏活动。他们使法国东南部广大区域的交通陷于停顿。

德国人的干涉

显然，德国人不会对一场公开的暴动视而不见。6月13日，1 500名德军士兵沿着一条通往910米高的悬崖的道路前进，他们被300名“马基”队员击退。“马基”成员从悬崖的顶部向奋力挣扎的德军纵队投掷手榴弹。第二天，德军发动了一场精心策划的攻击。先是一阵四面开花的火炮和迫击炮的打击，接着是3 000名德军步兵的进攻，他们越过了“马基”的外围防线。不过韦科尔的陡峭的山坡则帮了法国人一个大忙。德军的进攻再次受阻。在随后的5个星期里，德军和“马基”成员展开了一场消耗战。“马基”日益迫切地需要盟军的援助，7月14日，他们终于等到了——80架美国飞机用降落伞投下了1 000个容器，里面装满了小型武器和弹药，但在这些东西里面却没有“马基”组织所需要的能够有效地与德军进行周旋的重迫击炮和反坦克火炮。

德国空军在行动

第二天，在韦科尔山顶出现了更多的飞机，但是这一回都是德国空军的轰炸机。燃烧弹如同雨点一样落在了这块干燥易燃的屏障上面。直到7月19日，大火仍在这块高原上的许多地方熊熊燃烧。德军在韦科尔地区投入了人数超过2万的两个师，在48小时内，德军设法从8个方向打通通往高原的去路，逐步地用迫击炮和“斯图卡”飞机粉碎“马基”的要塞，这是“斯图卡”式飞机最后一次在西欧使用。“马基”部队有条不紊地向后撤退，使德军每前进几百米就要付出惨重的代价。7月21日9时30分，大约

20架滑翔机无声地飞过南部的天空。起初“马基”成员以为期待已久的盟军袭击已经开始了，但是当这些滑翔机飞扑过来想要降落到尚未修建成的机场上的时候，“马基”成员意识到它们是德军的DFS 230滑翔机。法国士兵用仅有的一挺机枪进行扫射，他们成功地干掉了一架滑翔机上的驾驶员，并使滑翔机坠毁。但是剩下的滑翔机大批到来，压制住了占少数的防卫者。不久就有大约500名伞兵部队开始在“马基”的主阵地后方活动，并用精准的迫击炮打击他们。在接下来的24小时里，德军在村庄中横冲直撞，不放过一个活物。7月23日，一些隐藏在山洞里的伤兵被德国党卫军发现。他们被德国士兵“揪着头发、拽着腿给拉了出来。大约有十几个人被装在了手推车上，像包裹一样被扔进德军的卡车。接着他们就被殴打致死或被用刺刀刺死。尸体被拉走，扔到了沿路的沟渠里”。躲藏在灌木丛中的另外大约50人被党卫军发现后拉出来，不一会儿也被殴打致死。总共

↓抵抗组织的战士聚集在一个法国小城里，自豪地展示他们的武器。在战争的大多数时间里，主要是英国人提供给抵抗组织武器。这种情况在1944年诺曼底登陆前后达到了高潮

↑解放是许多人向那些真正或有嫌疑的通敌分子复仇的机会。这是一个被指控与敌人睡觉的女人，她被耻辱地押在街上示众

约有750名“马基”战士在韦科尔战斗中牺牲，剩余“马基”成员向东部阿尔卑斯山一带转移，他们遭到德军第157师的追击。

在法国南部和中南部竭力平息暴动的绝大多数德军都属于G集团军群，它负责法国南部和卢瓦尔河以东——事实上是大半个法国的防守。这支队伍的指挥官约翰内斯·布拉斯科维茨将军是一个鄙视纳粹党的老派普鲁士军官，他在1939年曾与希特勒就德国在波兰占领政策中的暴行发生过冲突。他的位于鲁菲克一小农庄的司令部距离图卢兹大约10千米。布拉斯科维茨在战争日记里吐露：“我们现在的处境是难以忍受也不能被接受的：现在德国部队根本无法分清谁是敌人谁是朋友。许多流血事件如无辜法国平民的流血事件完全可以避免。假如形势得到缓解，那么就要确保德军分清敌我，知道谁是爱好和平的市民，谁是恐怖主义者。”考虑到德国部队的荣誉处于岌岌可危的境地， 布拉斯科维茨命令自己的部下按照《日内瓦公约》中有关战俘的条款来对待被俘的“马基”战士，然而在事实上，布拉斯科维茨根本就控制不了那些负责镇压暴动的部队，也控制不了那些对大多数暴行负有责任的部队。

镇压暴动的部队

镇压部队中最让人恐怖的是党卫队保安处，简称“SD”。它是纳粹党的保安精锐部队，其司令部设在巴黎，属于希姆莱的帝国党卫军的一部分。保安处往往被错误地与盖世太保混为一谈（盖世太保只在德国国内活动）。保安处负责整个法国的情报搜集和罪犯审问。随着夏季即将结束，布拉斯科维茨很清楚他正在打一场即将失败的战斗，所以他试图把国防军与保安处的暴行区分开来。他强迫保安处在公墓里掩埋他们的受害者的尸体。

镇压部队中更让人愤恨的是法国维希政权的保安队，这是一支3万人的半军半警式的部队。这些人曾下跪发誓对贝当元帅忠贞不二。对于保安队来说，与法国内陆军的战斗等同于一场你死我活的斗争，因为他们很清楚，一旦法国被解放，他们所能期待的最好的下场就是被立即执行死刑。事实上在1944年夏，法国大部分地方进行的都是一场内战。“马基”和保安队在这场日益野蛮的战斗中互相残杀。

↓一个德军士兵在一辆将德军从法国南部撤离的火车上洗衣服。盟军前进的速度迫使德军尽快撤退以免陷在盟军阵线的后面

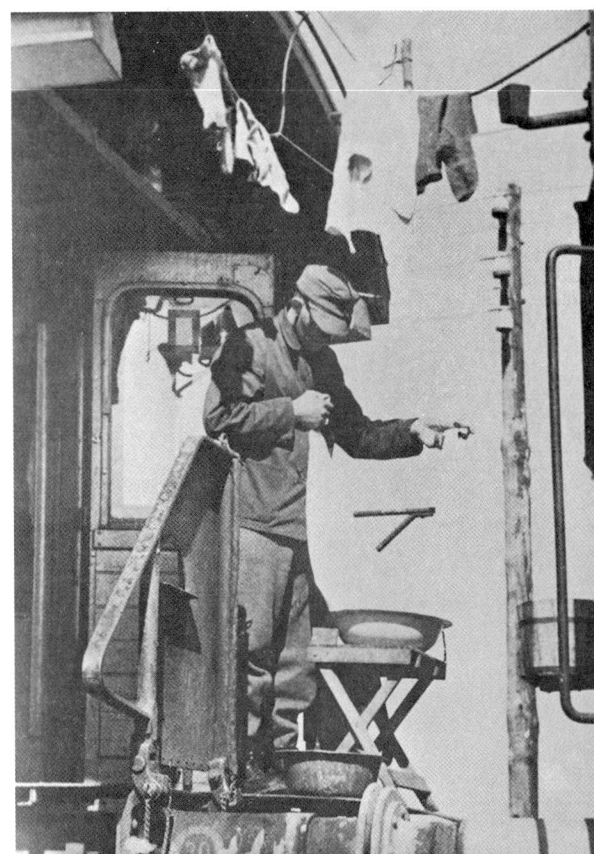

据保安处记录，到7月31日整个法国南部总共发生了7 000起单独的“马基”攻击。其中有6 000起是针对法国的通敌者的，1 000起是针对德国人的。有一天，布拉斯科维茨向冯·龙德施泰特报告说，抵抗组织的行动已经到达了一个顶点，不要再指望控制这片区域的绝大部分了。除非到处都是德军，否则和平和秩序就无法得到保证。

日益被削弱的德国部队

随着法国内陆军的日益强大（据估计到8月1日已有15万名法国人宣布他们追随法国内陆军），而自己的部队又被调到北面去参加诺曼底的战斗，布拉斯科维茨的处境变得更加艰难。第2党卫军装甲师在6月8日首先离开，在随后的8个星期里，随之而去的还有第9装甲师，第271、第272、第276、第277、第338

↑一个有通敌嫌疑的人被揪着头发从他躲藏的地方给拽了出来。像这种场面在1944年下半年的法国经常可见

和708步兵师以及第341突击炮旅。在此期间甚至还出现了反坦克火箭弹的短缺，因为大部分弹药都已经被送到诺曼底去了。与此同时，G集团军群仅仅接手了两个兵力不足的步兵师作为补充，现在它只有唯一一个装甲师——第11装甲师，该师曾在俄罗斯遭受重创，目前还在重建的过程中。其他队伍则都塞满了超龄的德国士兵和来自东欧的毫无生气的官兵。G集团军群甚至还有一个由印度志愿兵组成的部队，它是由在北非俘虏的英军印度籍士兵组织起来的。德国人试图用苦心经营的欺骗性的军事调动来掩盖他们的虚弱。他们把部队在各地调来调去，看上去仿佛正有大量的援军到来。这种调动非常密集，以至于司令部不得不给真真假假的部队标上彩色的标记以免混淆不清。

G集团军群的两个主要组成部分——第1和第19集团军的首要任务是分别防守西南部和法国的地中海沿岸，但是此时的布拉斯科维茨已不再相信他的部下能够守住这块地方。他一直支持从海岸后撤，在法国东部的中心地区建立一个新的基地。在这一带德军的补给线会相对短一点，并且有内部通讯的优势。而若是用他那兵力不足的部队去防守从卢瓦尔河到比斯开湾的比亚里茨海岸线，以及从西班牙直到意大利的地中海防线，却又只有30艘轻型海军舰艇和大约200架飞机的支持，布拉斯科维茨知道任何盟军的进攻都将迅速打破这层薄薄的防卫壳。但是由于最高统帅部无视布拉斯科维茨的忠告，他也别无选择，只能将他的部队部署在这条海岸线上，并且大力加强防御工事的建设。到了6月份，已有接近1 000个永久性防御工事沿着地中海岸被构筑起来，大约62500颗地雷被安置妥当，另有约1 000门中型和重型火炮也进入了阵地。

估计的登陆地点

与英伦海峡的海岸情况不同的是，地中海海岸的地形易于更为精确地估计登陆地点，而在英伦海峡，盟军的登陆几乎可能发生在任何地方。地中海北岸被罗纳河三角洲一分为二，低陷的沼泽地不适于登陆。这就意味着这次登陆要么在罗纳河以西，这里是处于佩皮尼昂和塞特之间的沙滩；要么就在罗纳河以东蓝色海岸的一个峭壁林立的小海湾。西部海滩是一个两栖登陆的理想地点，但是这里的道路却由朗格多克延伸向西北部，到达加龙河和大西洋海岸。假如盟军要在这里登陆的话，他们将正好偏离进军方向。在蓝色海岸登陆较前者更为困难，但可以向法国北部进军，穿过法国的东部，盟军如果从这里进军就能够切断德国部署在诺曼底的作战部队。因此，布拉斯科维茨将防御工事集中在罗纳河三角地的西部。土伦和马赛的大港口很明显将成为盟军的目标，于是这两处都安排了大约200门中型和重型大炮。此外还有45个炮台被部署在罗纳河和阿盖之间的海岸线上，其中许多都披上了德国人在诺曼底已经展现过的巧妙伪装。而在马赛和尼斯之间，德军的工兵则建筑了大约600个水泥小地堡，从而使那些战斗力不强的部队也能发挥出令人畏惧的防守能力。

↓B-17“空中堡垒”空援的是补给和轻武器，而不是法国中央高原地区的抵抗组织所期待的士兵和重武器。在战斗进入白热化时期，抵抗组织大约牵制了2万名德军

这一地区的队伍是由第19集团军中将弗里德里希·维塞统领，他在阿维尼翁有一个司令部。维塞直到希特勒掌权之时还只是一个汉堡的警察，同时也是一个死心塌地的纳粹分子。他通过在苏联战场上的血战，得到了令人吃惊的迅速晋升。从名义上讲，维塞指挥着10个师，但是其中一个正忙于应付韦科尔的起义，另有几个则是掺杂了东欧人的部队——有波兰人、亚美尼亚人、格鲁吉亚人、乌克兰人和阿塞拜疆人，这些士

↑陆军元帅冯·龙德施泰特是法国南部防御的总指挥官。1943年12月，他在视察中讨论海滩防守的问题

兵在诺曼底战役中的表现已经说明了他们不可信赖。不过，除此之外还有4个质量颇高的师，它们在诺曼底战役中被重创后，现在正在休整和重组。目前德军在法国南部只有一个装甲师，那就是G集团军群中最令人生畏的第11装甲师，拥有200辆坦克，因此是G集团军最强大的编队。它在苏联待了将近有3年，1944年4月，被调至波尔多进行休整和重组。它曾经伤亡惨重，但是活下来的军官和那些没有军衔的士官手里却是这支德国武装部队中最有战斗经验和作战技巧的装甲兵。这个师的指挥官、44岁的陆军中将温德·冯·威特夏姆是一个有贵族派头的军官，他在对苏战争中被授予镶有橡树叶和宝剑的骑士十字勋章，这是德国最高等的勋章。

布拉斯科维茨的G集团军大约有50万人，其中的25万人要么在地中海沿岸，要么在易于到达地中海沿岸的地方。布拉斯科维茨确信盟军要在里维埃拉登陆，而部署在那里的部队则又太过薄弱，只能进行一些象征性的抵抗。布拉斯科维茨曾多次竭力要求最高统帅部允许第11装甲师向东推移，但每次都被最高统帅部拒绝。布拉斯科维茨也曾劝说整个B集团军群应该从德国的西南和南部后撤，这样就可以与盟军在法国内地进行战斗。在那里盟军的补给线会被拉长，而且也失去了舰船炮火的支持，但这条建议也被忽视了。总之，布拉斯科维茨认为在法国南部进行这场战斗是一个错误的决定。

勉强作战的英国人

布拉斯科维茨并不是唯一一个在地中海海岸勉强作战的人。整个英国的政治和军事当局——首相温斯顿·丘吉尔、帝国总参谋长阿兰·布鲁克将军、地中海战区指挥官亨利·威尔逊将军和在意大利的指挥官哈罗德·亚历山大将军——都极端反对这次登陆行动。在法国南部海岸实施登陆的代号为"铁砧"的计划早在1943年8月的魁北克会议中就被确定了下来。这次行动曾预计与诺曼底登陆同时展开，而且要从海峡那里调来部队。英国人起初同意这一行动并非因为他们认为这一行动是必要的，而是因为同意"铁砧行动"意味着相对大量的登陆舰艇将不得不留在地中海地区。尽管英美联盟看上去是统一的，但是事实上，盟军经常追求不同的目标，在有些时候甚至是相互冲突的目标。丘吉尔之所以要保证登陆舰艇留在地中海是为了支援在意大利的战斗，同时他也计划着在情况允许时把它们调往远东，以便于在印度和锡兰的英军能够重新占领英国在东南亚的殖民地。当然，罗斯福和他的政府则会下定决心不让这种事情发生；结果登陆舰艇的调动受到了极大的延误。

←在法国南部的德军士兵在对他们的反坦克炮进行日常维修。在1944年6月和8月盟军入侵之前，法国南部以其良好的食物和阳光充足的气候，被视为德国部队的"软"岗位

↑德·拉特尔·德·塔西尼将军（右起第二）与特拉斯科特等美国将领在北非合影。德·拉特尔是唯一置身于此时复杂的法国政坛而同时又能为前维希政府和戴高乐派所接受的人物

1944年6月上旬，艾森豪威尔建议于8月15日开始实施“铁砧行动”。这时，丘吉尔又有了另外的打算，他试图劝说参谋长联席会议把这支进行“铁砧行动”的部队投入到靠近在亚得里亚海的里雅斯特的登陆行动。从那里他们能通过卢布尔雅那向东北进军，直捣维也纳和多瑙河。丘吉尔争辩说，这样做的好处是在巴尔干切断德国部队，同时也能确保西方盟军在苏军到达以前控制多瑙河流域。当参谋长联席会议拒绝了他的方案时，丘吉尔越过他们，直接向罗斯福总统申述，并认为“铁砧行动”是“荒废的不结果实的”行动。罗斯福在对丘吉尔所做的诚恳的答复中解释说：“为了纯粹的政治因素而向巴尔干调动相当数量的部队，这一情况如果为人所知的话，我可就再也经不起像‘霸王计划’中出现的那一丁点的挫折了。”丘吉尔仍不愿放弃，于是他又将目标锁定在艾森豪威尔身上，他主

张登陆部队应该从地中海海岸转移到布雷斯特，这表面上是使部队直接进入诺曼底战役，其实丘吉尔明白，只有在大西洋沿岸的登陆规模稍小一点儿，才能允许他有足够的队伍留在意大利，使他的计划成为可能。8月5日，丘吉尔和一位随行人员抵达了靠近朴次茅斯位于索斯威克山庄的艾森豪威尔的司令部。在6个小时的争论中，他试图威逼这位倒霉的最高统帅达成协议，但艾森豪威尔丝毫不为所动。会议结束时，丘吉尔几乎流下了沮丧的眼泪，并以辞去首相职务相威胁。当天晚些时候，艾森豪威尔向马歇尔报告说：“就我判断，他把这件事说得太重要了，好像没有达到这一目标就代表着他整个政府的失败。”

↓一个“自由法国”部队的通信手段士兵。许多这种前维希政府的部队现在为盟军所用，但是戴高乐并不愿意在法国本土使用他们

美国对“铁砧行动”的投入

美国最高统帅部自罗斯福以下，全都全身心地投入到了“铁砧行动”中去。表面的原因是：在没有占领马赛和土伦以及取得另外的35 000吨港口的吞吐能力以支援盟军的情况下，欧洲西北部的战役就进行不下去。这一论点难以自圆其说之处在于，从战地到两个港口都有640千米，在被摧毁的道路和被毁坏的铁路线上运输补给遇到的困难几乎抵消了额外吞吐能力带来的价值。英国人很清楚这样做的真正原因。但是由于这个问题太具有政治上的争论性，以至于英国人不能直接质问美国人的意图，因为这样做会打散联盟。问题出在美国人与维希政府在北非殖民地国家的部队的密切关系上，这支法国部队对英国人怀有敌意，并把戴高乐将军视为英国人的走狗。丘吉尔不想让南部法国落在一支反对英国和戴高乐的殖民军队手里，而这则恰恰将是“铁砧行动”令人不快的副产品。

然而，美国人之所以坚持这场登陆更多还是出于慎重的考虑，而不是出于刁难英国人的意图。当美军在1943年9月随着德军的撤退而登上科西嘉岛时，他们发现这个岛处于“马基”组织的控制之下，而这种左翼组织镇压起来有点困难。来自法国南部的情报表明，受“马基”组织鼓动的起义到处都在发生，在一些地方例如韦科尔，左翼组织已经成功地设立了地方政府，因此极右翼的法国殖民军队尽早在法国登陆就成为一件紧迫的事了。这不是为了惹恼英国人，而是为了防止2/3的法国落入左翼组织手里。但在英国人看来，在宗主国的法国使用其北非部队却是为了实现某种

→在“铁砧登陆行动”前，来自第15空军部队的B-25“米切尔”轰炸机去往轰炸位于里维埃拉的德军防御阵地的途中。空袭过后，德国国防军又遭到了几艘盟军战舰的炮击

近乎恐怖的企图。秘密对外机构的评价认为，利用摩洛哥、阿尔及利亚和塞内加尔的士兵去镇压法国左翼的游击队只会使局势更加恶化，并有可能导致持久的国内战争。这使一些人联想到了1936年夏季佛朗哥雇佣大量的摩洛哥部队去镇压西班牙共和国，结果导致了3年的血腥内战。这样一来也就不难弄清，为什么丘吉尔由于未能说服艾森豪威尔放弃“铁砧行动”而潸然泪下了。

计划开始

1943年年底，美国第7集团军为了策划“铁砧行动”，在阿尔及尔丘陵地区中的布扎尔师范学校里一座具有白色摩尔风格的建筑物里设立了一个秘密司令部。12月，让·德·拉特尔·德·塔西尼将军从伦敦飞抵此处，领导这一计划阶段的行动，并指挥北非的法国部队。德·拉特尔·德·塔西尼大约是法国唯一能在变化无常的政治环境里挥洒自如的高层军官。1940年，他曾对贝当和维希效忠，但是在1942年11月他却违背贝当的命令，指挥他的部队抵抗德国对维希法国的占领。这次公然的反抗使他被判入狱10年。在三次失败的逃跑之后，他最终成功地到达伦敦——他把他的运气押在了戴高乐的身上。因此他是一个难得的人物，他名义上是在戴高乐的领导之下，但也为那些领导法国北非部队的维希派军官所接受。

全面准备

德·拉特尔·德·塔西尼在1944年头几个月的任务与在伦敦准备“霸

王计划”的弗雷德里克·摩根的任务很相似。如同摩根一样，德·拉特尔·德·塔西尼督促他的部下分析大量来自抵抗组织的情报。后来这位将军回忆了这次异乎寻常的全面准备：“每一个可以想象出来的细节都在一本专门针对每个处于芒通和旺德尔港之间滩头的指南上被提了出来：地形、水文、气候、潮汐和洋流、土质、通信手段、工业资源、电力和供水、医院——所有的一切都经过了极为仔细的考察、分类、编号。尤其是考虑到了敌人的部署，最小的水泥碉堡、火力最弱的机枪点、最狭小的雷区，这些都被仔细地确定了位置并经过核实。这一切都来源于侦察飞机所拍摄的大量照片。”基于这些研究准备，一项战役计划逐渐显现出来。德·拉特尔·德·塔西尼的主要目标是拿下土伦和马赛，但是因为防守的德军力量强大，他知道不能对他们进行迎头攻击。最后他决定拿下土伦正东面的卡瓦莱尔作为登陆的西部界线，并把登陆范围从海岸向东扩展70千米，把它与阿盖的滩头分开，这块滩头正好在戛纳的东部，因而他正是试图在布拉斯科维茨估计盟军将会出现的海滩上登陆。

德·拉特尔·德·塔西尼与第7集团军的指挥官亚历山大·帕奇中将

↓1944年8月15日清晨，美国滑翔部队在从意大利的汉尔唐机场起飞前做准备。不久以后，他们将在法国与等待着他们的敌人展开战斗

合作得极为默契，他把亚历山大·帕奇描述成“一位意志坚定、有着非凡才智并且极为稳定的指挥官”。帕奇和德·拉特尔·德·塔西尼一样是位经验丰富的老兵，他曾组织指挥过美国部队与日军于1942—1943年的冬天在所罗门群岛的瓜达尔卡纳尔进行激战，同时他作为一个苏格兰人的后裔，在与一贯疑心颇重的法国人谈判时也是一个极为老道的外交家。1944年夏，帕奇选定陆军少将卢西安·特拉斯科特指挥“铁砧行动”中的美军。特拉斯科特在战争刚开始时是一名上校，而如今他已是美国最为成功的战将之一了。他曾征募并训练了美国突击队，这是美国部队中一支相当于英国突击队的队伍，并与英国突击队在1942年8月灾难般的“迪耶普行动”中并肩作过战。他还在1942年11月的北非登陆中率领一支小规模的特遣部队拿下了莱奥泰港。1943年春天，他指挥艾森豪威尔在突尼斯的先头

↓这可不是投掷给养，而是真人：部分英美第1空降特遣部队于8月15日在勒米附近空降。该地是重要的交通和通讯枢纽

部队，接着又在西西里岛、萨莱诺和安齐奥指挥美军第3师。

外交上的过失

不幸的是，特拉斯科特并非外交家。他在被德·拉特尔·德·塔西尼邀请吃午饭时，没有经过这位法国将军的允许就擅自视察法国部队，因此严重破坏了军事议定书。特拉斯科特汇报说：“午饭时谈话很少，场面上只能听到吃饭的声音。快结束时，我们得知了招待如此冷淡的原因。德·拉特尔十分恼怒。”突然，这位法国将军说出了一番激烈的言论。但是特拉斯科特打断了他，说：“如果这就是你不得不谈论的东西，那我们只是在浪费时间。”

尽管这两个人后来保持了对对方勉强的敬意，但其关系却很难再接近。这种紧张关系反映在登陆计划中，就是使法军和美军的行动完全分离开来。登陆的第一阶段作战包括了法国的突击队和美-加特种部队，他们的主要任务是攻打炮台，并进行佯攻。同时一万人的英-美空降兵和滑翔机部队将在海滩后方降落，占领道路交汇点，拿下要塞。主力登陆部队是由第3师和第45师组成的特拉斯科特的第6军。有些让人吃惊的是，它还包括了曾

↓水陆两用车在靠近卡瓦莱尔的“阿尔法”红海滩登陆，它不同于一个半月前的诺曼底登陆。德国人在这一地区的兵力并不充足，士气也不高涨。例如，马赛在8月28日被攻克，比预计早了1个月

在意大利战役中两次被重创的、现由陆军少将约翰·达尔奎斯特指挥的第36师。这位少将还没有过在一个师担任首领的作战经验。

24个小时后，德·拉特尔·德·塔西尼被指定为B集团军的先锋。该集团军将在圣特罗佩登陆，并将在增援部队到达后，从那里开始去包围土伦和马赛，这两地按日程规定分别于“D日”后20天和“D日”后40天攻克。同时特拉斯科特的第6军将涌入罗纳河山谷，与从诺曼底来的巴顿第3集团军会师，斩断布拉斯科维茨的G集团军群。

8月10日，由2 000艘运输船和战舰组成的、地中海区域前所未有的最大的舰队开始汇集在散布于阿尔及尔、巴勒莫、瓦莱塔和那不勒斯的港口里。8月13日下午，在这些港口运送那些将参加最先登陆行动的94 000名士兵时，高层将领们在那不勒斯惊讶地发现：温斯顿·丘吉尔乘坐着一艘英国摩托艇穿梭于舰船之间，并用他那如今闻名于世的代表胜利的“V”字手势向欢呼的士兵打招呼。丘吉尔在清楚自己的原计划难以实现后，于8月8日前往意大利，并成功地让人同意他与部队一同登陆，这是6月6日在诺曼底，国王禁止他做的事。由于他认为他是被迫接受这次登陆行动的，丘吉尔提议将这次行动的代号由“铁砧”改为“龙骑兵”。可能这种说法只是个玩笑罢了，但是参谋们确实接受了丘吉尔的建议，因此这次行动也就成了众人所知的“铁砧–龙骑兵行动”。

↓美军士兵在“铁砧–龙骑兵行动”中涉水上岸。铁砧主要是法国和美国的行动，反映了英国不愿将稀缺资源投入到另一个战线上，当时意大利和法国北部都需要这些资源

突击队登陆

在午夜之前，800名法国突击队员在乔治–雷吉斯·布韦上校的带领下

↑美军士兵守在路边准备战斗。特拉斯科特的进军速度迫使德军指挥官布拉斯科维茨为了防止他的部队被困而大规模撤退

登上了内格尔角陡峭悬崖的底部。重型德军火炮可以从悬崖上炮击到盟军登陆的滩头阵地。突击队员悄悄地爬上悬崖，制服了惊讶无比的德国佬。这是战争中最为成功的特种行动之一。法国突击队员有条不紊地从一个掩蔽壕攻到另一个掩蔽壕，杀死了大约300个德军士兵并且俘虏了700人，而这一切则是用仅伤亡70人的代价换来的。与此同时，在40千米外土伦的东南部，美国和加拿大的特种部队用小筏和电动冲浪板在克罗港岛和勒旺岛登陆。通过空中侦查发现这里设有重炮台，但这些大炮却是用排水管和有波纹的铁板精心制作的伪装物，所以这次富于想象力的行动没有获得任何战果。这天夜里，盟军所遭受的最大的挫折来自戛纳的西部。一支有67人的法国特种部队在一块刚布置好的雷区的中部上岸，而当他们试图撤退时又被盟军当作德国人而遭到战斗机扫射。这支队伍就此也被消灭了，其中27人被打死，40人被德军俘获。

与此同时，空降攻击也已开始。午夜过后，5架运输机在位于马赛和土伦之间空投了300个真人大小穿着美国伞兵军服并且在拉西约塔安装了炸药的模型。它们发挥了预想的效果——分散了德军对于在勒米进行的真正空降的注意力。勒米是一个极其重要的十字路口，纳波利昂公路向北延伸至格勒诺布尔，7号国道从纳波利昂公路向西延伸至阿维尼翁，然后向北延伸至罗纳谷。从凌晨4时30分开始，535架运输机和410架滑翔机在一

→盟军轰炸机竭力阻止德军撤退或者外援的进入。这是空中侦察机拍摄到的照片，弹坑清晰可见塔拉斯孔的两座罗纳河大桥也已被摧毁

群战斗机的护送下空投了英美第1空降部队的9 700名士兵，他们拥有213门火炮和迫击炮以及220辆吉普车。有一部分空降部队纯属走运降落在了德拉吉尼昂，这是德国第19集团军第57军的司令部所在地。这个司令部实质上是指挥被盟军攻击的海滩守卫部队的。在孤立无援而且遭受严重打击的情况下，该司令部为了自己的生存而进行战斗，根本没法去指挥海滩部队的行动。

攻陷勒米

占领勒米要显得稍微艰难些。在一个星期以前，德国第19集团军的指挥官维塞将军已经召集军和师级指挥官在德拉吉尼昂的一个大厅里进行了图上作业。这次演习立刻反映出了勒米的极端重要性。于是，维塞下令用一个战斗群去加强要塞。这个战斗群是来自第244师的布吕代尔团。

第1空降特遣部队的指挥官罗伯特·弗雷德里克少将当时只有37岁，是美军中最年轻的高层指挥官，他把占领勒米的任务交给了英国空降旅。这个旅有着令人敬畏的声誉，但是其指挥官普里切特旅长却处在地中海地区最高司令的严格指挥下。将军亨利·迈特兰·威尔逊爵士为了将来在巴尔干地区的部署想保存他的旅的实力，而不愿意把这支旅浪费在敌人由于诺曼底被突破而即将放弃的地方。在战后对弗雷德里克的采访中，他仍对发生在勒米的事十分恼怒："他们（英国人）甚至在头天起就不全力以赴，当我问及普里切特任务的执行情况时，他说：‘嗯，反正我们是跳伞了。’我问他：‘那你为什么不深入，拿下那座小城呢？’‘不。’他说，‘那里有德国人。’于是我就想，让他见鬼去吧！接着我就把他们派回了意大利。”弗雷德里克命令美国第550滑翔营进攻勒米。他们在弗雷德里克所能聚集起的所有火炮的炮火后缓慢前进。第二天中午，一个德国特使手持白旗走了出来，告诉弗雷德里克：如果他能让他的大炮停止射击，他们就会投降。弗雷德里克告诉这个德国人：他正要增加炮击力度，所以最好告诉其长官尽快投降。没有任何进一步谈判奢望的德国人最终交出了勒米。

“铁砧”登陆的主体

几乎像钟表一样准时，主要登陆行动开始了。8月15日5时50分，首批大约1 300架美、英、法的来自撒丁和科西嘉的轰炸机到达了。在随后的100分钟里，轰炸机不断地轰炸里维埃拉，把德军驱赶进他们的掩蔽壕里。7时30分，随着最后一架轰炸机向南离去，盟军战舰上的大炮接管了这一切，20分钟内，它们向德军炮台和要塞倾倒了16 000颗炮弹。8时整，

↓法国内陆军在帮助盟军进军的过程中发挥了重要作用。在这幅照片里他们正在清理德军的废弃物，同时法国的“谢尔曼”坦克正在向前行驶，招募反抗军成员加入正规军的政策意味着他们可以被军队的纪律“驯服”和控制

↑在向北进军时，美军士兵押送着三名德军战俘走在他们纵队的前面。许多德军士兵看上去都乐于被俘，因为除了最疯狂的人之外，对于德国人来说战争已经失败了

第一批美军登陆，几乎没有遭到抵抗。英国广播公司（BBC）的记者温福德·沃恩·托马斯与攻击部队一起登陆，他报道说德军“无心恋战。许多人都从硝烟弥漫的道路上走了下来进入战俘营。他们中的绝大多数都微笑着——庆幸能离开那里”。唯一的麻烦来自弗雷瑞斯的一个小港，第36师的部队于14时在那里开始登陆。这个地方控制了通往勒米和内地的公路。第36师用一种无人驾驶遥控船打头阵，这种船一遇水下障碍物就会引爆船上满载着的炸药。第36师在离岸几千米的地方，目睹了这些无人驾驶船反复无常的表现，它们有的甚至调转方向向登陆舰船杀去。尽管这一事件始终没有解释清楚，但是这有可能是首次成功地使用电子干扰的战例，因为德国信号员一直竭力干扰对无人驾驶船的遥控。登陆舰不得不调转方向，让美国部队在沿着海岸稍远的其他地方登陆。他们从那里发动进攻，并于第二天攻下了弗雷瑞斯。

与6月6日在诺曼底的德军不同，在地中海沿岸的德军对盟军的登陆并不感到吃惊。在这次登陆两天前，德国最高统帅部终于同意布拉斯科维茨把第11装甲师从波尔多调到里维埃拉。但是由于盟军战斗轰炸机的缘故，调动只能在夜晚进行。以至于到了8月15日早晨，它还在靠近阿维尼翁的已经没有桥梁的罗纳河西岸，等待着工兵建造过河的浮桥。而桥造好后，第11装甲师的部分装甲车又花了三天时间才通过罗纳河。接着它们又由于燃料短缺而无法移动。最后，燃料终于从里昂顺流而下。8月17日正午，布拉斯科维茨又收到了德国最高统帅部放弃法国南部的命令，不过在靠近波尔多的纪龙德要塞以及拉罗舍尔、马赛和土伦的港口则都要加强防守，而且要坚守“到最后”。

德军撤退

现在，布拉斯科维茨就要花时间组织一次对德军来说是最为复杂的撤退了。随着巴顿部队向东沿着卢瓦尔河的北岸进军，布拉斯科维茨不得不尽可能地使特拉斯科特的部队放缓北上罗纳河的步伐，以防止美军的会师。为了达到这一目的，他命令维塞推迟行动，当撤退大军横渡位于瓦朗斯和里昂之间的河流时，在阻击行动中把第11装甲师投入了罗纳河的东岸。使撤退变得更为复杂的是，撤退的纵队不得不避开中央高原，因为那一地区已被牢牢地控制在“马基”组织的手中。这样队伍也就被迫要向北部和南部进行大范围的转移。布拉斯科维茨想要确保这次撤退能够谨慎地按照一天25千米的速度进行，这就意味着后卫部队至少在一个星期内难以离开大西洋沿岸，且极有可能被切断退路。8月20日，德军开始全面撤退，他们用上了几乎所有能够搜罗到的摩托化交通工具，包括学校的公共汽车、农用拖拉机和摩托车。也有成千上万的德军士兵骑在用绳子与部队的车辆系在一起的自行车上，另有成千上万的士兵待在运货马车里，此外还有成千上万的士兵推着装有他们装备和给养的独轮车和巡逻车步行。

也算布拉斯科维茨走运，特拉斯科特的部队并没有立即向内地压进，而是为建立一个后勤基地而停了下来。8月17日，德·拉特尔·德·塔西尼用16 000人的部队在圣特罗佩登陆——这支部队即将成为B集团军的先锋——并开始实施他攻占土伦的总计划。当陆军准将查尔斯·迭戈·布鲁塞特指挥第1步兵师沿着海岸公路前进的时候，少将埃梅·德瓜拉尔·德蒙萨伯特则指挥着他的阿尔及利亚第3步兵师通过了土伦北部的山脉要塞，然后南进，从北部和西部包围了这座城市。

8月20日，在海军猛烈炮火的掩护下，德·拉特尔·德·塔西尼开始发动进攻。他的部队在郊区有条不紊地摧毁了30座堡垒，迫使防守的德军进入一个十分紧密的防御带里。法国人伤亡不小，共有2 700人；而德军则失去了8 000人。8月28日，德军指挥官违背了希特勒战斗到底的命令，带领要塞里幸存的17 000人举手投降。此时，一个法国坦克纵队则在阿尔及利亚第3师第7步兵团的支援下于8月21日到达了马赛郊区。“马基”组织在此地已经发动过一次起义。特遣部队的长官莱昂·让·查普瓦上校要求直接进入该城，但是德·拉特尔·德·塔西尼却不同意。德·拉特尔·德·塔西尼不想用北非部队进行攻城战斗，他解释说：“他们有可能被一座城市的混乱所毒害，而导致叛乱。”第二天清晨5时，正好处在这座城市西郊玛德莱娜十字路口的查普瓦部队的坦克和士兵被欢呼的人们所包围，通往马赛的道路显得十分通畅。于是查普瓦违背命令，率队入城。接下来的战斗是乱糟糟的巷战——这次战斗并不是德·拉特尔·德·塔西尼想打的，但结果赢了。德军于8月28日交出马赛，比德·拉特尔·德·塔西尼预计的早了整整一个月。

特拉斯科特的陷阱

现在，特拉斯科特派出了一个由弗雷德·巴特勒旅长指挥的装甲特遣部队。达尔奎斯特的第3师紧紧跟随着这支部队。他们向正北方前进，接着又于8月21日向西驶往位于罗纳河畔的蒙太利马尔，经过该城北部的公路穿过了克鲁斯峡谷。这个峡谷是处于罗纳河和一条山脊之间的狭窄地带，共有数千米长，300米高。特拉斯科特正是在此地设下陷阱要消灭德国人，但是遭遇伏击的可能性对于本领高超的温德·冯·威特夏姆将军和他作战经验极为丰富的第11装甲师来说同样是显而易见的。

8月23日，德军第11装甲师爬上山脊进行反击。该师装备的88毫米口径火炮击毁了一辆又一辆美国装甲车。8月26日，特拉斯科特对于蒙太利马尔阻击圈没有合拢极为愤怒，他飞到达尔奎斯特的司令部并且威胁要解除他的职务。但是到目前为止，德军主力已经汇聚在一起并在白天行军通过了蒙太利马尔。美国战斗轰炸机和长距离火炮的准确攻击使聚拢到一块的德国纵队遭到了惨重的损失。几天后，当德·拉特尔·德·塔西尼通过这一区域时，他看到“有几十千米没有别的东西，只有纠缠在一起的扭曲的钢架和烧焦了的尸体——第19集团军的所有装备都葬身在如圣经《启示录》中那般的坟墓里了。要想从这里通过，只有用推土机才行”。

布拉斯科维茨的G集团军群最终于9月3日在第戎北部建立起了一道新的防线。同在这一天，特拉斯科特的部队进入了里昂。也是在这一天，英国的第2集团军开进了布鲁塞尔，霍奇斯的第1集团军进入蒙斯，而巴顿则越过了默兹。特拉斯科特最终在9月11日与巴顿实现会师，他们在第戎以西65千米处包围了布拉斯科维茨后卫部队最后的两万人。这支队伍决定投降了事。很难用军事上的成果来为“铁砧-龙骑兵行动”做出评价。虽然90万名美军士兵和400万吨的物资通过地中海沿岸港口随后就到达了，但是它们只能通过蒙哥马利、霍奇斯和巴顿部队中分出来的后勤人力和交通工具进行调动。事实上，美军坚持使用这些港口可能只是增加了盟军后勤的难度。“铁砧-龙骑兵行动”真正的价值是政治上的，因为它使得法国军队能够把“马基”中最激进的成员征召入陆军，置于军纪的管辖之下，以便于控制他们。随着新部队的组成，北非和西非的部队都被迅速遣送回国。这样也就使英国人曾经为之十分担忧的民族摩擦达到了最小化。对这次登陆所做的最后的分析是：这次登陆对于打败德军来说并非必不可少，但是就确保法国国内的稳定而言，它确实取得了令人称羡的成功。

↓法国内陆军的装甲车于1944年8月28日通过新近解放的位于马赛以北的阿维尼翁。抵抗组织的成员随着坦克游行

6 巴黎

随着盟军快速向法国北部进军，艾森豪威尔面临的一个棘手问题是：究竟是立即向德国边境推进以尽快结束战争，还是为了其重大的象征意义而解放巴黎？

在登陆日后的几个星期里，当布列塔尼、中央高原和韦科尔的大部分地区相继发动抵抗组织的起义并迅速演变成一场内战时，绝大多数巴黎人的情绪仍旧是出奇的平静。维希政府的官员们相信绝大多数人都是持中立态度的。实际上，法国人对于英美联盟中属于盎格鲁-撒克逊种族的那部分人并无热爱之情。虽然就德国人和美国人而言，他们可能更喜欢美国人，但是他们却喜欢德国人远胜于英国人。这些官员把巴黎人对于4月21日英国皇家空军一次猛烈的夜袭的反应当作明证。这次突袭本来是要轰炸雷诺工厂的，却打到了蒙马特尔，炸死炸伤数百人并且严重损坏了圣心教堂。4月26日星期天，贝当元帅对巴黎做了仅有的一次官方身份访问，以检查损失情况。在这次访问中，贝当感受到了作为一个受欢迎的政治家所拥有的骄傲。当他的车队因为他要做大弥撒而驶向巴黎圣母院时，所经街道有成千上万欢呼的人夹道欢迎。如此之多的人出现在巴黎圣母院，以至于大教堂里一会儿就挤满了人。这次由极右翼并且疯狂反犹的巴黎红衣主教伊曼纽尔·叙阿尔主持的弥撒不得不通过扩音系统来传达给聚在外面的人群。当贝当离开巴黎圣母院时，人群中发出震耳欲聋的呼喊——“元帅万岁”！

←←8月，德国士兵在抵抗迅速接近巴黎的盟军之前，登上埃菲尔铁塔最后看一眼这座城市的全貌

巴黎人的反复无常

不过德国驻巴黎大使奥托·阿贝茨对于巴黎人对贝当的爱戴却不是太乐观。他在一份6月10日起草的报告中写道："根据每天所确认的证据来看，巴黎城表面是平静的，却隐藏着一种随时都可能会爆发的骚动。"阿贝茨对这座都城的现代政治历史了如指掌。他很清楚这些人能够在4月份歇斯底里地向贝当欢呼，也能够在年底声嘶力竭地向戴高乐欢呼。对于这种相对的平静（实际上是冷漠的情绪），一种更为合理的解释是：在巴黎的生活与被德国占领的欧洲其他地方甚至与大不列颠和苏联相比，都要明显舒服得多，因为与伦敦和柏林比起来，巴黎只是遭受过轻微的轰炸。它

↓戴高乐将军带领参加胜利大游行的市民走过巴约的街道。"伟大的夏尔"于1944年6月14日踏上了法国的土地。自从他在法德停火之前飞到英国以来，整整4年过去了

现在是一群日渐增多的成功商人、娱乐界人士和作家的乐园，这群人中也包括英国的幽默作家伍德·豪斯，他们寻求在相同环境下能够拥有一个相对安全的地方。1944年8月的巴黎，只在22时30分到24时有电，但由于法国实行夏令时，当电涌向电网时，恰是太阳落山的时候。同样，除了军队和警察的车辆，机动化的交通实际上已经几乎全部消失了——取而代之的是无数的自行车以及成千上万辆马车和出租车。另外还有巴黎地铁，这是世界上覆盖面最广的一条地铁，它继续运营。每12～15分钟一辆，比柏林和伦敦的都还要好一些。

食物短缺

8月上旬，巴黎人经常抱怨食物短缺及配额减少。但相对来说，这只是最近才发生的事情，而且繁荣的黑市已足够缓解这一局面。例如，葡萄酒的配额被减少至每人每星期两夸脱（大约3瓶），但是对大多数巴黎人来说，搞到更多的供给似乎并没有什么困难。餐馆每星期7个晚上确实是只允许开放4晚，但是在巴黎没有一个晚上你找不到地方去吃一顿晚餐。而且停电时在烛光下用餐也并不是一件苦差事。全巴黎仍有超过200家电影院在经营着。这些影院的电力靠一队骑自行车的人操作脚踏发动机供应。在红磨坊、加雷特磨坊、夏荷拉热德和其他十几个地方仍然有现场的歌舞表演，供成千上万正在休假或者正在这座城市的医院里疗养的德军士兵观看。

德军士兵到处都是，他们表现得像旅游者一样，并且通常都不携带武器。法定的日常行政事务和交通指挥等都交给法国警察来办，他们穿着蓝制服、戴着法国平顶圆形军帽，走在街上让人感到气氛正常。打击恐怖分子的内部安全事务掌握在党卫队保安处手里，人们普遍把他们错当成盖世太保。他们身穿便衣“制服”——黑色的皮革大衣和斯蒂森式男帽。这里是保安处的头目、党卫军将军卡尔·奥伯格的开庭之地。奥伯格是矮胖的、目光短浅的海因里希·希姆莱翻版式的人物。奥伯格于1931年在汉堡的水果销售生意破产时加入了纳粹。1944年1月，保安处的实力由于维希政府的保安队的加入而得到了加强。保安队在法国北部的代表马克斯·克立宾将军原来是一名飞行员，他把他的司令部设在佩尔蒂埃街44号，这里原是左翼人士集中的大本营；而他的500名队员则驻扎在已经停止活动很长时间的奥特伊犹太教堂里。

每个星期四奥伯格都举行会议，在保安处、保安队和警察之间交换情报，以便于协调他们之间的行动。通过一个由告密者组成的网络和各种审问的结果，他们整理了大约50万巴黎人的档案，还建立了有关存在于巴黎的抵抗组织的相当精确的档案。他们清楚，除了相对来说占少数的戴高乐派以外，巴黎的抵抗组织主要是由共产党控制的，并且公开宣布（至少在报纸上说）有25 000人。但是同时，他们也清楚左翼在巴黎的抵抗组织的武装很弱，只有可能不到1 000件小型武器。除了偶尔的暗杀活动，他们所能做的并不多。

奥伯格授权保安队逮捕犯罪嫌疑人，在特别法庭上折磨他们，然后处死。他们同时还被允许发动先发制人的打击活动，杀死那些他们认为可能将严重违法的人。在巴黎广播电台，通敌分子、时事评论员让·赫拉尔德–帕基斯抒情地讲述了这些枪手在城市发动的战争："对于好战的反抗者，他们以宣战作为答复。他们在对抗有着无耻野心的无耻的人。"

暴力升级

在诺曼底登陆的几个星期里，保安队和抵抗组织之间针锋相对的暴力行为急速上升。6月16日，保安队把曾任战前人民阵线政府教育部长的犹太人让·扎伊从监狱里提出来，他自1940年起就被囚禁了，在路边将其射杀。12天后，抵抗组织予以还击，在菲利普·昂里奥位于索尔弗里诺街的情报部公寓里，杀死了这个前下院议员、维希政府的宣传家、虔诚的天主教徒和恶毒的反犹太主义者。在仅仅4天里，有不少于40万人向昂里奥的遗体告别，抵抗组织对此非常警惕，而奥伯格和克立宾却为此感到轻松。7月8日，保安队进行报复，暗杀了前雷诺政府的一位部长乔治·曼德尔，当时他正被从桑泰监狱转移到别处去。7月14日是巴士底日，在桑泰的政治犯控制了部分监狱，并在那里设置路障，火烧牢房。但是第二天，保安队猛攻这座监狱并重新将之占领，他们在监狱的墙下立即处决了28名犯人。

与这种恐怖生活完全相反的是，大多数巴黎人依然按部就班地生活着。先锋派知识分子们聚在弗洛雷咖啡馆里相互争论，试图解释大多数人身上的那种冷漠和无动于衷的超脱感。6月10日，让·保罗·萨特的第二出也是最为著名的一出话剧《禁闭》在杜伏克–科隆贝尔剧院上演。萨特剧中的主角，一个陷入怯懦和背叛交织的网中无法逃脱的人，在某个层次上得出"他人即地狱"的结论。德国的检察官认为，这不仅仅是人的状态，也说明法国人在进入德国占领第5个年头的心态。但是这出剧就批判法国人而言显得远比批判德国人更为强烈。两个星期后，阿尔贝·加缪的首出戏剧《隔阂》“在马尔萨林剧院开演”。让检察官更为担心。他们绝对乐于承认剧中这一假设：人——特别是巴黎人——本质上是丑恶的，而且自由也只是幻觉。但是他们更关注的则是加缪的第二个主题：即使自由是虚幻的，也应该努力去追求。因为人除非知道如何去更新他存在的基础，否则就不能指望有未来。

巴黎抵抗组织的参谋长罗歇·维龙以及在巴黎的左翼武装部队的指挥官亨利·唐·居伊（别名罗尔上校），都十分清楚加缪剧本的含义，他们于6月底写出了“没有暴动就没有解放”的标语。左翼领导人明白妥协带来的耻辱，也知道只有通过血的洗礼才能消灭耻辱。“巴黎值得20万人为她去献身”是罗尔上校令人发颤的评语；一场血腥的暴动也将使人们更为激进，会让战后主要由共产党人参加的政府更能为人所接受。

↓法国第2装甲师的步兵和装甲车经过通往巴黎的入口——枫丹白露。第2装甲师于7月27日在诺曼底登陆，作为巴顿将军第3集团军的一部分进军巴黎

维龙和罗尔上校认为，对于巴黎来说，最坏的命运可能就是苟安一隅，等待着美国和法国戴高乐的部队到来，把德国人赶出去。但是要想发动一场大规模的暴动，最大的困难就是巴黎的抵抗组织只有600支手枪和冲锋枪。在这种情况下发动任何暴动肯定都会招致一场对那些参与者的屠杀。

戴高乐在巴黎的军事代表雅克·沙邦-德尔马和亚历山大·帕罗迪将军尽他们最大的努力来平息左翼人士的激情。他们很怀疑左翼人士会利用暴动作威胁，以此来迫使英国特别行动部门直接向这座城市提供武器。在先前的几个月里，特别行动部门已经在法国空投了76 290支轻机枪和27 961支手枪，但是只有114支轻机枪和18支手枪被运进巴黎，这种谨慎在一定程度上反映了向首都运送枪支的困难，这也部分说明了特别行动部门不想为左翼人士主导的行动提供武器。

↓法军步兵在装甲车的掩护下，沿着一条位于枫丹白露北部通往巴黎的道路前进，路上有一具德军士兵的尸体。勒克莱尔第二装甲师向首都的前进由于受88毫米反坦克炮保护的德国路障的阻障而减慢速度

冯·肖尔蒂茨

德军新的指挥官、陆军中将迪特里希·冯·肖尔蒂茨于8月9日抵达巴黎时所面临的就是上述情况。巴黎人很清楚7月20日暗杀希特勒的计划失败了，但是使他们吃惊的是，德国在巴黎的统治集团中那些早已为人们所熟悉的面孔——包括巴黎卫戍部队的指挥官海因里希·冯·斯图普纳格尔将军在内——却都开始消失了。新任指挥官有着令人生畏的名声：1940年5月，身为陆军中校的冯·肖尔蒂茨调来飞机将鹿特丹的码头地区夷为平地，导致700人死亡；两年后，他攻克了在克里米亚的塞瓦斯托波尔，逐步地毁灭了这座城市；1943年夏，在从俄罗斯的稳步撤退中，他指挥后卫部队烧焦了他们撤退时所经过的土地，切断了铁路线，摧毁了工厂，还炸断了桥梁。

在接受任命之前，正在诺曼底指挥一个军的肖尔蒂茨被召回希特勒的大本营拉斯登堡，接受详细的个人指令。肖尔蒂茨发现元首“处于一种狂热的兴奋状态。唾液几乎从他口中飞出，他全身颤抖，倚靠的桌子也随他一起晃动。他大汗淋漓仿佛刚洗完澡一样，而且愈发激动”。但希特勒的命令却并不含糊：国防军一撤走，巴黎“必须完全被消灭掉——没有任何东西仍会屹立在巴黎的土地上，没有教堂，没有艺术纪念碑”。基础设施也要被清除掉，煤气总管要扯断，高压电力桥塔要炸掉，供水系统要被拆除和污染掉，这样“这座毁灭了的城市将是传染病的宠儿”。

肖尔蒂茨确信希特勒已经疯了，他回到巴黎后把他的司令部设在协和广场附近的缪莱斯饭店，接着就开始深入考虑这一令人害怕的困境。他很乐于防御这座城市的郊区，也期待着在首都作战，但是他还不想因为系统地摧毁世界上最杰出城市之一的巴黎而“青史留名”。然而，他也知道如果不服从希特勒的命令，就意味着自己会被判处死刑，而且他在德国的妻子和孩子也极有可能被逮捕和处决。

巴黎附近的炮击

8月13日星期天，在巴黎西部圣克劳德赛马会上的人们听到从大约在西南48千米处沙特尔方向传来遥远的炮声。那天，巴顿第3集团军的部分部队确实进入了沙特尔，但是他们的上级长官并没有继续向巴黎进军的意图，而是命令他的部队转向东南方，绕过了这座都城。在最近才在科唐坦半岛西海岸的格朗维尔建立的盟军最高统帅部里，艾森豪威尔甚至对直捣巴黎的计划更为反感。从严格的军事角度来说，派盟军部队进军巴黎收获可能不大，而损失则可能会更多一点。如果德国人死守巴黎，那么部队就会陷入至少在最初阶段处于劣势的街头战斗中。即使巴黎没有经过多少血战就被解放了，那么养活如此众多的人口的责任也就随之落在了盟军后勤部队的身上，而他们甚至连维持自身的给养都有问题。另外，巴黎的解放还将使盟军与其目标相分离。他们的目标是绕开巴黎，向北方和南方开进，尽快赶到德国的边境。实际上，艾森豪威尔所设想的最早解放巴黎的日期是9月15日。

↑尽管是第2摩洛哥师的一分子，但这位大兵的制服是典型的在战争的最后阶段由美国供给“自由法国”部队的样式，他的靴子是法国造的，而他的步枪是性能可靠的英制武器76.2毫米李–恩菲尔德

警察被解除武装

然而，对于巴黎的人们和占领者来说，从沙特尔传来的炮声则预示着盟军即将到来。这对于不同人群的影响是戏剧性的，而受其影响最为深刻的则是巴黎警察。在整个占领期间，这些警察们一直都在忠实地与德国当局合作。仅1944年7月，他们就逮捕了超过4 500名政府的敌人，其中包括500名犹太人，这些犹太人被关在德朗西的集中营里，于8月15日被押上离开巴黎的火车运往奥斯维辛集中营。几乎与其他每个巴黎的组织一样，警察的队伍也被左翼和戴高乐的组织渗透进去了。他们安排的秘密行动其中最大的组织是由左翼人士发起的“警察国民阵线”，他们在巴黎北部郊区的圣丹尼和阿尼埃尔的组织力量尤为强大。现在，保安处和保安队越来越担心如果盟军到来时这些地区警察的忠诚度了。8月13日早晨，在沙特尔附近的战斗的消息迫使奥伯格开始采取行动。奥伯格事先没有征求肖尔蒂茨的意见就解除了圣丹尼和阿尼埃尔警察局的武装，并且拘禁了其人员。尽管冯·肖尔蒂茨在当天下午就撤回了这一命令并释放了被拘禁的警察，但是损害已经造成了。在“警察国民阵线”的集会上，主席宣布：“我们不能忍受这种耻辱，我们一定要用巴黎警察的全体罢工来抗议这一命令。”勒法朗克立刻得到了受左翼影响的“警察和祖国”以及戴高乐派的“警察的荣誉”等组织的支持。8月15日星期二，几乎所有的15 000名警察都罢工了。他们挽着手臂，穿着便衣，用栅栏围上了他们的警察站——暂时要避免与德国人发生直接冲突。

这时，冯·肖尔蒂茨已经为他的行政人员撤出这座城市做准备了。

档案已打好了包，军政府的文件已被付之一炬，为最后一批东去火车所列的花名册也已拟订好了。8月15日，他得到了盟军在里维埃拉登陆的消息。17日，他又得知G集团军群从南部和西南部撤退到了奥尔良至第戎一线的消息。无论发生什么事，巴黎将很快成为前线已经是明摆着的事情。就在那天，冯·肖尔蒂茨下令所有不必要的人员都要撤退。整整一天，从巴黎大学到东站和北站的每列全程列车都装满了人。成百上千辆卡车、满载的汽车和塞满了打着绷带的伤员的救护车拥挤在去往车站的道路上，其间散布着长长的德国国防军的摩托车纵队。也是在这一天，在靠近勒布尔热机场的德朗西工人聚居区的停电的会议堂拘留中心，冲锋队队长阿洛伊斯·布鲁纳命令把剩下的51名犹太人运到奥斯维辛去，马塞尔·布洛克-达索就在其中。他在集中营里活了下来，并且在战后重建了法国的航空业。

↓法国第2装甲师的菲利普·法朗克·勒克莱尔将军在一次战斗后与休息在伪装的“谢尔曼”坦克旁的坦克手闲谈。勒克莱尔在战后不久的一场空难中遇难

8月17日夜，全巴黎的影院、俱乐部和餐馆都关门停业，并且放下了百叶窗——他们都在为所期待的战斗做准备。在转移了行政人员之后，冯·肖尔蒂茨已经把可能提供给抵抗组织作为攻击目标的孤立单位减少到了最低程度。加上保安队，他指挥下的部队约有16 500人。这些队伍有一些轻型的野战炮和高射炮，还有大约30辆坦克——大都是早已过时的法国雷诺式。冯·肖尔蒂茨无意毁灭这座城市。相反，他打算保留从西到东贯穿巴黎的主要通信线路，以便从诺曼底逃出来的德国军队可以通过这个城市撤退。他把卫戍部队安排在大约12个像马约门、奥尔良门和意大利广场这样的道路系统的交汇点上，并且安排小分队在掩蔽壕里看守塞纳河上的大约30座主要桥梁。最后，他把其余的部队都集中在一个内核里，这块区域从能俯视凯旋门及香榭丽舍大街的国王饭店延伸到能俯视蒂伊勒里公园的其司令部所在地的莫里斯饭店。分布在这块区域以外的只是具有象征性的次要地带，像市政厅、爱丽舍宫和巴士底广场这些地方，他都让给了抵抗组织。

权力真空

8月18日，德军集中在他们打算保卫的地区试图防守，而警察则穿着便服聚集在他们的管区内。对于巴黎人来说，这个城市的很多部分都出现了一种奇特的权力真空，而且这一点正在变得日益明显。在德军和警察完全空缺的情况下，一群左翼抵抗者占领了东部巴黎的工人聚居的蒙特勒伊的市政厅，而其他左翼人士则在这座城市的墙上贴上了署名为“活着和已牺牲的共产党人”的标语，号召发动起义。戴高乐在这座城市的代表亚历山大·帕罗迪十分警觉地向伦敦拍发无线电报，他催促道：“柯尼希将军（法国内陆军的指挥官）在警察罢工的背景下，要加快对巴黎的占领。”这天夜里，帕罗迪说服戴高乐派的“警察的荣誉”的首领巴耶·伊夫：这个组织也必须做出姿态，以免左翼人士占领这座城市的绝大部分。8月19日早晨7时，几百名警察唱着久已被禁的《马赛曲》，游行到巴黎圣母院对面的西岱岛。当他们举起也同样遭到禁止的法国三色旗时，巴耶宣布：“我以共和国和戴高乐的名义，来担任警察局长。”

在这天上午，为这些戴高乐派的沉重一击所烦恼的左翼抵抗组织成员用一支大约2 000人的队伍攻占了市政厅。罗尔上校占据了警察局长的办公室。与此同时，其他成员则开始抢夺任何能落到他们手里的武器。他们在

两辆在勒瓦卢瓦被击毁的德国卡车上发现了4挺机枪、12支冲锋枪、250支手枪和几十盒弹药。在克利希，位于维克多·雨果大街和让·饶勒斯街的交汇口，两辆德国卡车相撞，他们又搞到了9挺机枪、15支冲锋枪和8支新造的毛瑟步枪。而在雷奇基斯工厂的工人们则又上交了20支新造的机枪以及从防卫稀松的德国人仓库里偷出来的武器。这座仓库里存有一卡车之多的成捆炸弹。通过这些方法，抵抗组织的武力逐步得到了增强。

↑“巴黎解放委员会”设于1944年8月，其成员由左至右依次为马里奥·奥巴迪亚、里加尔、莱欧·阿蒙、罗尔上校（唐·居伊）、卡雷尔、德玛尔、托略特、勒法肖夫人和马拉内

由于主要街道仍然畅通，德国巡逻队可以自由地来回穿行，因此冯·肖尔蒂茨感到没有干涉的必要。唯一的麻烦是警察局：如果警察愿意的话，他们可以从这里对穿过西岱岛的护送者随时射击。下午早些时候，冯·肖尔蒂茨部分的老式“雷诺”坦克包围了警察局，并且开了火。由于没有反坦克武器，那里大约500名守军所能做的除了感激“雷诺”坦克的枪炮不够精准之外，剩下的就只能是当靶子了。其实德国人用步兵差不多就可以攻下这座建筑，但是冯·肖尔蒂茨却没有意识到这一点。帕罗迪打电话下令让警察们撤退，但是这对于那些身陷这座大楼里的人来说是做不到的。

这天夜里，伴随着来自西岱岛的断断续续的射击声，冯·肖尔蒂茨开始与担任了多年瑞典驻巴黎总领事的拉乌尔·诺德林进行谈判。后者是代表戴高乐派和一部分左翼抵抗组织的。诺德林提议停火以便于将死者和伤者从警察局里转移出来，并且希望席卷全城的对建筑物和武器的争夺不会发展成为一场血腥暴动。

冯·肖尔蒂茨不太情愿释放这些落入陷阱的警察。但是在谈判过程中，他接到了一个来自希特勒的电话。希特勒在电话中命令他准备摧毁塞纳河上所有的60座桥梁，同时提醒他说："巴黎可以成为一片废墟，但是决不能允许它落入敌手。"

↓尽管巴黎的解放不是通过激烈的战斗完成的，但是狙击手一直是个威胁，必须找到他们。图中法国内陆军战士用树作掩护正在战斗。在拍摄这幅照片时，这条街上的人们看上去相当漫不经心

妥协

冯·肖尔蒂茨知道假如一场全面的暴动确实发展起来，他控制局势的能力也将迅速消失。可以想象如同在华沙一样，党卫军可能会被命令控制巴黎，那么巴黎将肯定会被摧毁，成为一片废墟。于是冯·肖尔蒂茨同意接受抵抗组织对公共建筑物的占领。条件是他们答应不攻击德军据守的

重要地点，并允许德国部队能够在几条主干道上行动。这位德军指挥官也同意把抓获的抵抗者当成战俘来对待，而不是把他们当成恐怖分子加以处决。这项协议不是为了一次停火，而是为了一次处于控制下的起义。这样双方都能减少伤亡，而且面子上也过得去。

然而不幸的是，这项协议的起草却没有得到罗歇·维龙和罗尔上校的同意。他们恼怒地否定了这项协议。当帕罗迪抗议说另一种选择就意味着巴黎的毁灭时，维龙大声回答："巴黎被毁了又怎么样？我们会随它一起毁灭。巴黎如同华沙一样被毁总比她还像1940年那样生存下去好。"8月20日星期天，已经顺理成章地武装完备的左翼抵抗组织成员袭击了德军的巡逻队。在这次行动中，他们用燃烧瓶袭击了四卡车的德国兵，之后又用机枪扫射这些身上着火的人。这一事件由抵抗组织的摄影师拍了下来，后来提供给了盟军新闻纪录片公司。8月21日星期一，三家刚露面的左翼抵抗组织的报纸——《巴黎自由报》、《保卫法兰西》和《解放》——都刊登了巨幅的大字标题"献给街垒"。街垒已经遍布全城。男人、女人和孩子们撬出铺路石，砍断树木，拆下栅栏，掀翻公共汽车和推车，并把这些碎物都堆在了街道上和小巷里。不过他们采取活动的地点并不是那些德国人说过要用战斗来保证其通畅的宽阔街道。即使这样，冲突的次数也仍在增加。到了星期一晚上，全城枪声大作，汇成一片，并且各处的枪声都在或密或疏地持续着。

在随后的三天里，抵抗组织群起攻击德军孤立的巡逻队，并狙击要塞里的德军。同时，他们也在遭受通常是重型火炮的攻击。冯·肖尔蒂茨在这一事情过去6年后出版的回忆录中描述了这场战斗："不时地，易燃的液体就从房顶洒到了正在护送我的巡逻队的坦克上，这种情形真是令人生厌。但是它并没有使我们失去一辆坦克——我们的要塞未曾受到过攻击。"1945年1月，法国内务部收到了123 000封来信，它们都是要求被承认是一名真正的抵抗组织成员的人们写来的，这可能确实是曾在400个街垒中战斗的人数。但是现代学者认为，大约只有3 000名抵抗组织成员在约3 000名警察的帮助下，真正投入了与德军的枪战。整个战斗很快就演变成了虚构故事的主题，例如成百上千的巴黎人发誓说，德军在战斗中用上了150辆"虎"式坦克，但实际上冯·肖尔蒂茨只有一种新型坦克——一辆"豹"式坦克，而且它还在从卢森堡花园的撤退中被击毁并被抛弃。这辆废弃的坦克在遭到燃烧瓶一次又一次的攻击时，被人狠狠地拍摄了一通。

战斗伤亡

在这些小冲突爆发的日子里，大多数巴黎人都处于一种愉悦兴奋的状态。年轻人们重演了诸如1871年、1848年、1830年甚至1789年所发生的英勇斗争。但是人并不是铁打的，在一个星期的战斗中，抵抗组织——包括左翼人士、戴高乐派和警察——有901人被打死，1 455人受伤，而他们则宣称杀死了2 788个德国佬，还打伤了4 911人。实际上，这些德国人大都是在诺曼底战役中受的伤，随后被撤退到了巴黎的医院。德军在这场战斗中伤亡的确切数目可能少于1 500人。当抵抗组织于1945年汇总统计数字时也宣称有582名法国市民在战斗中被打死，但是其中大多数都是通敌分子，他们被抵抗组织就地处决。一些加入保安队的人也通过被快速处决而得到解脱。但是有许多人仅仅是因为十分脆弱的证据就被判处了死刑——这在许多情况下都是在清算积怨。那些由于与德军士兵睡觉而遭人唾弃的

↓一群被法军俘虏的垂头丧气、忧心忡忡的德国军官。照片摄于巴黎解放期间，地点在国王饭店——国防军设于巴黎的前司令部

姑娘们至少会遭受剃光头的公开羞辱。一个抵抗组织成员回忆，一位痛苦的母亲喊道："我的小乔西亚，太恐怖了，她的头发被剪掉了，先生！可怜的乔西亚，就算她和德国人上了床，那也是因为她只有17岁呀，先生！你懂我的意思吗？但是为什么要为这而剪去她的头发呢？这可是奇耻大辱呀，先生！她同样也会被迫和美国人上床。"

在巴黎暴动中所发展出来的略带滑稽色彩的方式里，潜藏着一种更为恶劣的东西。8月21日，两支代表团匆忙离开巴黎，沿着小路西行，希望与美国人建立联系。其中一支处在拉乌尔的弟弟罗尔夫·诺德林的领导之下。他在德国人的保护下前行，并且随身携带着冯·肖尔蒂茨给艾森豪威尔的私人请求信。在这封信中，他催促盟军最高统帅尽快对该城进行占领。诺德林解释道：在当前的情况下，冯·肖尔蒂茨已经故意违背了希特勒摧毁这座城市的命令，但是假如时间拖得太长，元首会让那些可以执行命令的人来代替他。另一支代表团则由罗尔上校的参谋长罗杰·加卢瓦少校率领，他请求美国人提供武器和弹药给抵抗组织并且派遣部队。但不巧的是，加卢瓦首先联系上了美国人。8月21日早晨，在乔治·巴顿将军的先遣司令部里，他被带到了这位极端反共的将军面前。在得知这个法国人的身份后，巴顿好感顿减。"他们发动的狗屁暴动，就让他们自己去完成吧。"这就是他对其翻译所说的反驳这位法国人的话。

巴顿把加卢瓦和他的代表团送往第12集团军群指挥官布雷德利将军的司令部。他们在8月22日早上到达那里，布雷德利的情报军官、陆军准将埃德温·西伯特接待了他们。他比巴顿更清楚，如果法国左翼组织利用美国介入来解放巴黎的话，那就会导致政治上的损失。这天晚些时候，西伯特拜会了艾森豪威尔，他发觉这位最高指挥官已经处于戴高乐和英国人的压力之下。戴高乐已于8月21日从阿尔及尔飞到瑟堡，并在柯尼格将军的陪同下驱车赶到格兰维尔去说服艾森豪威尔向巴黎进军。这次会面气氛紧张，戴高乐使艾森豪威尔对左翼组织控制这座城市的危险后果产生了深刻的印象，但是这位最高指挥官却拒绝基于纯粹政治上的原因做这样的进军。戴高乐威胁说如果盟国部队不向巴黎进军，那么就把勒克莱尔的法国第2装甲师从艾森豪威尔指挥的部队中撤出来，并且按他的意志向巴黎进军。艾森豪威尔对于这种威胁给予了尖刻的评论，因为勒克莱尔的部队完全依赖于美国的后勤支持。"假如我不想让它动，它就别想移动1英里"。

巴黎以北的部队

法国第2装甲师于7月29日在诺曼底登陆，从那天起它就随同巴顿的第3集团军一起前进，协助攻克了勒芒和阿朗松。它拥有16 000名士兵和2 000辆战车，是法国北部唯一真正能战斗的法国部队。其指挥官陆军中将菲利普·勒克莱尔实际上是菲利普·德·奥特克洛克子爵。他于1940年把自己的命运押在了戴高乐的身上。与戴高乐一样，勒克莱尔也是一位热情的爱国主义者，他对左翼分子和维希分子持同样憎恨的态度。他可不想在革命委员会的指示下进入巴黎，因此他已逐步采取措施用计骗过美国人。他的部队一直在贮存供给，并且故意不报车辆损失的确切数目，这样汽油配额就可以不被削减。另外，他的士兵还在对美军仓库进行的一次夜间“访问”中“借来”了另外的补给。在勒克莱尔的指挥下，一支作战力强的侦察巡逻队已经被派了出来，一旦碰到德国人，大部队就准备向其提供支援。但是当这支巡逻队经过沙特尔时，被布雷德利阻挡住，又被迫返回。

↓兴高采烈的人们欢迎首支盟军部队进驻巴黎。德军长官冯·肖尔蒂茨没有执行希特勒把巴黎夷为平地的命令，而一项用大炮和V1火箭摧毁这座城市的计划也未实施

与此同时，迫使艾森豪威尔改变其政策的压力也越来越大。8月22日，戴高乐通过阿尔方斯·朱安将军向艾森豪威尔转达了一封信。阿尔方斯·朱安时任法国国防参谋长，他在北非曾给艾森豪威尔惹了不少的麻烦。戴高乐在信中威胁说，他要把勒克莱尔的装甲师从美军指挥下撤出来，向巴黎进军。如果艾森豪威尔要阻挠它进军的话，那么这位最高统帅就要负巴黎被毁的全部责任。这封信分量很重。三个星期前，当苏军到达华沙对面维斯杜拉河东岸的时候，反共的波兰国民军奋起并占领了这座城市，而苏军却并没有进城来帮助他们。党卫军在攻城大炮的协助下卷土重来，一个街区接着一个街区地摧毁了这座城市。到8月22日，华沙的大部分都已变成了废墟。很显然，苏联对华沙的态度和艾森豪威尔对巴黎的态度有些相像。艾森豪威尔在戴高乐这封信的纸边上写道："现在看来，好像我们要被推到巴黎去了。"但是他仍然没有下达命令。只是到了第二天早晨，英国广播电台根据来自在巴黎活动的英国特别情报部门的情报报道法国首都的大部分都已被抵抗组织解放，而这些抵抗组织正处于德军的猛攻之下。英国广播电台的行政官员宣称：实际上这一新闻让艾森豪威尔羞愧得不得不采取行动了。

到达巴黎

8月23日，勒克莱尔的第2装甲师在美国第4师的紧密配合下快速向巴黎行进。此时罗尔夫·诺德林的代表团也已到达布雷德利的指挥部，并且带来了巴黎的生存与毁灭皆取决于冯·肖尔蒂茨这一消息，这样这次任务就显得更为紧急了。这天下午晚些时候，这个师正行进在距凡尔赛西南仅有32千米的朗布依埃。戴高乐——这位自由法国的领导人——在他定为其先遣指挥部的朗布依埃豪华宫会见了勒克莱尔，他们仔细研究了一个紧急情报，情报上说一个拥有大约60辆坦克的德国战斗群正好位于巴黎的东北方。戴高乐和勒克莱尔在没有告知美国人的情况下，决定派第2装甲师东进27千米，然后向正北攻击，并从西南方以三个相互支援的纵队逼近巴黎。

这是糟糕的一天：德军人装备有88毫米反坦克火炮的路障使盟军前进缓慢；而同样严重的是，在第2装甲师通过每一个城镇和村庄时，欢呼的人群都会聚集到他们周围。17时30分，勒克莱尔仍在距巴黎16千米的地方，并且他也意识到除非再有12个小时，否则他是到不了巴黎的。因此他

→戴高乐将军在胜利中返回巴黎。1940年在法国战役的后期，戴高乐曾指挥法国第4装甲师在绝望中英勇作战。在巴黎解放后不久，他回到了这座城市，巩固了他在法国政坛的地位

命令一支小分队去夺取德国守军附近的道路，并赶到西岱岛把援助就在几小时路程之内的消息带到那里。这支小分队由对地形了如指掌的雷蒙德·德罗纳上尉指挥，共有3辆“谢尔曼”坦克和6辆轻装甲车。

德罗纳仅仅花了两个小时就赶到了巴黎市中心，他径直去了警察局。在一个新建的电台里，帕罗迪兴奋地广播道：“在我身旁的是一位法国上尉，他刚刚进入巴黎。他面色赤红、尘土满面而且没有刮胡子，但是还是让人想拥抱他。”恰在此时，冯·肖尔蒂茨在莫西斯饭店听到了巴黎圣母院的钟声。他立刻打电话给集团军群司令部，并把话筒对着窗户，让施佩德将军听听这声音，告诉他这意味着法、美军队的到达。他说道：“我亲爱的施佩德，现在我所能做的就是向你道别了，请照顾并保护我在巴登的妻子和孩子。”

8月25日8时过后不久，勒克莱尔的先遣部队就到达了意大利门，一位美国记者描绘了当时的情景：“在我现在向你广播的地方，我能听到炮弹的爆炸声和机枪的扫射声。德军的机枪、盟军的机枪和法国内陆军的机枪都用上了。”一位英国记者报道说：“枪声在巴黎的街头持续不

断，盟军部队大量涌入并与法国内陆军和巴黎人民并肩作战。法国和盟军的旗帜出现在每个窗口，并且每个人都在高唱《马赛曲》。”这天晚些时候，当枪炮声逐渐停息后，英国广播电台的赫伍德·马绍尔描绘道：“在沿着法国人的进军路线上，士兵和人们互相拥抱，女人和孩子们挥舞着法国和盟军的旗帜，高呼‘法兰西万岁！戴高乐万岁’！”澳大利亚记者切斯特·威尔莫特后来准确地记录了关于这场战役的历史，他在向英国的听众描述第2装甲师的进军时说：“从意大利门到西岱岛，勒克莱尔的部队受到了热烈的欢迎，男人、女人和孩子们全都涌向坦克，愉快地喊叫，这种情绪被压抑了4年又2个月。”对于勒克莱尔部队的法国人以及跟随他们的美国人来说，这天是他们一生中最美好的一天。

正式投降

8月25日15时，在警察局，勒克莱尔正在吃他那顿推迟的午餐时，20名穿着制服的宪兵队员和冯·肖尔蒂茨从莫西斯饭店来到了这里，他刚刚向他们投降。交换军事礼节后一项有关在巴黎的德国部队投降的协议产生了，但是在签字时却出了麻烦。这场麻烦不是发生在勒克莱尔和冯·肖尔

←戴高乐在驱车前往巴黎圣母院做弥撒之前，行进在通往共和广场的路上。尽管维希的支持者和德国军队还在逍遥法外，此时他神情镇定，给旁观者留下了深刻的印象，现在人们认为有人正试图让戴高乐难堪

↑戴高乐将军和勒克莱尔将军在警察局。勒克莱尔已决定尽快进入巴黎，一个共产党控制的革命委员会邀请他加入，这一想法令他憎恶

蒂茨之间，而是发生在勒克莱尔和罗尔上校之间。罗尔上校坚持认为作为法国抵抗组织的头领，他应该签署这一文件。勒克莱尔起初拒绝了，但是在来自整个抵抗委员会的压力下，他屈服了，甚至允许罗尔上校的名字出现在他的上方。一小时后戴高乐抵达巴黎，当他得知一个左翼分子的名字出现在了投降文件的上面，他立刻发了火，要求把罗尔上校的名字删掉，并且向勒克莱尔吐露说他所遭受的压力“来自一种不可以被接受的倾向”。

在欢庆的景象中，戴高乐正走在一条政治的钢丝绳上。直到这时维希派仍然没有放弃希望，在将军到达市政厅前的几分钟，勒克莱尔的军警发现有两个保安队成员正准备暗杀戴高乐。当他们被拖出去枪毙时，其中一个曾经暗杀了曼德尔将军的人公然挑衅说：“我们会把你们同时解决掉的。两个星期内，保安队就会回来，那时可就有你们受的了。”

戴高乐本来计划在第二天——即8月26日星期六——步行走过这座城市，去巴黎圣母院做弥撒，但是丑恶的维希势力的再次抬头，使他的计划不能实施。戴高乐不允许苏哈德主教或其助手博森特主持弥撒。在他的回忆录中，戴高乐列举了巴黎天主教机构的罪行，从迎接贝当到与纳粹最丑恶罪行的合作，包括运送法国犹太人去死亡集中营。他以一种相当尖刻的讽刺语调附带说：“天主教会是如此脱离尘世，以至于它可能完全逃脱人们的注意力。”在一节冷淡而充满蔑视的文字中，戴高乐断定说：“红衣主教（苏哈德）的虔诚和仁爱太过于耀眼了，以至于在他的脑子里没有太多的地方留给世俗的人们了。”过度的虔诚使苏哈德和博森特不再有资格主持巴黎圣母院——戴高乐把这项工作留给了在勒克莱尔部队中受到高度赞誉的随军神甫于谢特。

↓在解放巴黎的最后一个阶段，法国部队和法国内陆军在一辆装甲车的掩护下向下院进军。约500名德军士兵在下院设置了街垒，因而必须使用武力迫使他们投降

→戴高乐将军把解放十字勋章别进军旗里。这支部队是特种部队的空降团战斗队，大体上可与英国特别空勤团相提并论

戴高乐的凯旋时刻

戴高乐向维希的教士们表明了如果他能帮忙，他们在新法国中不会有位置，但他还面临着左翼的问题。8月26日下午，香榭丽舍大街挤满了人，估计超过200万人。15时，戴高乐抵达凯旋门，将一枝鲜花制成的洛林十字架献到公墓上。接着在4辆坦克以及手挽手从一条街道到另一条街道的勒克莱尔士兵和警察的护卫下，戴高乐从香榭丽舍大街走到了协和广场，在这里他登上了一辆开往巴黎圣母院的汽车。突然一阵枪声响起，人们躲在坦克后或趴在地上。随着戴高乐的离去，枪声消失了，街头的激动情绪也消失了。16时15分，戴高乐到达了巴黎圣母院。在这里，哥伦比亚广播公司（CBS）的罗伯特·里德的现场直播能使人感受到当时令人窒息的激动情绪："此时，戴高乐将军来了。将军现在面对广场和巴黎的庞大人群（机枪开火声），他正出现在人们的面前（机枪响）。他正接受人们的欢呼（人群的呼叫，枪声），即使他在行进中（一阵枪声突然尖厉地爆发），即使将军行进在去大教堂的路上……（播音中断）——好吧，这是我所见过的最为戏剧性的场面。正当戴高乐将军将要走进巴黎圣母院的大

教堂时，枪声四起。”

即使枪击突发在大教堂内，戴高乐仍然平静而沉稳地走上了教堂的中殿。在教堂北部的交叉甬道上，有一张专门为他摆放的椅子。枪击的继续发生并不能阻止会众们唱颂歌，但是感恩赞美诗最好还是略去吧。里德接着报道了戴高乐离去的场面：“我看见他走下走廊，其身影高大正直，下巴凸出，两个肩膀向后甩着。战斗继续——炮声四起，火光在周围闪烁。但是在他沿着走廊向大门走去时，他看上去完全沉浸在一种状态中——没有什么可以伤害到他，而他也从不犹豫片刻。”

官方认为这是保安队和德军残余部队干的，但是戴高乐则确信这是左翼分子所为。他们并不想杀死戴高乐，但希望通过迫使戴高乐在公共场合躲避枪击来羞辱他。但是，他们的计划却令人吃惊地落空了，并且拱手送给了戴高乐一场政治上的胜利。戴高乐迅速行动，利用左翼分子自身的困难，向艾森豪威尔要求显示其武力来支持他。尽管美军的高层指挥官仍然对调和政治和军事目标感到有些困难，但是他们同意：既然美军第28师在巴黎周围活动，它也可以直接进入这座城市。因此8月29日，美国人列队沿着香榭丽舍大道行进。姑娘们扔花朵，冲进行列里，亲吻士兵，并把成瓶的香槟放进他们的口袋里。有些人在好多年后回忆道：“战争应该在此结束。”但是在这天夜里，他们仍在向巴黎以东继续进军，摆在他们面前的将是连续8个月的艰苦战役。

↓M3型半履带车在美军和其盟国被广泛使用。该车生产了4万多辆，在战争的最后一年，它们在西北欧战场上十分常见

7

阿纳姆

继8月和9月初的推进之后，盟军又寻求以突袭的方式迅速突入德国腹地，这就是“市场花园行动”。

对于盟军来说，1944年8月是异乎寻常的一个月。从大约6月中旬就已经存在的诺曼底战线继续扩大，到英、加、美的部队开始越过塞纳河，戴高乐进入巴黎，接着法、美部队又向罗纳河进发。巴顿的第3集团军已经于8月18日抵达位于巴黎东南曼特-加西科特的塞纳河，并在两天后从这条河东岸的桥头堡发动了一次进攻。往南边和东边一点，巴顿的第4装甲师的先头部队于8月25日到达了塞纳河左岸仍由重兵防卫的特鲁瓦城的郊区。先头部队的指挥官布鲁斯·克拉克上校把他的装甲部队调到离该城约有2 750米远的特鲁瓦以北。这里的沟壑成了他们的掩体。克拉克安排一个中型坦克连在两个机械化步兵连的支持下，伴着火炮齐发的阵势向前冲锋。他占领了这个城市，没有失去一个人或一辆车，8月28日，克拉克从特鲁瓦到维特里-勒-弗朗索瓦一路势如破竹，全速前进了80千米，越过马恩河，接着掉头向北沿着东岸行进。8月29日，他们攻占沙隆。8月31日早上，第4装甲师从沙隆转向东南方，在滂沱大雨中驶向默兹河。

←←英军在1944年9月3日进入布鲁塞尔，他们受到了热烈的欢迎。5天后在布鲁塞尔，蒙哥马利将军和艾森豪威尔策划了在莱茵河渡口的空降

渡过默兹河

一支处于大部队之前的轻装连使敌人在科梅尔西的前哨大吃一惊。这个连队在敌人把弹匣开封之前就已先行出手，结果使炮台成了哑巴。最

后，他们完整地夺取了默兹河上的大桥。接着，他们又向东夺取了圣米耶尔附近的高地。圣米耶尔是巴顿在一战中战斗过并曾遭受重创的地方。与此同时，巴顿第20军的队伍则从沙隆驶向东112千米开外的凡尔登。由于阿尔贡森林地形复杂，部队进展缓慢。德国人企图炸毁位于凡尔登的默兹河上的大桥，但是这一打算却被法国抵抗组织给挫败了。到了8月31日中午，美国先头部队的坦克进入城镇并越过了这条河。9月1日，第20军全员渡过默兹河。巴顿的先头部队现在正好处在塞纳河和莱茵河之间，但是这一地带却变得越来越难行了——在他们之前是洛林山岭，自南向北如同一个堡垒前的斜坡，顶部是梅斯的强大守军，越过这一切之后则是齐格菲防线的防御工事。

此时，英国和加拿大部队以及美国第1集团军已经从东北方向进入了处于巴黎和鲁昂之间的塞纳河下游河段——广阔的河口湾和潮水般的急流使大部分鲁昂以上的河流都无法架桥。美国第79师的一个团在8月19日到达曼特-加西科特，他们发现德国人已经不在了，遂于当晚在倾盆大雨中通过一座未被损坏的河坝以一列纵队渡过了塞纳河。更往下游一点，英国

↓乔治·巴顿将军将他自我宣扬的才能发挥到了极致。他于1944年8月22日成为首位渡过塞纳河的美军指挥官。第二天，美军继续他们向德境的快速进军

第2集团军的先锋第43（威塞克斯）师在8月24日夜间到达韦尔农附近的布雷特伊森林。第二天晚上，英国第30军的炮队向东岸的敌军开始了15分钟伴随着发烟炮弹的高爆炸弹轰击。同时，英国部队开始乘坐突击船渡河，但是他们遭受了猛烈的炮火攻击，很快就有7只船被击沉。英国人在黑暗中再次进行尝试，到黎明前总算成功地让一个半营渡过塞纳河。当工兵们正捆绑浮桥让装甲汽车、反坦克炮和一些坦克驶过去时，这一个半营的部队打退了敌人的反扑。到8月28日，第11装甲师渡过此河。禁卫装甲师也于29日渡了过去。加拿大第4师8月27日至28日渡过了在埃尔伯夫的更为下游的河段，他们在对付顽强的敌军时有600人伤亡，但是在500架轻型和中型轰炸机的支援下，他们还是得以于8月29日占领了东北部。

部队席卷向前

越过了塞纳河之后，第21集团军群进展迅速，其加拿大第一军团成扇形散开去占领勒阿弗尔和迪耶普，并且要扫荡布鲁日以北的临海地带。英国部队以第11装甲师为先锋，飞快地穿过位于塞纳河和索姆河之间宽阔无碍的地带，于8月29日晚上到达塞纳河东北约32千米的吉索尔。第二天是英国装甲部队历史上史诗般的一天：英国第11装甲师在德国人一触即溃的抵抗下快速行进，17时到达博韦，紧接着又在倾盆大雨中连夜行军，并于8月31日早晨6时到达亚眠的中心。途中，他们曾与难以认出他们身份的德国撤退队伍并排赶路。8时后不久，英国人攻击了德国第7集团军的战术司令部，同时也俘获了极为惊讶和恼怒的海因里希·汉斯·艾伯巴赫将军——这位将军认为英军仍然在靠近塞纳河的某地。一个德国战地面包饼干厂恰好为第11装甲师提供了早餐。

9月1日中午，禁卫装甲师越过了阿拉斯以北的维米岭。9月2日，英国的坦克部队进入比利时。一个信号官发现比利时的电话网大部分都是完整的，于是他打电话给布鲁塞尔的交易所，得知德军正在撤出布鲁塞尔。9月3日是夏末天气极好的一天，也是自1939年起英国对德宣战5周年。以皇家骑兵队的装甲汽车为先锋，英国禁卫师快速进入比利时南部，并在当晚到达布鲁塞尔。曾经在巴黎待过的切斯特·韦尔莫特报道了布鲁塞尔的欢迎盛况：“……真是极端疯狂，一个小时前德国人还在街道上，看不到任何旗帜。但是当我们到达时，每座建筑物上都挂满了旗帜和标语。这些装饰街道的横幅标语上面写着‘欢迎我们的解放者’‘欢迎我们的盟军’‘从布鲁塞尔向柏林进军’‘从布鲁塞尔走向胜利’。成千上万的女人和孩子们穿着比利时特有的彩色衣饰——诸如红色的裙子、黄色的上衣和黑色的披肩或大头巾出现在欢迎的人群中。”

在1944年8月的最后两个星期里，英军和美军的进军甚至超过了1940年5—6月间德军惊人的闪击战的速度，一些队伍已经向前推进了大约800千米，并俘获了成千上万的德军士兵。盟军受到了巴黎和布鲁塞尔两地极度兴奋的市民的款待。德军的损失是灾难性的——在法国的战斗中死伤被俘者有45万人，再加上6—7月间在白俄罗斯损失的90万人，总共达到了135万人之多。随着纳粹顽固分子所发动的对国防军军官团的清洗，第三帝国毋庸置疑正处于一场政治危机中。

↓德国车辆在通往布鲁塞尔的道路上燃烧。此时，盟军的推进经常因为燃料和供应的短缺而受阻。这是因为前线部队的推进速度太快而导致其运输线过度伸展所致

“胜利病”

回到1940年夏，德国国防军伴随着它对法军和英国远征军所取得的惊

人胜利而染上了当时在柏林尽人皆知的“胜利病”。这是一种鲁莽的、半陶醉的感觉，认为战争会顺利结束，国防军是无所不能的。如今盟军也染上了这种病。8月23日，盟军最高统帅部的情报宣称：“经过两个半月的艰苦战斗，盟军的进军速度达到了顶点，现在他们的胃口甚至比德国人在大屠杀中的还要大。这些战斗已经使战争的结束能够为人所预见了，甚至几乎可以触摸到。”美军参谋长马歇尔将军告知盟军高层将领说：“对于德国的敌对行动可能随时结束，但是很有可能会延长到1944年9月1日到11月之间。”艾森豪威尔通知高级参谋们：他可能不得不处理比他预计的要快得多的对德国的占领。9月2日，他的参谋史密斯少将在一个记者招待会上宣称：“欧洲战争在军事上已经胜利了。”甚至就连一贯头脑冷静的英军总参谋长阿兰·布鲁克也受到了“胜利病”的感染，写信给“大象”威尔逊将军这位过于肥胖的地中海盟军最高指挥官说：“德国人全线崩溃的态势已经很明朗了。”

↓一名禁卫军士兵手握一挺“布伦”式轻机枪，控制着阿拉斯的一条街道。1940年5月，阿拉斯是英国著名的反攻地点，当时隆美尔的装甲部队向法国海岸的进攻几乎被打乱，现在……

为光荣而战

在这种轻率的气氛中，英–美联军开始产生矛盾，那些曾深入合作（即使有时是勉强的）对抗共同敌人的将军们开始为夺取胜利的桂冠而相互竞争。在美国，当年是大选之年，对于罗斯福的政权来说，确保即将到来的胜利成为一场属于美国人的胜利，在政治上显得日益重要。8月14日，艾森豪威尔把美国第3和第1集团军编入一个集团军群——第12集团军群，并把这支队伍置于奥马尔·布雷德利将军的指挥下。英国新闻界评论道，这次新的安排是对蒙哥马利的降级，这一观点得到了美国的军方报纸《星条旗》的声援。8月16日，这家报纸刊登了以“布雷德利统领集团军群，地位与蒙哥马利相当”为标题的新闻。随着英美两国新闻界互相攻讦对方的将领，马歇尔于8月17日写信给艾森豪威尔说：“……史汀生（美国战争部长）和我以及很显然所有美国人都强烈持有这一观点：现在是你直接执掌美军大权的时候了。因为美国记者对英国评论界的反应非常强烈，这将会成为未来国会选举中的一个重要因素。令人兴奋的胜利已经使你和布雷德利深受信任。当然也应该在狂热的公众中安置一个降温器了。”

艾森豪威尔过去一直被英美新闻界看成是蒙哥马利的傀儡首领，这一点深深刺痛了他。他在8月19日对媒体说：蒙哥马利配合了登陆战斗，他一直“在我所同意的战役计划下行动。这些重要行动既没有在我不知道的情况下就着手进行的，也没有与我规划的总体意图相违背的”。艾森豪威尔催促马歇尔举行一个新闻发布会，对美国公众说清楚：“在这一战区的地面、海上和空中没有经过我的同意就进行的重要尝试是不存在的。在盟军的指挥层中，没有人对我的最高权威以及我对整个战役的责任表示怀疑。”

然而，蒙哥马利却似乎并不这样想。8月17日，蒙哥马利与布雷德利会面。在经过一番长时间的讨论后，蒙哥马利确信美国人认同了他对未来行动的主张，那就是在渡过塞纳河后，第21和第12集团军群应一同在蒙哥马利的全权指挥下，以向阿登北部到鲁尔的突击为进军目标。第二天早上8时30分，蒙哥马利给阿兰·布鲁克将军发去一封电报——他这样做完全无视了最高指挥官的权威。电报中说：“已经提前考虑未来的计划，但是还没有与艾森豪威尔讨论过这一话题。我的观点如下：在渡过塞纳河后，第12和第21集团军群应该继续并在一起，作为一支有40个师的部队，这样它将无所畏惧。部队将向北进发，第21集团军在西翼，负责清理海峡的海岸、加来海峡和西弗兰德勒并保卫安特卫普。美军则应在右翼向阿登进军，负责布鲁塞尔、亚琛和科隆……布雷德利完全同意上述观点。假如你大致同意我的观点的话，我会十分高兴。我得到你的答复后将与艾森豪威尔讨论此事。”即将动身前往意大利的布鲁克送去了一封简短的回信，说：“我完全赞同你在8月18日电报中所持的观点。”

蒙哥马利计划将两支盟军集团军群并为一支，并且置于他的有效指挥之下。这一计划意味着他将在即将到来的纳粹德国的覆灭中扮演决定性的角色。而此时，布雷德利与巴顿则正在设计一项完全不同的战略。在这项战略中，三个美国集团军将向东面靠近卡尔斯鲁厄、曼海姆和威斯巴登的莱茵河进军。布雷德利和巴顿都读过德国战争哲学家卡尔·冯·克劳塞维茨的杰作，也都理解胜利不仅要靠毁灭敌人的肉体来实现，更要摧毁敌

↑当盟军进入布鲁塞尔时，欢呼的人群围在了英国坦克旁。英国的车辆上都配有一颗“美国式”的白星作为识别记号，但是所有有关解放部队国籍的迷惑很快就消散了

人的意志。两人都相信“侵犯德国人的边界”将对德国人和纳粹机构产生“巨大的心理影响”。这一影响将有可能导致如同1918年11月那样的德国的崩溃。布雷德利在与蒙哥马利会面之前已与艾森豪威尔非正式地谈到过这一问题，并认为他已得到最高指挥官的支持。

8月19日，艾森豪威尔给蒙哥马利和布雷德利同时送去一份备忘录。备忘录宣称，不久之后，他将接手对陆地战役的一线指挥权。他勾勒出了一幅蓝图，让第21集团军群向东北进军，直抵安特卫普和鲁尔，而第12集团军群则直接向东从巴黎到梅斯展开行动。这实质上就是“广阔战线”战略。虽然让两支集团军群向两个方向进军违背了集中兵力这一基本的军事原则，但由于人们普遍认为德军已被挫败，所以觉得这样做并没太大危险。而最为重要的则是，一个广阔的战线将确保世人把美国指挥官们（也包括英国的）看作是打败德国的关键人物。

政治上的天真

然而不幸的是，蒙哥马利既缺乏政治方面的教育也缺乏在这方面的想象，因而他难以对他的美国盟友们在政治上的执着产生共鸣。英国最近一次大选是在1935年，所以任何人都能猜出下一次将在何时。蒙哥马利认为他不仅取得了英国当局的支持，也取得了布雷德利的支持。8月20日，他派他的参谋长陆军少将弗雷迪·德·金根给艾森豪威尔带去了他强烈的反驳意见；蒙哥马利主张部队必须一起行动。另外，“对陆地战役的单独控制和指挥对于胜利是至关重要的。这是给一个人的全职工作。法国西北部所取得的伟大胜利是通过个人指挥所取得的，只有这样，才能赢得未来的胜利。而在取得了一场大胜利后就转变指挥系统将会延长战事”。当德·金根回来报告说艾森豪威尔拒绝让步后，蒙哥马利于8月23日凌晨飞去见布雷德利，想去看看自己是否还受这个美国人的支持。让他大吃一惊的是，他发现他过去太想当然了。布雷德利既不赞同艾森豪威尔的“广阔战线”，也不同意蒙哥马利向东北部的有限突入。相反，在与巴顿谈话之后，他支持盟军主力向阿登南部进军。他已经许诺为了向齐格菲防线推进，将给巴顿增加两个师，并告诉蒙哥马利美国第1和第3集团军应该通过法国中部向萨尔河行动，一旦这一目的达到，就冲向法兰克福附近的莱茵河地区。

↓解放布鲁塞尔后，英国第2集团军快速推进并攻占了安特卫普。速度之快出乎德国卫戍部队的意料。此图是德军战俘在被带往临时战俘营的途中

现在，第21集团军群所要进行的只不过是一些小规模的扫尾活动。蒙哥马利在8月23日邀请艾森豪威尔去他的司令部吃午饭。艾森豪威尔在贝德尔·史密斯的陪同下，从格朗维尔驱车赶来，结果却发现蒙哥马利并不顺从。冷淡中带着愤怒的蒙哥马利拒绝让贝德尔·史密斯进入他的帐篷，而他自己的参谋长金根却在整个讨论中

↑1944年9月7日，英国装甲车借助一座预制军用轻便桥通过靠近贝因根的阿尔贝特运河。比利时难民同时也利用该桥从前线地区逃离

全程陪同。蒙哥马利站在地图前，两脚分开，手背在后面，向艾森豪威尔发表有关战略和行动执行层次以及统一指挥的重要性的演讲，好像他自己是桑德斯特陆军军官学校或者是西点军校的教官一样。结果他却发现艾森豪威尔不会、事实上也不能让步。这位最高指挥官解释说，美国公众强烈要求陆地战役应在一位美国将军的指挥下进行，而他已经决定于9月1日在马歇尔的命令下接手指挥了。艾森豪威尔拒绝对指挥权放手，不过在究竟是“广阔战线”还是“有限战线”的问题上，艾森豪威尔则显得好说话一点。在大约长达一个小时的讨论后，他同意把盟军的战略后备队和新建立的盟军空降部队的指挥权交给蒙哥马利，并授权他协调第21集团军群右翼和布雷德利的美国第1集团军左翼的行动，此外还给予第21集团军群在补给上的优先权。

夹在中间的艾森豪威尔

由于对蒙哥马利做出了让步，艾森豪威尔立刻遭到了怒气冲冲的布雷德利和暴跳如雷的巴顿的指责。在战略协调会议上，巴顿认为对于装甲部队来说向南进军远比向北进入水涝地更为合适，他还向布雷德利建议一起以辞职相威胁，因为“在我们即将胜利的光环的笼罩下，艾森豪威尔不敢解除我们的职务”。布雷德利当然不会那么极端，但也激烈地游说了好几天，并在8月29日最终得到了在政策方面的又一次调整：艾森豪威尔发布命令，蒙哥马利只是有权在他自己的部队与美国第1集团军之间任何必要的协调行动中对布雷德利施加影响，而不是控制美国第1集团军的行动。三天后，在艾森豪威尔接手了陆战指挥权后，蒙哥马利被晋升为陆军元帅，这意味着从严格意义上讲，蒙哥马利比艾森豪威尔还要高一个级别。巴顿在给他妻子的信中，对此事作了相当简约的评论："晋升他为陆军元帅一事让我和布雷德利感到恶心。"

艾森豪威尔现在面临的麻烦最大，在他试图调和蒙哥马利及其第21集团军群与布雷德利、巴顿及其第12集团军群的过程中，他想通过采取"广阔战线"的战略来保持中立。但是身处压力之下，他也不得不不时地转变立场。艾森豪威尔清楚，要想平衡各方面利益，唯一的办法就是选择"广阔战线"。但在8月末的时候，盟军的后勤显然处于危急状态，并且正在日益恶化。对于英美登陆有一种不变的印象是：数量巨大的给养已通过幸存下来的蒙贝利港或者宽阔的诺曼底海滩顺利登陆了。的确，容量巨大的仓库是建立起来了，到7月底，它们已经覆盖了盟军所占领的一半领土。

↓英国陆军元帅伯纳德·蒙哥马利和英国第30军指挥官布莱恩·哈罗克斯陆军中将在一起。第30军是"市场花园行动"的陆军先头部队，他们试图在德国人重新占领这座桥之前投放伞兵部队和其他空降部队

但是尽管付出了巨大的努力，到9月初大约175艘于8月份到达诺曼底的船只却只有一半卸了货，另有80只抛锚在海岸上被当成了浮动仓库。其实主要问题并不在于缺少给养，而在于没有能力在第12集团军群和第21集团军群进军过程中将给养运送过去。由于贯穿法国北部的铁路系统已被彻底摧毁，唯一运送大量给养的办法就是利用公路了。盟军的总后勤官李将军设计了处于圣洛和沙特尔之间的单行的环状公路，24小时不停地用其所能掌握的卡车在这条公路上进行运输。这个俗称“红球快运”的快速货运行动于25日开始运作，8月29日，仅用一天时间，5 958辆卡车就发送了12 242吨的给养。当然这次运输是一个例外。不久以后，故障（9月底共有超过8 000辆美国卡车报废）就使运量减少到每天7 000吨。与此同时英国人也运作了不是那么有名的“红狮快运”行动。但是这支队伍也是故障缠身，尤其是1 400辆英国造的3吨货车由于活塞设计上的缺陷不得不停止行动进行维修。而最紧要的还是盟军需要燃料，但到9月初，2 200万个被运到法国的5加仑汽油罐有一半用光，这使“红球”和“红狮”行动运送汽油、石油和润滑油的速度大大降低。另外，“红球快运”每天光自己就要消耗掉30万加仑的燃料，几乎和一支野战部队的消耗一样。

腐败猖獗

盟军的宣传机器此时正在为后勤人员树碑立传，而事实却大相径庭。总后勤官李将军是个无能而又腐败的家伙，但是由于有在华盛顿官居高位的朋友的保护而没有被解职。例如8月26日，他把供给巴顿和霍奇斯的正在前进途中的坦克的物资，挪用给他那严重超员的司令部的8 000名军官和21 000名士兵搬家去新解放的巴黎之用。在巴黎，他的队伍占据了296家旅馆。同时，他还占用了建设仓库用的成千上万吨的房屋建材，并命令第13步兵营保卫这些建材不落入黑市商人之手。事实上，自李以下整个后勤系统都陷入了一个巨大的腐败网络之中。李定下规矩，按时派一架轰炸机从北非为他的早餐空运橘子。巴黎如同一个无底洞，数额巨大的美军给养和后勤人力都不见了。据统计，约有10%的指挥官离职，投入到这个城市的商业活动。不过对于大多数巴黎人来说，这则是一个好消息。他们拥有了相当数量的自从1939年以来所没有享受过的香烟、汽油和食品。尤其是巴黎的女人们，突然能够买到大量的丝绸和尼龙，而许多美国空降部队贮藏的降落伞就是这样被使用掉了。

↑指挥盟军第1空降部队的空军中将路易斯·布里尔顿给他属下的空军运送联队中的军官颁发美国优异飞行十字勋章。背景中是排成一列的“韦科CG-4”滑翔机

此时所有的前线部队都开始对后勤部队感到不满，其中最为愤怒的是巴顿第3集团军的战士。他们在自己的运输线上发动了一场“战役”。巴顿的后勤军官沃尔特·穆勒上校先用侦察飞机确定李的卸货场所，接着就于当天晚上袭击了这一地带。巴顿不仅宽恕了这一行动，而且还很有可能煽动过这一行动。一个流传甚广的说法是：巴顿将军站在十字路口，命令按计划应给第1集团军运输的“红球”卡车把给养留给第3集团军。第3集团军的后勤部队还在第1集团军卸载给养时，冒充第1集团军的人。而且穆勒的人还在后方大肆用俘获的“德国人的头盔、步枪、刺刀和匕首交换汽油”。穆勒也惯于“忘记”汇报俘获的德国人的贮存，而宣称它们是属于第3集团军的。虽然人工合成的德国国防军的燃料容易损坏机器的引擎，但是两次偶然缴获的10万加仑的汽油却使第3集团军得以行进到马恩河，并且还到达了更远一些的默兹河。

后勤的混乱

战后，美国后勤部队的荒谬行径成为小说和电视中滑稽人物的原型，例如米洛·明德本德和厄尼·比尔科。但是在战时，这样的后果就是混乱。基于微妙的政治原因，艾森豪威尔支持一个“广阔的战线”。但是到了9月初日益明朗的情形却是，除非后勤的混乱状态得以整顿，否则就连一次单独的突击也难以支撑。9月2日，艾森豪威尔动身去凡尔赛会见布雷德利、霍奇斯和巴顿，并且痛斥了巴顿，因为他把战线拉得过长导致给养出现了困难。巴顿在他的日记里写道：“艾克十分傲慢武断，当着我们的面引用克劳塞维茨的话，而我们所统率的大军则是克劳塞维茨闻所未闻的。”会议持续了几个小时，巴顿得以说服艾森豪威尔：他已经在东至梅斯那么远的地方巡逻了，如果他能保留第3集团军通常的燃料份额，“我们就能够打到德国的边境，撕裂那混蛋的齐格菲防线”。直到会议结束时艾森豪威尔才同意巴顿向曼海姆和法兰克福进攻，并赞同布雷德利关于将第1集团军安排在巴顿的左翼即阿登南部的要求。在一份日期为9月5日的办公备忘录中，艾森豪威尔总结沙特尔会议时说：“现在德国人完全失败了，唯一需要去认识的概念是速度……我认为让巴顿再次开动，对于我们全面执行这场战役最后阶段的原始构想是十分重要的。”

↓美军第82空降师的伞兵在一架C-47运输机上等待起飞，时间是1944年9月17日，地点是科特梯斯莫尔。该地是美空军第316运兵部队的基地

蒙哥马利的计划

恰在此时，蒙哥马利正计划向威塞尔和阿纳姆推进，利用空降部队占领莱茵河大桥，为其装甲部队的顺利通过创造条件。蒙哥马利十分期望德国人在他面前投降，他的首席谋士查尔斯·理查德森准将已经在考虑向奥斯纳布吕克进行一次快速推进。这个地方将成为第21集团军战术司令部的一个便捷的基地。蒙哥马利向帝国总参谋长吐露，他想在两到三个星期内到达柏林。艾森豪威尔又一次改变他在沙特尔的想法激怒了这位英国元帅。9月7日，他匆忙发了一封备忘录催促把所有可利用的后勤物资拨给他，这样他就能够对柏林实施一次突袭。蒙哥马利补充说："在这样的电报中要把事情解释清楚是非常困难的。你能来见我一面吗？"在9月2日从沙特尔会议飞回其驻地时，艾森豪威尔由于飞机迫降而使腿部严重扭伤。9月10日，他乘坐自己的私人运输机——一架B-25轰炸机——飞往布鲁塞尔。由于疼痛难忍无法走出这架飞机，艾森豪威尔要求蒙哥马利到飞机上来。在乘务舱狭小的空间里，对话很快就变得充满了火药味。蒙哥马利暗示说，是巴顿而不是艾森豪威尔真正推动了这场战争。艾森豪威尔最后经受住了蒙哥马利的攻击，他向前斜着身子把手放在蒙哥马利的膝盖上说："留心，蒙蒂，你可不能这样对我说话，我是你的上司。"

谈话又进行了一个小时，两个人的情绪也都逐渐平息下来。渐渐地，艾森豪威尔被蒙哥马利展示的这个十分大胆而似乎又有着灿烂前景的计划给迷住了。一向谨慎的蒙哥马利利用与布雷德利和巴顿一样的推理方法，主张一次利剑般的单独突袭，这将促成德国像1918年那样的崩溃。这一目标的实现需要盟军空军占领从比利时前线到阿纳姆的莱茵河下游这一长达100千米的走廊；第21集团军群以第30军为先锋，顺河而下急速行军。即使德国不崩溃，盟军也将包抄齐格菲防线并且保卫一座越过莱茵河的桥头

↓75毫米口径的驮载榴弹炮，一种在二战期间用于所有战区的极其成功的美制武器，例如参与"市场花园行动"的空降部队就有使用

堡。而这天早上实施该计划的另一个理由也找到了，这是一封来自帝国总参谋长最高机密的电报：48小时前，很早就预料到的V2火箭对伦敦的袭击终于开始了。德国人在海牙的郊区用移动发射器发射了这种火箭。除非用轰炸将这座城市夷为平地，否则唯一能够阻止此类攻击的希望就寄托在第21集团军群能够截断荷兰与德国的联系上了。即使不能通过这一行动来赢得战争，上面的目标也是能够实现的。艾森豪威尔回忆说，他为这一计划纯粹的大胆感到着迷——即使苦行僧般戒酒的蒙哥马利成为吵吵闹闹的醉汉，也不会比这一计划的提出更让人吃惊。这次行动的代号叫“市场花园”，“市场”表示空降部队，而“花园”则意味着地面部队。两位指挥官同意这次行动于9月17日星期天开始。

当位于阿斯科特的盟军第1空降部队的司令部得知“市场花园行动”已经被通过的消息时，他们对此仍持怀疑态度。自从登陆以来，空降部队已经17次处于全面警戒的状态，但到后来每次行动都被取消了。最近的一次发生在9月2日，计划要在靠近里尔和科特赖克的地方空降三个师，英国第2集团军停止了自己的前进。结果正当伞兵们坐在飞机里准备跳伞时，行动却被取消了，因为布雷德利调动第1集团军解放了这一地区。当时在空降部队中普遍认为这次任务也一样会被取消，结果大部分队伍中都是气氛松弛，这一点与登陆日前空降部队刀刃般锋利的特点形成了鲜明的对比。

↓“韦科CG4”滑翔机在靠近佐恩的地区着陆。美国第101空降师在这一地区的任务是占领位于威尔米纳运河、多美尔河和埃河上的重要桥梁。随后伞兵部队将接着向埃因霍温前进

英国指挥官受冷落

此时的第1空降部队已不是一个和睦的团体了。于1940年征召和训练第一支英国空降部队并于1944年1月指挥英国第1空降军的陆军中将弗雷德里克·布朗宁爵士曾希望被授予盟军第1空降部队的指挥权。布朗宁拥有在英国部队中成为高层指挥官所需的其他资历：他在伊顿公学和桑德斯特受过教育并被委托指挥过英国禁卫步兵团。在1916年的西线战场上，他作为一个连的指挥官脱颖而出。那时他只有20岁，因而得到了一个“男孩”的绰号并一直沿用下来。“男孩”布朗宁在英国军界和政界精英中名列前茅，但是由于英国与美国相比在战争中处于附属地位，因此上述资历也就显得无足轻重。第1空降部队的指挥权最终被授予刘易斯·布雷顿将军。他是一个嗜酒的美国空军军官，在菲律宾、北澳大利亚和缅甸，他至少有三次都从撞得粉碎的飞机中死里逃生；许多飞机驾驶员都把他的出现当成不祥

↓1944年9月盟军在向荷兰进军时所俘获的德国部队。这幅照片摄于9月19日，此时在阿纳姆无望地战斗着的英国空降部队还在等待着第30军的救援

↑第1空降师的士兵于1944年9月17日在登上“霍萨”滑翔机前最后一次检查他们的装备。背景上的飞机是“斯特林”滑翔机牵引机，属于英国皇家空军运输部第38大队

之兆。布雷顿之所以能得到这一职务，部分是因为他是一个美国人，部分是因为他了解运输机。这样一来，布朗宁也就不得不屈尊扮演布雷顿助手的角色，但是这种定位对两个人都不合适。在阿纳姆战役之前的三个星期内，第1空降部队司令部的职员从323名官兵扩展到1 385人，这意味着其中大多数人都是没有经验的。布雷顿和布朗宁相互之间很少说话，并且都只使用他们自己的参谋。结果到了9月4日，他们才发现双方对定在48小时后采取的行动有着迥然不同的计划。布朗宁以辞职相威胁来阻止布雷顿的计划，这使两人的关系降到了谷底。

“市场花园行动”的指挥链和计划程序包括通信系统都有问题。布朗宁的通信分队于9月2日才刚刚创建，还没来得及演练和判断设备能否在执行行动的状态下工作。它与第1空降部队的指挥中心之间还没有建立直接的联络，与其他任何空军部队之间的联络也同样未建立起来。另外，尽管“市场花园行动”聚集了1 300架C-47“达科他”飞机、英国皇家空军的250架“阿尔贝马尔”、“哈利法克斯”和“斯特林”飞机以及2 000架滑翔机，是有史以来集聚运输飞机数量最多的，但是它们一次却最多只能空降1/3的部队。

空降部队

尽管被不断地调动弄得精疲力竭而接着又期待落空，但是在布雷顿和布朗宁指挥下的士兵们却是所有盟军部队中最能胜任也是受到过最好训练的空降战士。在陆军中将马修·李奇微领导下的美国第18空降军由第82和第101空降师组成，有24 000人的伞兵和滑翔机部队，其中有一万人由于在诺曼底的伤亡已被替换。在厄克哈特少将指挥下的英国第1空降师，以及在斯坦尼斯拉夫·索萨博夫斯基少将指挥下的波兰第1空降旅都是有着无数战斗经验的营队，但是他们还从来没有作为一个兵团战斗过。作为预备队待命的第52师是一支英国步兵师，一旦空降部队和滑翔机部队攻占飞机场，就用C–47运输机将他们运过去。总之，大约有35 000人将参加“市场花园行动”的空降战斗。

9月15日，一切准备就绪。空降计划包括夺取在三个城镇的主要河流

↓“达科他”运输机在阿纳姆空降英国第1空降师的士兵，图中有一架在地面上的滑翔机。这可能是第二次空降，因为没有足够的飞机可以空降或运送整个师

↑约翰·弗罗斯特中校的第2空降营开始了向阿纳姆大桥漫长的战斗行军。他们的推进深入了这座城镇，所以欢迎的人群使他们的速度放缓了。此时他们还不知道摆在前面的煎熬

和运河上的桥梁：进攻线离埃因霍温大约21千米远，离尼基梅根有85千米，离阿纳姆103千米。麦克斯维尔·泰勒少将的第101空降师在埃因霍温以北降落，去夺取埃河、在维格尔的威勒姆运河、在圣奥登罗德的多美尔河以及在索恩的威尔米纳运河上的桥梁，并在夜幕降临时攻占埃因霍温。同时，詹姆斯·加文准将的第82空降师将要攻占尼基梅根以东森林茂密的丘陵地区——格罗斯比克高地，接着攻占在格雷文的马斯河和马斯-瓦尔运河上的桥梁，最后夺取在尼基梅根中部的瓦尔河上的路桥。更往北一点，厄克哈特中将的第1空降师将降落在阿纳姆西部的中心地带，接着占领在该城中心的莱茵河下游上的路桥。布朗宁看到计划的这一部分时，向蒙哥马利说："我认为我们将前往一座'遥远的桥'。"但是此时已经来不及再调整计划了。

迅速前进

与复杂的空中计划相反，陆军中将布莱恩·霍洛克斯爵士率领的第30军的行动则是极其简单的。在禁卫装甲师作先锋的情况下，这支部队将尽力沿着一条唯一的、两侧树木林立的双轨铁路快速前进。这条路穿过了这一几乎完全平坦而又有水涝的区域。但是在这次直截了当的行动中，非战

斗性的消耗却是巨大的：英国第8军和3个美国师已经扎下了根基，另有盟军的重型、中型防空炮部队以及许多工兵部队；其中一线运输的半数、所有的二线运输以及整个第21集团军群的三线运输都被用来支持这次进军。

事先估计这次行动的成功取决于德军处于失败的境地这一点上，而从9月份开始所能收集到的情报来看，这一点已是确定无疑。但是德军现在已经经过两个星期来恢复元气，并且进行了休整。库尔特·希尔中将的第85师的余部于9月4日到达比利时北部的特伦豪特，并受命到莱茵兰休整加强。当希尔得知布鲁塞尔被攻陷后，他不顾命令在阿尔伯特运河北岸挖壕防守。他为那些掉队的士兵建立了一个接待中心，在72小时以内已经把成打的走散的队伍编进了有凝聚力的希尔战斗群。而就在此时，分散的伞兵部队总共加起来约有两万人则被编成一支旨在成为德国第1伞兵部队核心的队伍，由斯图登特将军指挥。9月5日，曾经占据加来海峡而现在大部分完整的德国第15集团军也正从海岸撤退，到了9月中旬已经有9个师进入荷兰，共65 000人、750辆卡车和225门大炮。9月17日，德军伞兵营已经在埃因霍温和尼基梅根之间的区域建立起防守紧密的地带，88毫米的两用火炮覆盖了埃因霍温–尼基梅根路全线。向西是希尔战斗群，在他们后面则是仍然有战斗力的第15集团军。阿纳姆周围地区已经聚集了一个武装阵营。在这座城镇的西面森林里，一个荷兰党卫队营正在训练；而在

↓尽管德军是仓促召集起来的，却十分有效果。斯帕尔里涅阻击阵地对阻止盟军第1和第3伞兵营与在阿纳姆桥的第2营会合发挥了很大的作用

东面，第9、第10、第11党卫装甲师的残部则正在休整。到9月10日，盟军的空中侦察、荷兰抵抗组织的报告以及“超级机密”的情报已经准确地勾勒出一幅德军实力的图画。至少从数目上来讲，盟军已经做到了心中有数。但是此时盟军的高层指挥官却相信德军已经不再可能继续战斗了，“市场花园行动”将是盟军自越过塞纳河以来所取得的惊人进展的重演。

↑英国的装甲车和步兵在比利时和荷兰边界渡过了杜克森林运河上的贝利桥。盟军的首要目标是完整占领运河上的桥梁，因为运河通常很深，难以渡过

战役开始于9月16日星期六午夜前的一个小时。英国皇家空军的200架“兰开斯特”和23架“蚊”式轰炸机在荷兰北部4个德军战斗阵地投放了890吨炸弹。轰炸一直持续到第二天，有近1 000架B-17和P-51“野马”式战斗机在进攻线和阿纳姆之间攻击了超过100个德国防空阵地。与此同时，在英格兰南部和东部的22个空军基地上，夏末星期天的美丽和平静也被最大规模的飞行大队给打破了。在白天里这些飞机就爬上了天空向东飞去。在北海的南部上空如不尽的河流般的飞机和滑翔机分成了两股“急流”。第101空降师从南部进入荷兰，而第82空降师和英国第1空降师则走北路。在其战术指挥部和私人厨师及私人酒库的跟随下，布朗宁从第82空降师的一架滑翔机中走了下来。第82空降师机群此时的覆盖面积大约有160千米长、5千米宽。布雷顿因为要监督一次支援飞行，因而需要留在阿斯科特，然而他还是乘上一架B-17轰炸机去观看了第101空降师在埃因霍温上空的空降。

9月17日13时左右，南边的机群在埃因霍温上空遭到了德军高射炮火的猛烈攻击。这些炮火是那些侦察机没有侦察出来的炮队发射的。布雷顿的飞机也被击中，但是他却再次死里逃生，而靠近他的几架运输机和滑翔机则在空中被打得稀烂。第101空降师总共损失了33架运输机和大约40架滑翔机。最后机群历尽艰辛终于穿过高射炮火到达了空降区，在这里麦克斯维尔·泰勒少将与第101空降师大约7 000名士兵一同跳下，同时加文准将带领第82空降师的6 500人则在尼基梅根南面空降。大约13时30分，布朗宁的第1空降军司令部安置在尼基梅根西边靠近格罗斯贝克镇的地方。布朗宁试图在此处控制战局。

与此同时，在厄克哈特的炮队和陆军的伴随下，第1空降师的第1空降旅已经降落在了阿纳姆西部。约半小时后，第1伞兵旅的伞兵部队着陆。到了14时，大约2万人的部队、511辆战车、330门大炮和590吨重的装备已经沿着长达100千米的走廊着陆了。

希特勒的警觉

盟军十分不走运，此时德国陆军元帅瓦尔特·莫德尔正在塔弗尔伯格饭店里的司令部吃午饭。塔弗尔伯格饭店位于奥斯特比克大街，距第1空降师空降区域以东3千米。莫德尔在看到这些机群几分钟后，就用无线电告知希特勒空降一事，并立即驱车赶往威利·比特里希中将的司令部。这位将军是第2党卫军装甲军的指挥官，14时30分刚过，第9党卫军前往阿纳姆，第10党卫军前往尼基梅根，在101空降师的一个降落区以西11千米的沃特村。库特·斯图登特将军站在司令部的桌子前，突然听到了运输机的轰鸣。他立刻冲到了阳台上，在那里他看见“一眼望去源源涌入的敌人的运输机”。这位德国空降部队的创始人对同他一起在阳台上的军官由衷地感叹道：“唉，要是这么一支队伍在我的指挥下，我能取得多大的战果啊。”

斯图登特看到的部队就是第101空降师的第506团，它接到的命令是占领在索恩的威尔米纳运河上的主要路桥和两座较小的桥梁。但是由于德国人在最后时刻炸毁了它，第101空降师没能按计划利用它进入埃因霍温。更往北一点，第82空降师的第504团在格纳夫的马斯河上有九个桥墩的大桥两头降落，并很快占领了它。9月18日一早，接待滑翔机增援部队的准备已经做好。第101空降师向南进军，占领了通往埃因霍温道路上的四座桥梁。他们期待能够见到英国第30军，结果却受到了兴高采烈的荷兰市民的迎接。

此时，第30军的先锋禁卫装甲师仍在此以南8千米处。这个师的先头部队爱尔兰禁卫军在对唯一的一条道路进行了密集的炮火射击后，于14时全体出动。此时“台风”式战斗轰炸机则盘旋在上空，等待前面的制空者确定目标。在进入荷兰前线的前5千米路程上，一切进展顺利。不久德国的88毫米大炮就开火了，并连续击中9辆坦克。爱尔兰近卫军在战斗轰炸机的联合攻击和炮火压制了88架飞机后继续前进。17时30分，爱尔兰禁卫军到达法尔肯斯瓦德南部的桥梁，并发现它完好无损。他们过桥入城，却遭到了德国人顽强的抵抗。这个地方“伴随着几场真正的大火，变成了一片废墟”。除去一些仍在开火的德军，其他德国人都是四处乱转，试图找到回德国的道路。

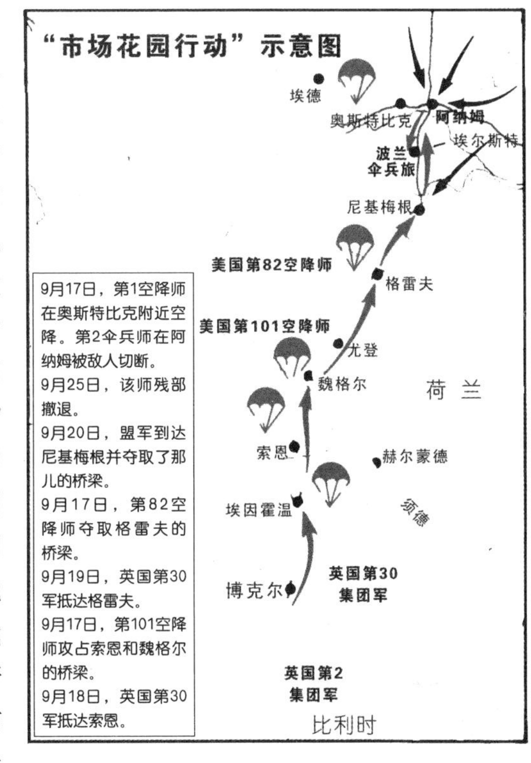

在9月19日的一则广播中，随同第30军的英国广播电台的温福德·沃恩·托马斯让英国公众作好失望的思想准备，他广播道：“很明显，敌人的地面部队十分强大。上校看着地图，若有所思地敲击着他的下巴，接着转向我说：‘好吧，看来野餐确实结束了。’所谓野餐，也就是在法国几乎疯狂地、令人难以置信地追击失败的敌人，这种情形显然结束了。我们仍然在前进：此时我们正在准备向战略要地进攻；但是假如现在我们要把敌人赶出去，那就要花上大力气才行。”

道路受阻

德军的抵抗加剧了由2万辆英国支援车辆在唯一一条可用的道路上行进所造成的交通堵塞。第30军的推进如今已经减慢到了一种近乎爬行的状态。直到9月19日下午，英国的坦克才到达第82空降师位于尼基梅根桥以南的阵地，这座桥由于德军指挥官莫德尔和比特里希在指挥上的争执而没被炸毁。9月20日14时30分，似乎永远也不会到来的攻击艇终于从被第30军堵塞的道路上运了过来。第504伞兵部队第3营在鲁本·塔克中校的带领下，疯狂地划过了这条河流，而盟军的战斗轰炸机则猛烈攻击远处的河岸。这种令人吃惊的勇敢举动得到了回报——德军的火力减弱了许多，并且配合很差。塔克的士兵很快就接近了通往尼基梅根桥的北入口。同时英国禁卫步兵第1团的30辆“谢尔曼”坦克则围拢上了南入口，接着开始过桥。英国的坦克过桥之时，德军的工兵试图引爆附着在桥中段的炸弹，但却没能使之爆炸。第30军的先锋部队现在距离阿纳姆南部只有16千米，但到下午晚些时候先锋部队却因为遭到了顽强的抵抗而受阻。

此时（9月20日），英国第1空降师已经在阿纳姆附近战斗了近3天，其处境日益艰难。事情的进展与行动开始时相比走了样。第1空降师的侦察中队原本应该立刻通过突击来击退德军并占领阿纳姆桥，但是滑翔机运载的装甲车却没能到达。下午3时，第1伞兵旅的3个营出发，从三条不同的道路进入阿纳姆。第1和第3营遇到了德国步兵和装甲车的阻击，而在陆军中校约翰·弗罗斯特指挥下的第2营则潜入了德军部队中，并于黄昏时分到达阿纳姆路桥的北端，封锁了德国增援部队通往尼基梅根的捷径。现在对于弗罗斯特来说，坚持下去直到援军到达是件相对简单的事，但不幸的是，在师指挥部一切都乱了套。

厄克哈特下落不明

此时英国第1空降师指挥官厄克哈特中将已经与他的司令部失去了联系，在随后的36个小时中他不得不躲避德军巡逻队并且多次虎口脱险。9月17日晚，第1空降师遭到了厄运。在厄克哈特缺阵之时，他的下属之间

↓阿纳姆的桥梁。在阿纳姆战役期间，美国驻欧空军第654重型侦察机中队的“蚊”式轰炸机以在诺福克的沃顿为基地，对这座桥进行每小时一次的飞行侦察，试图搜集关于那里的英国空降部队进展的情报。被击毁的党卫军装甲纵队能在一条通往这座桥的道路上看到

←在阿纳姆战役中，两名英军伞兵在奥斯特比克的一所学校展开行动。正是在奥斯特比克，英国第1空降师的剩余部队进行了最后的抵抗。德国人把此地称为“女巫的大锅”

进行了十分激烈的争吵，结果第1空降师为保卫阿纳姆外围的高地发动了许多攻击，而他们现在最应该做的则是去支援弗罗斯特。另外，英格兰机场上的大雾也延缓了支援飞机的起飞，以至于当这些飞机于9月18日16时到达时，它们被已经十分警觉的德军击落了许多架。

完全孤立并且由于通信上的困难而无法请求空中支援，弗罗斯特和第2营的士兵遭遇了比特里希指挥下的向北突击的德国装甲部队的打击。令人难以置信的是，第2营的士兵摧毁了一队正在赶往他们阵地上的22辆装甲战车。比特里希下定决心要重新夺回这座桥，他调来两门100毫米口径的大炮，开始了几乎完全消灭阿纳姆以外伞兵部队的步骤，而且更多的重型武器也正在从整个第三帝国涌向这一地区，包括第208攻击旅的3型突击炮。到9月19日晚，弗罗斯特的士兵中仅有250人没有受伤，他们的防御带也由18幢房子减少到了10幢房子，但是每次德军的进攻也都被他们给击溃了。弗罗斯特在与德国人讨论投降事宜时，他告诉德国人他没有接受德军投降的机构。这一有意的误解成了以后传奇的材料。轰炸一直持续到9月20

日，德军击毁了仍为英军所控制的建筑物，并且使用火焰喷射器消灭留存在废墟中的英国伞兵部队。大约在正午时，弗罗斯特也因为一发迫击炮弹而身受重伤。他的副手高夫少校接管了对余下部队的指挥权。18时过后，“虎”式坦克自北向南闯出了一条道路渡过了阿纳姆桥。但是德国人发现，对于轻装甲车辆来说，伞兵部队的火力还是太猛了。战斗整夜不休，但到9月21日上午，英军火力开始变得稀疏，前哨阵地一个接一个地被占领。由于部队弹药用尽，已经精疲力竭的伞兵昏昏沉沉。他们已经毫不松懈地战斗了88个小时，最后剩下的12个人既没有水也没有食物。12时，一个党卫军战斗队最终渡过了阿纳姆桥。

↓没有刮胡子，灰尘满面而且疲劳，但是仍然微笑着的空降兵所组成的混合队伍经过9天在阿纳姆－奥斯特比克的战斗后步入战俘营。即使这次空降行动成功了，随后就开进德国也将可能是一场灾难

就在弗罗斯特和他的战士们正在进行英雄史诗般的固守时，飞往支援第1空降师的打算也一直未曾中断。但是由于日益恶劣的天气、糟糕的通信和出在指挥链上的问题，这一切都赶到了一起，上面的打算还是落空了。在不断加重的攻击下，第1空降师已经被压缩进了一个极为紧密的环绕奥斯特比克到阿纳姆以西的防御带中。它所得到的唯一支援是约200名

的波兰伞兵，他们是随波兰伞兵旅于9月21日在莱茵河下游的南岸德拉尔降落的，并且游过了莱茵河。

←约翰·弗罗斯特中校。他率领第2伞兵营于1944年9月进行了一次固守阿纳姆桥的战斗。在9天的战斗中，第1空降师有7 212名将士被打死打伤或俘虏，其中死亡人数达1 130人

蒙蒂的勇气

9月23日，第21集团军群的大批部队最终抵达莱茵河的南侧。但是在9月24日夜多塞特郡团第4营的渡河行动失败后，蒙哥马利决定撤走第1空降师的剩余部队。正如温福德·沃恩·托马斯在9月19日所播出的那样——很明显“野餐”已经结束了。“市场花园行动”原想利用德国人意志上的明显崩溃，但没想到德军却充满战斗力。蒙哥马利决定不再增援这次失败的行动来增加英国的伤亡——飞到阿纳姆的10 005人中只有2 163人在9月25日夜间回到了这条河的南侧——伤亡惨重是不必说了，但是假如蒙哥马利缺少停止这场战役的道德上的勇气的话，伤亡还会更大。

盟军的宣传试图把这次行动描述成获得了90%的成功，因为英国第2集团军现在占据了荷兰南部100千米的凸出部分。然而公众在塑造空降士兵中的英雄们的同时，却渐渐把这次行动看成是丧失了一次在1944年赢得战争的机会的战斗。事实显然不是这么回事，“市场花园行动”只有在德军确实要溃败的时候才能成功地结束战争，而德军当时的情况则并非如此。从当时的情况来看，第21集团军群没能渡过莱茵河下游是靠上帝的眷顾。因为一旦渡河成功，他们就会发现他们依靠的是一个不合格的后勤系统来运作，而面对的却是日益令人生畏的敌人。总之，概括地说这次“成功”的行动是靠丧失大量英国部队取得的。

←←被俘获的德军装甲运兵车挂着十字旗，用来运输负伤的德军俘虏。大旗和标志是为防止被盟军的轰炸机误炸。战争到了这一阶段，前线上空已很难见到德军飞机了

8

漫漫征程

“市场花园行动”的失败使盟军意识到德国人还远没有被打败。在取得胜利之前，盟军面对的将是一场漫长而艰苦的战争。

“市场花园行动”的失败对盟军最高统帅部是一次强烈的震动，他们再也不敢低估德国人了；实际上，在随后的几个月里，问题则恰恰相反——盟军的计划是基于对德国能力的极度悲观的计算。他们原以为1944年8月的事态会如1918年8月一样，即德国即将覆灭。而现在他们则开始相信，目前的形势与1916年8月不相上下，欧洲战争至少还要再持续两年。艾森豪威尔甚至认为，德国在处境糟糕的情况下，其游击队的抵抗也会一直持续到20世纪50年代。

↓1945年1月，世界上第一架喷气式战斗轰炸机——“阿拉多”234——也被德军用于侦察任务。它在大多数情况下都优于盟军战斗机，其目标通常是针对盟军至关重要的桥梁，企图阻止盟军的前进

德国的复原

德国确实进行了一场成就卓著的复原运动，其中部分是心理上的复原。自1942年秋以来，德国军队一直深陷困境。希特勒、纳粹独裁统治集团和千百万普普通通的德国人从1944年7月20日的爆炸

德国“阿拉多”234喷气式战斗轰炸机

↑1944年10月18日，德军B集团军群指挥官陆军元帅沃尔特·莫德尔在视察西线一个国民掷弹兵师的战地指挥所。他的绰号是“元首的救火队员”，因为他总是被派往有麻烦的地方去指挥

密谋中总结了原因。很明显，1944年7月20日之后，帝国的战争努力正受到来自内部敌人——不甘顺从庸俗平民独裁者统治的普鲁士容克贵族地主阶级——的颠覆。既然内部敌人正在从战争机器中被肃清掉，那么人们完全可以相信，德国国防军将会很快就重新强大起来。

德国的复原既是军事生产大量增长的结果，也是18个月前阿尔伯特·施佩尔生产机构重组的产物。到1944年秋季为止，德国工厂在该年已生产出近4万架军用飞机，相当于苏联军用飞机的总数。西方盟军战机的产量是德国的三倍。而德国生产的最新机型，尤其是于1944年夏天参战的“梅塞施密特”Me 262战斗机和“阿拉多”Ar-234轰炸机，都优于英美战机，这使英美的空中优势受到威胁。从1944年年初起，德国工厂已经制造了48 000辆坦克和自行火炮，是其1941年产量的3倍。“豹”式和“虎”式坦克的性能都优于西方盟军配备的坦克。除此之外，克虏伯、斯柯达和其他公司还向德国国防军提供了近7万门大炮，是其1941年的6倍。

虽然德国在6月、7月和8月间损失的人数达到令人吃惊的135万，但希特勒又在9月25日建立了人民禁卫军，此后的半年之内，有1884—1928年出生的600万人穿上了军服，进行基本的军事训练。建立人民禁卫军的目的是将通讯部队和失去了飞机、战舰的空军和海军人员组成新的师。通过这些渠道，国土防卫行政管理机构建立了30多个兵团，并取名为国民掷弹兵师，其兵力是英国和加拿大军队总和的2倍。

德军在退回本国的防线时发现，防御盟军坦克部队从未变得如此轻而易举。而在6月初，他们不得不防御整个英吉利海峡、法国大西洋沿岸和地中海海岸线。到9月底为止，盟军仅仅占据着从北海蜿蜒到瑞士前线725

千米长的一线，其间跨越多个适合进行防御战的理想国家。荷兰北方是洪水泛滥的低田和宽阔的港湾，内部是凹凸不平、森林稠密的山区，从赖克斯瓦尔德一直延伸到瑞士边境。一千年以来，此地一直是罗曼语和德语民族间语言和文化的分界线。从地形上看，只有两条相对便利的通道可以穿越这一地区：一条位于阿登森林地带以北，从比利时的列日到9世纪查理曼帝国的首都亚琛，它正好穿越德国边境；另一条位于阿登斯森林地带以南，从洛林的梅斯到萨尔布吕肯。这些地方是法德之间天然的入侵走廊。几个世纪以来，这两条通道在欧洲军事史上都占有明显重要的地位，因此这两处也是欧洲大陆防御最坚固的地方。第三帝国的德国人与其先辈一样，运用防御工事体系，从荷兰边境线到卡尔斯鲁厄的齐格菲防线或“西壁”加强其边境地区的防御能力。从1940年6月到1944年8月之间，这条防线还鲜为人知，但现在这里却是一片热火朝天的场面：上百万的工人在希特勒的助手马丁·伯曼的指挥下，正在忙于修建防坦克障碍物和地堡。

召回冯·龙德施泰特元帅

9月5日，希特勒召回格德·冯·龙德施泰特，让其统领帝国的西部

↓一支英军“布伦”式轻机枪小分队在马斯河以西行动。从后勤的角度来看，他们的交通线向鲁尔延伸只有240千米，因此与盟军相比，德军在消耗战中将占有很大优势

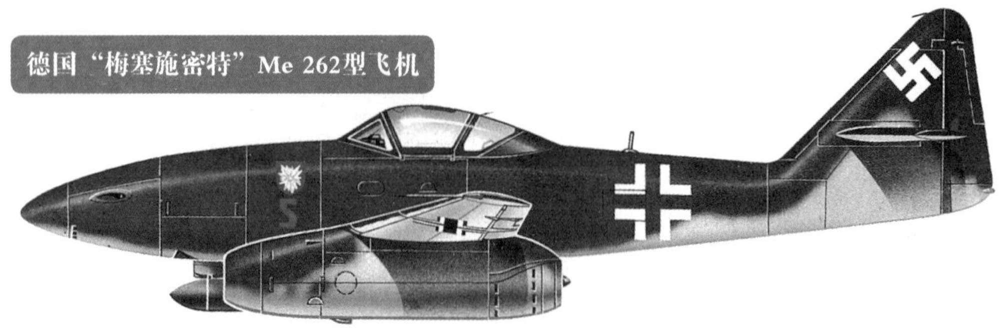

↑德国喷气式飞机比英美两国都先进得多。“梅塞施密特”Me 262型飞机投入战斗后，将会扭转德国对盟军空战的劣势

国防军。龙德施泰特运用仍然完整的参谋系统，迅速组织起三大集团军群：H集团军群，由库特·斯图登特率领，负责北海到罗芒德地区；B集团军群，由陆军元帅沃尔特·莫德尔率领，负责法国摩泽尔一线以南；G集团军群，由赫尔曼·巴尔克将军率领，负责摩泽尔到卡尔斯鲁厄之间的地区。海因里希·希姆莱亲自率领一支纳粹党卫军，负责到瑞士一线的其余区域。到9月中旬为止，一条连续的、人员配备日益完善的战线正在形成。但是人们仍然怀疑，德国的新军队是否已经恢复了抵抗西方盟军的决心。8月底，德国军队的士气空前低落，就连最精锐的军队也沾染上了使人丧失斗志的冷嘲热讽和失败主义思想。但到9月底，德军的士气却又逐渐高涨起来，这不仅仅意味着士兵有尽责任的意愿——即便是没有军士和军官的监督，他们也能尽其能力到极限。即使是在新组成的国民掷弹兵师中，士气也非常高。英国进攻阿纳姆失败——新闻影片中播放着成队英国精锐伞兵部队的士兵被押往战俘营的情景——只是造成德军士气高涨的部分原因，德军士气神奇的恢复应该更多地归功于从美国华盛顿传出的消息。

战后计划

9月12日，罗斯福、丘吉尔偕同他们的参谋长在魁北克会面，参加代号为“八角形”的会议。罗斯福代表团中的美国财政部长亨利·摩根索带来了战后处置德国的计划。摩根索的计划设想在剥夺德国占领的领土之后，将其分割成北部和南部两个国家。不向德国索要经济赔款，因为索赔意味着要使德国的部分工业保持运转以偿还赔款，而是要把德国所有的工业机器拆卸并运往盟国，大部分运到苏联。这事实上就是要解除德国的工业，使德国退回到一百年前德国农民的生活水平。摩根索冷漠地说，要使德国人成为“劈柴挑水的人，做苦活的人”。该项计划建议采取及时、仔细、有控制地驱逐出境和移民到北美、南美、南非和澳大利亚的方法，将德国人口减少到现有数量的1/4，即2 000万人，从而使德国不再能继续威胁欧洲的和平。

由于摩根索计划泄密，9月中下旬，美国新闻界都在普遍讨论这一计划。这对戈培尔来说是一个很好的宣传礼物，他相信这个计划正在整个德国广泛传播。他宣称，自从两千多年前罗马帝国打败迦太基以来，失败的后果从来都不该如此恐怖。既然德国人不抱任何希望，他们死战到底的决心和意志也就大大增强了。他们互相鼓励要“享受战争”，因为他们知道和平的后果将会更为可怕。

“市场花园行动”的失败，意味着现在战争已经变成了一场艰苦的消耗比赛。对盟军来说不幸的是，德国正处在赢得这场艰苦比赛的最佳位置，因为他们的交通线离鲁尔只有80 ~ 240千米，而且鲁尔虽遭猛烈轰炸，其生产能力却是1941年的5 ~ 6倍。相比之下，盟军的后勤保障却仍然混乱不堪。如果位于西北欧的日吞吐能力达4万吨的安特卫普港不能投入使用，英国和美国人几乎没有希望赢得这场消耗战。英国于9月4日占领安特卫普，海港设施完好无损。但是，由赞根率领的德国第15集团军（该军是施图登特H集团军群的一部）却仍然控制着谢尔特河长达65千米的河口两岸。蒙哥马利的第21集团军群负责肃清谢尔特河德军的任务，但由于对“市场花园行动”的失败仍心有余悸，蒙哥马利将此项任务交给了亨利·克里拉尔将军的加拿大第1集团军。10月8日，负责海军西北欧演习的海军上将拉姆齐在向艾森豪威尔提交的一项报告中称，加拿大人在11月1日之前不可能完成肃清谢尔特河的任务，因为他们遭遇到了敌人顽强的抵抗，而且弹药缺乏。艾森豪威尔大为震惊，他立即明

↓加拿大亨利·克里拉尔将军，他指挥西北欧的第1加拿大集团军，该军也包括来自欧洲的部队。他们起初负责肃清谢尔特河河口的任务

确地命令蒙哥马利："如果安特卫普在11月中旬不能开始动作，我们的整个行动都将停滞不前。我必须强调，我认为在我们从瑞士到英吉利海峡的整个战线的行动中，安特卫普是最重要的。我希望，计划肃清河口的行动能引起您的注意。"

在随后的一个星期里，蒙哥马利和艾森豪威尔的关系日益恶化，几近破裂的程度。在打给艾森豪威尔的参谋长比德尔·史密斯的电话中，蒙哥马利拒绝了拉姆齐的告诫，这让一贯尖酸刻薄的比德尔·史密斯勃然大怒。史密斯"气得脸色发紫"，他告诉蒙哥马利，如果安特卫普不能立即开工，他的供给将被切断。蒙哥马利进行了回击，并把阿纳姆的失败归咎于盟国远征军最高统帅部糟糕的作战计划，并且暗示，执意要肃清谢尔特河实际上是企图将他置于死地。接着，艾森豪威尔向蒙哥马利摊牌。他写道，如果蒙哥马利确实认为盟国远征军最高统帅部的计划"糟糕，那么，鉴于将来的作战效率，我们必须立即处理这个问题……如果作为该战区同盟国之一的高级指挥官，您认为我的见解和指令可能威胁到作战行动成功的话，我们有责任将此事提交高层权力机构，以让其选择所要采取的任何行动"。蒙哥马利做出了让步。10月16日，他下令把肃清谢尔特河德军的

→加拿大部队正在穿过荷兰。由于英军第1空降师在阿纳姆作战失败，德军士气空前高涨，摆在盟军面前的是更为艰苦的战斗

↑水陆两栖突击队正在向瓦尔赫伦岛海滩前进。在攻占一个桥头堡后，他们沿海岸向南北推进，摧毁了德军包括重机枪在内的所有阵地。这些阵地曾使盟军船只在谢尔特河上航行时受到威胁

行动作为第21集团军群的首要任务。

固若金汤

此时，波兰装甲师和加拿大军已经肃清了从谢尔特河南岸到安特卫普以西大约32千米的区域，但还剩下40千米未扫清。10月3日，阿尔弗雷德·约德尔将军提醒冯·龙德施泰特，谢尔特河这一通道对盟军至关重要，必须不惜一切代价保住河口。德军在这里的防御工事固若金汤。在该河口的南岸，第15军的指挥官把第64步兵师部署在布雷斯肯斯镇。第64步兵师由从苏联前线回来的具有丰富作战经验的士兵组成。布雷斯肯斯镇周围有一个长19千米、纵深达8千米的岛，由德拉利斯运河和利奥波德运河沿岸的洪水冲积而成，从北海的泽布勒赫直到谢尔特河上游6.5千米处的布拉克曼湾。德军第64师除拥有部分德国海军和空军的部队，还搜罗了大约11 000名军官和士兵，配备有500多挺（门）机枪和迫击炮、约200座（门）反坦克和防空火炮（包括23座88毫米大炮）以及大约70座75毫米和75毫米以上的大炮。此外，在布雷斯肯斯和梅尔河上的诺克之间的海岸上还有5座固定的远距离海军大炮炮台。盟军称此处为布雷斯肯斯口袋，德军则称其为谢尔特河南要塞。就是在这里，波兰装甲师和加拿大军前进的

脚步停了下来。

岛屿防御

谢尔特河北岸是由32千米的南贝弗兰德半岛组成。该半岛由一条1 100米长的堤道栈桥通向仅有36米宽的瓦尔赫伦岛。德军第70师在南贝弗兰德岛上构筑工事。第70师是一个“胃师”，其士兵都因患有胃溃疡而脾气暴躁。这里是一个尤为坚固的地方，因为该岛从大陆向外延伸到里兰德只有2.5千米宽。而最为坚固的地方则是在瓦尔赫伦岛，在岛上由混凝土建造的碉堡里，大约部署有12 000名德军、50门重炮。另外法拉盛镇也已经变成了一个要塞：在其周围驻扎有几个炮兵连，无数的房屋和仓库被改成阵地，互相之间可以提供支援。

当加拿大军和英国军队开始大举进攻之时，天气却发生了变化。还在“市场花园行动”进行之时，降了第一场雨，随后雨就越来越大。1944年西北欧的秋季是有记载以来降雨量最大的，一些地方甚至达到正常降雨

↓英加盟军正在进攻谢尔特河口上的瓦尔赫伦岛。英国水陆两栖突击队和加拿大部队再次遭遇顽强抵抗。该岛大部分在河水以下，堤防已被盟军轰炸机打开缺口。直到11月4日最后一个阵地才被突破

量的3倍之多。这不仅导致军队行动困难，而且降低了空中打击的效果。例如，10月10—14日，轰炸机司令部出动部队在布雷斯肯斯口袋共投下1 150吨的炸弹，这一数量只相当于盟军轰炸机在7月18日“古德伍德行动”之前一个早晨投弹量的1/5。加拿大军第3师动用“水牛”水陆坦克攻下了谢尔特河一带。“水牛”水陆坦克是一种水陆两用的装甲作战车辆，每辆坦克可以容纳24名士兵。11月2日，在诺克-梅尔河附近他们在加拿大第4装甲师的协助下，成功地占领了布雷斯肯斯。加军共俘虏12 700名战俘，但他们自己的伤亡人数也超过了2 000。

10月24日，加拿大军第2师在薄雾和细雨中袭击了南贝弗兰德半岛沿岸。“谢尔曼”坦克缓慢地行进，试图越过堤防，这使它们很容易成为反坦克大炮的靶子。步兵在没有装甲车的支援下整夜进军，在拂晓时占领了里兰，此地离加拿大军出发的地点有5千米左右。与此同时，英军第52师的几个分队也利用“水牛”水陆坦克穿越谢尔特河，在离半岛的西部地峡24千米处登陆，然后向东推进，打败了抵抗的德军。到10月31日，英军和加拿大军已迫使德军向西穿过堤道退向瓦尔赫伦岛。

10月2日，英军开始对瓦尔赫伦岛实施软化政策，轰炸机撒下大量传单警告荷兰平民，他们的家园即将受到长期密集的炸弹轰击。实际上，英军攻打瓦尔赫伦岛的计划不仅仅只是轰炸。因为瓦尔赫伦岛70%的地方都低于海平面，所以英军计划者认为让该岛保持中立最简单的办法就是破坏西卡佩莱大堤。西卡佩莱是荷兰最大最古老的堤防之一，它环绕该岛西海岸长约5千米。第二天，“兰开斯特”式和“蚊”式轰炸机共投下1 270吨炸弹，从而开始了突破西卡佩莱的第一次努力。10月7日、11日和17日，轰炸继续进行，共投下2 670吨烈性炸药。此时，整个岛屿除了海岸沙丘、法拉盛、米德伯格和该岛东部的小块地区外，都已沉入海下。

推进艰难

空袭接着又持续了两天。11月1日拂晓，在战舰“厌战”号和重炮舰“罗伯茨”和“黑暗界”号380毫米舰炮的支援下，英国两栖突击队在西卡佩莱和法拉盛登陆。11时，加拿大军从南贝弗兰德出发，穿过堤道，发动进攻，但他们很快就被德军击退。在随后的两天内，战斗双方各有胜负。加拿大军无法越过1 100米长的堤道继续向前推进。一名加军老兵形容这条堤道“像枪管一样直”。但对两栖突击队来说，突破则要相对容易得多。河水不断上涨，这使英军每次都能占领一个小岛。法拉盛的战役最为激烈，德军从船坞里的吊车顶部和停靠在海港的船上进行防御。11月4日，两栖突击队突破了最后一个德军阵地，并成功地劝降达泽尔少将和在米德伯格的2 000名德军。

同一天，皇家海军扫雷舰队驶往谢尔特河，扫除了50枚水雷。当晚，由其中六艘扫雷舰组成的小型舰队驶入安特卫普港。该河口水雷密布，在随后的三个星期里，共有10个扫雷舰队从谢尔特河两端相向扫雷，共排除水雷276枚。11月28日，第一护航队安全抵达。该护航队由19艘“自

↓一辆扫雷坦克正开下坦克登陆艇。第79装甲师的这些专用装甲车在盟军海上的进攻中发挥了举足轻重的作用，从而决定了德国占领西北欧的命运

↑英军“克伦威尔”坦克行驶在荷兰的一条街道上。此处距离多德勒奇特和鹿特丹之间的要塞——荷兰斯奇迪普上的大桥约有2千米。穿越荷兰非常困难，以至于直到1944年12月盟军的进展始终不大

由”号舰艇组成，重量大都超过7 000吨。到12月初，英军管理下的海港的17 000个码头平均每天处理多达20 000多吨的货物，从而彻底改变了盟军的后勤形势。几乎在一夜之间，盟军拥有的港口容量就从不及所需货物的1/3提高到超过1/3，从而完全可以应对即将到来的消耗战。

9月12日，当第21集团军群正在肃清谢尔特河时，霍奇斯的第1集团军发动了对亚琛的攻势。第1集团军的第19军从北面发动进攻，但很快就陷入困境；第7军从南面推进，在赫特根森林遭遇德军的顽强抵抗。亚琛南面和北面的战斗都进行得非常艰苦。10月16日，第19军和第7军最终击退了敌人的顽强反击，形成了一个包围圈。希特勒命令必须坚守查理曼。查理曼是以第一帝国的创立者查理曼大帝的名字命名的。指挥官格哈德·威尔克上校和第246国民掷弹兵师也准备誓死保卫查理曼。在6天激烈的巷战中，德军从城市的排水沟向美军发动攻击，但第26步兵师还是杀出了一条血路，穿过了这座遭到严重破坏的城市。到10月22日，德军防线已经只剩下该市西北部的拉特斯彻斯特拉斯地区——威尔克的部队正在一个巨大的四层防空混凝土掩体中进行坚守。美军调来一批155毫米榴弹炮近距离猛

烈轰击该楼；一天之后，威尔克率领他的士兵向美军投降。

尽管亚琛战役打得非常惨烈，但若将其与在赫特根森林进行的战斗相比，却是小巫见大巫，简直不值一提。赫特根山区崎岖不平，被浓密的松树林所覆盖。从西南到东北，长约40千米，宽20千米。德军“西壁”防线从南向北与之贯穿相交。该地区遍布地雷、铁丝网和地堡，并且在通往该地最佳的道路上都部署了灵活机动的“虎”式坦克。9月和11月间，美军5个师共12万名士兵被派往该地。经过激烈的战斗，美军伤亡约33 000人，这是美军在西北欧遇到的最糟糕的战役。曾经历过这场战斗的欧内斯特·海明威形容说：“帕斯尚尔整个地区都爆炸了。”盟军的一个主要目标是施密特镇，因为该镇控制着通往位于罗尔河源头的施瓦明梅尔大坝的道路。除非占领大坝，否则盟军最终将很难渡过莱茵河。因为盟军登陆艇一旦下水，德军必定泄洪，洪水经罗尔河会流入莱茵河，将会给盟军渡河造成极大困难。曾在8月29日穿越巴黎的第28师于11月2日在密集炮火的掩护下进攻施密特，但因受到木屋顶碉堡里一伙敌人的阻击而前进缓慢。最后第28师的第112团攻入施密特，但在11月4日他们因为遭到装甲掷弹兵的

↓1944年12月，在荷兰尼基梅根附近，盟军士兵正从一辆运兵车中出来。蒙哥马利责怪艾森豪威尔的政策使盟军战场陷入僵局，他决定迫使德军转向运动战

反击而被迫撤退。至此第28师在施密特的进攻彻底宣告失败，并付出了死伤6184人的代价。这是一个美军师遭受损失最惨重的行动之一。

猛烈轰炸

11月16日，以美国第1步兵师“大红师”为先头部队的五个师开始进行新一轮的尝试。在支持地面作战的最大的一次空袭中，美国空军第8军向德军的多个阵地共投下超过1万吨的炸弹。在12月8日美军到达罗尔河岸之前，赫特根的几个镇已经被彻底炸毁。

与此同时，巴顿和第3集团军也没有闲着。由于后勤供应首先补给蒙哥马利的第21集团军群，巴顿非常恼火。他在9月3日的日记中倾诉道：“我们将要用‘岩石汤’的方法横越南锡和梅斯，我今天下了命令……曾经有一个乞丐到一间房里要些开水煮岩石汤。女主人觉得很有趣，给了他开水。乞丐把两块在手里摸得非常光滑的岩石放进水里。然后他想要些土豆和胡萝卜加点味道，但最后他却从主人那里得到了一些肉。换句话说，要进攻，必须先假装勘查，然后加强侦察，最后进攻。这种作战方式真让

↓美军步兵和装甲车在开往位于法德边境亚琛的法国道路上。1944年9月12日，霍奇斯将军率领的美国第1集团军开始发动进攻，但他们不久就陷入了困境

↑法国的士兵利用一门75毫米的反坦克炮向躲藏在贝尔福城堡的德军开火。古老的贝尔福城是通往德国南部山口的要塞

人伤心。”

巴顿并没有在默兹河防守，而是继续前进了48千米，然后占领了梅斯以南摩泽尔河上的桥头堡。尽管石油供应极少，石油和炮弹经常告罄，但巴顿仍想法通过夺取敌人的物资和燃料来竭力维持自己的军队继续前进。巴顿除对南锡和梅斯南北同时进行包围行动，还派兵与位于第戎以西的帕奇的第7集团军取得联系。

巴顿全然不顾德军的反击，派第5师进攻梅斯，结果被德军打退，死伤达5 000人。德军继续在洛林作战，他们熟悉地形，而且那里的地形对防守也非常有利。摩泽尔河与萨尔河从南向北穿过第3集团军的前进路线，并且该地有大片的树林和石头筑的村庄，这些都变成了延缓盟军进攻和进行反击的阵地。此外还有天气原因：洛林11月份平均降雨量为63毫米，但在1944年的11月份却达到了178毫米。到11月中旬，巴顿的装甲车要离开公路已经变得越来越困难。不过更重要的还是对空军行动的影响：8月份，第19空军战术司令部共派出飞机12 292架次；而到11月，这个数字则降到了3 509次。

11月8日，巴顿派他的第12军冒着滂沱大雨前往梅斯，42个炮兵营总共发射了20 000枚炮弹进行掩护。第二天，第3集团军的第20军悄悄地渡过梅斯以北的摩泽尔河。河水上涨，冲毁了多座浮桥，但装甲车最终还是渡过了摩泽尔河。不久，在三个师的联合进攻下，梅斯的整体防御能力大为削弱。11月19日梅斯被围，两天后守军投降。12月初，第3集团军最终到达萨尔河旁的“西壁”。在此次战役中巴顿共损失55 182人，其中死亡6 657人，因雨淋和疾病导致的非战斗性死伤人数基本上与此相当。

进展缓慢

到12月中旬为止，盟军在各条战线上都进展缓慢。蒙哥马利则又批评起艾森豪威尔，他说，这位最高统帅是协调人，而不是统帅；他的“试试吧，乔”的政策不仅不能使所有战线取得胜利，反而导致各个战场都陷入了僵局。阿兰·布鲁克将军同意他门徒的看法，他在11月24日的日记中写道，他对此非常忧虑，“事态令人非常不满意，无人组织地面作战。艾森豪威尔本应这样做，但他却待在兰斯的高尔夫球场，对此事漠不关心，并且在地面作战上几乎毫无作为”。

11月28日，艾森豪威尔和蒙哥马利在第21集团军群大本营举行的会议上进行了激烈的争论。会后蒙哥马利向布鲁克报告说，艾森豪威尔已经承认盟国远征军最高统帅部制订的计划失败，并且承认“我们因战略失误而遭受了损失”。12月5日，艾森豪威尔再次与蒙哥马利会面，这一次是在马斯特里赫特。蒙哥马利认为，打破僵局和降低战争消耗的唯一解决方法就是迫使德军转向运动战。仅仅11天后，蒙哥马利的愿望即得到实现。

↓一名法国机械师在一辆俘获的“豹”式坦克上进行研究，“豹”式坦克设计于1941年，在1943年夏的库尔斯克战役中首次行动。它重达43吨，最高时速45千米（28英里）。起初不可靠，但1944年中期它成为强大的对手

9

阿登反攻

“市场花园行动”的失败使盟军感到有些不安，但在1944年年底令他们更为震惊的是，德军的进攻似乎要重演其1940年的胜利场面。

当盟军摧毁第三帝国的西线防御时，他们的军队正缓慢地行进在阿登地区。阿登地区是一个森林茂密的山区，比利时、卢森堡和德国在此接壤。在最北部，第21集团军群与左翼的加拿大军队和其右翼的英军陷入了马斯河的战斗中——该河上有一个凸角恰好伸向阿纳姆南部。自从肃清谢尔特河的德军以来，他们向东进攻了芬洛和鲁尔蒙德，但取得的胜利却微乎其微。其右翼为新成立的由辛普森中将率领的美军第9集团军。该军是布雷德利的第12集团军群经过扩充后的一部分，负责为第21集团军群提供援助。当时第12集团军群正向罗尔河推进，遭到了德军顽强的抵抗。它的右方是霍奇斯的第1集团军，该军的第7和第5军仍在赫特根森林与德军交战。赫特根战斗把霍奇斯的部队牵制在北部。这样一来，也就只有托尼·米德尔顿少将所在的第8军的4个师把守前线。这条战线向南延伸112千米，穿过阿登地区。在米德尔顿的右方，巴顿的第3集团军已经深入洛林，从各处向“西壁”发起进攻。帕奇的第6集团军群越过罗纳河，实际上已到达位于斯特拉斯堡的莱茵河畔。在它右面是一个危险的凸地——科尔马口袋，而在孚日山脉中驻扎有德军的第19集团军。“口袋”的南侧是法国第1军，法军的右翼有瑞士边境的保护，他们已穿过贝尔福隘口到达巴塞尔城下的莱茵河畔。

←←1944年12月5日，美军第1集团军第8步兵师第121步兵团的一等兵托马斯·吉尔戈在德国境内的赫特根附近的一场战斗间歇时休息

↑1944年12月16日，德军反攻前一名德军士兵在一个伪装很好的前线观察哨观察美军的动向。德军充分利用了恶劣的天气

反攻计划

就在9月初德军防线刚刚得到巩固时，德军参谋长阿尔弗雷德·约德尔将军已开始研究反攻的可行性。9月6日，在东普鲁士赫斯的泽根堡的最高统帅部大本营，约德尔在向希特勒作的简单报告中认为，在发动进攻之前，德军必须解决的一大难题就是盟军的空中优势。因为进攻需要集中部队，而盟军的空中优势会使其变得相当困难。约德尔认为，把进攻推延到秋季可解决这一问题，因为秋季多云雾，可以降低盟军空中侦察和战斗轰炸机的效力。同时必须把知晓该计划的人限定到最低人数，至少在早期必须这样做。但在哪里发动进攻这个问题仍未解决。到9月20日，从情报报告中可以清楚地看出，盟军认为德军不再具备进攻的能力，从而忽视了阿登地区。那一天，在赫斯的泽根堡召开的最高统帅部大本营会议上，希特勒慷慨激昂地向与会军官发表了长篇演说，他认为德军正处于绝境。“我们不能发动大规模进攻。我们要做的是坚守阵地或者战死。”会议一结束，希特勒就邀请凯特尔、约德尔、古德里安和德国空军代表克莱伊普将军到一间内室。希特勒站在一张展开的西北欧地图前，大声喊道：“我做出了一项重要决定。我要进攻！在这儿——阿登！穿过默兹河一直到安特卫普。”

“镰刀行动”

早在1940年春，主要是由于来自希特勒的压力，使得各种照搬过时的一战战略的行动计划都被搁置起来，而由激进的“镰刀行动”计划取而代之。那时，在仅仅两天之内大部分德军坦克师就穿过了阿登，越过默兹河，然后挥师西北，在出发后的第10天就到达了阿布维利的英吉利海峡海岸，将法国第1集团军和英国远征军包围在法国的东北部和弗兰德斯的一个口袋里。1944年秋，前线形势几乎与当时完全一样。希特勒企图在阿登

←德军士兵挤在莱茵河畔的防空壕里躲避盟军飞机的轰炸。连续几个月的后撤之后，在为反攻进行准备的过程中，德军的士气大为提升

突围，占领安特卫普，把美国第12集团军群和英国第21集团军群逼到马斯河和“西壁”北部。英国和美国的新闻界早已充分证明，英美合作不过是虚饰而已，也就是说，同盟国对德国进攻的反应会是缓慢而脱节的。虽然德国进攻不会取得全面胜利，却能引发伦敦和华盛顿的政治危机。这可能会导致丘吉尔下台以及德国和西方同盟国协商和平，从而使德国可以腾出手来对付苏联。

希特勒继续深入讨论如何才能取得这样的结果。他估计进攻至少需要30个师，其中的10个师必须是装甲部队。这些部队可以组成4个集团军。那些处于进攻区域南北方的部队几乎全部由步兵组成，他们的任务是向前推进，保护主攻部队的两翼免受攻击。他想把坦克和步兵混合的两个装甲部队作为主攻部队，目标还是安特卫普，这是无论如何也不能背离的。第2天，坦克将强渡默兹河，然后挥师东北，攻到布鲁塞尔周围。第7天，在盟军最高统帅部做出反应之前到达安特卫普。

保密至关重要

为保证绝对保密，只有精心挑选的一些人知道这个进攻计划；不同的领导层使用的进攻代号并不一样，并且代号每两周更改一次。另外，电话或电传都不能提及任何有关进攻计划的内容。他们委派发誓保密的军官当信使，在一旦出现泄密就当场处死的威吓下，他们只能保持缄默。希特勒解释道，只有这样预防，才能保证安全。

德军的准备

9月25日，西部战场的总指挥官陆军元帅冯·龙德施泰特受命将第1、第2装甲军从前线撤回。表面上是为了休息整编，实际上他们是组成一支新的党卫军第6装甲集团军的主力部队。希特勒把它交给党卫军大队长约瑟夫·塞普·迪特里希率领。迪特里希是希特勒从纳粹党早期就信任的心腹。这支部队将组成北部的主攻力量。负责进攻中部的第2坦克进攻编队是哈索·冯·曼陀菲尔的第5装甲集团军，当时他们正在南部与巴顿对峙，他们在10月下旬被撤回整编。所有这些部队都是陆军元帅沃尔特·莫

↓德国伞兵部队坐在“虎”式II型坦克上去参加战斗。成百上千辆花费巨大的坦克和自行火炮投入了战斗

德尔B集团军群的一部分。他们理论上是由冯·龙德施泰特指挥，但为了达到进攻的目的，他们直接由在最高统帅部的希特勒负责。此时，行动代号被确定为“守卫莱茵河”——旨在表明一种平和的防御思想。

希特勒的大胆计划

10月21日，希特勒向党卫军突击队首领奥托·斯科尔兹内简单地说明了他的任务。斯科尔兹内曾在1943年9月对大萨索山发动了一次大胆的滑翔机进攻，营救出墨索里尼，并于1944年8月绑架了要与苏联讲和的匈牙利政府官员。他是德国杰出的特别行动的计划者和指挥官。希特勒现在赋予斯科尔兹内的使命是极其冒险的：他需要从整个军队中搜罗会说英语的士兵，组成所谓的第150装甲旅，然后在代号为“麒麟”的行动中，身着美军战服，驾乘美式战车，渗透到美军战线，在主攻部队进入前，在美军

←德军部队正穿越已被攻占的美军阵地。雾雪天气使德军的进攻取得了奇效，也使盟军无法进行空中侦察

后方制造尽可能大的破坏。

第二天，希特勒又将计划简要地告知冯·龙德施泰特和莫德尔。此时，希特勒又遇到了与1940年春同样的难题。参谋学院培养的军官都形成了一种思维定式，即任何不周密的计划都是难以接受的。莫德尔惊愕地读着计划，大声叫道："这个鬼东西，根本站不住脚！"冯·龙德施泰特也有同感，并提出了一项更为稳妥的替补计划，即由20个师在64千米长的战线上发动进攻。希特勒在与他的将军们开会时，就德国军事史发表了演说。"显然，你们忘记了腓特烈大帝。"他对冯·龙德施泰特说，"在罗斯巴赫和卢登，他打败了两倍于己的敌人。他是怎样做的呢？大胆进攻……你们这些人为什么不研究一下历史？"对于将军们的担心，他只做出了一点让步：开始时把进攻日期推迟到12月10日，后来又推迟到了12月16日。日期的推迟为增加供应争取了更多时间，但是也把行动的时间推到了危险的冬季，那时雾期即将结束，到冬季的第一场雪后，气温降到零度以下，整个阿登的景色就像瑞士巧克力盒上的图片一样：蔚蓝无云的天空下，常青树被皑皑白雪覆盖着。

夜幕下的秘密行动

在12月份的前两个星期里，成千上万的部队、数千辆坦克和大炮都趁着天黑被部署到了艾菲尔山脉，这里是德军在阿登的军队的延伸范围。德

→德军进攻的前期，德军机动部队迅速穿过阿登森林

德国"虎"式II型坦克

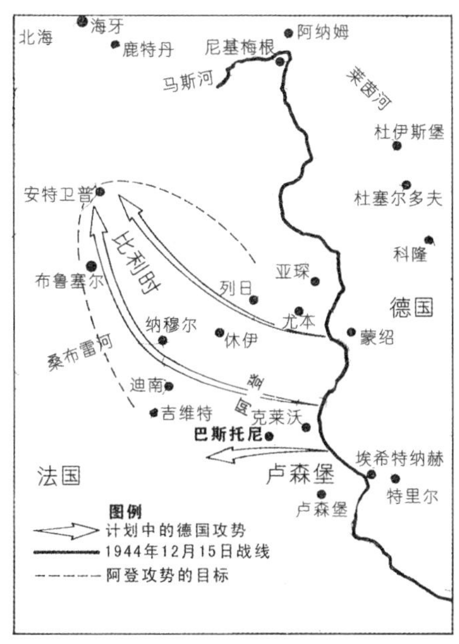

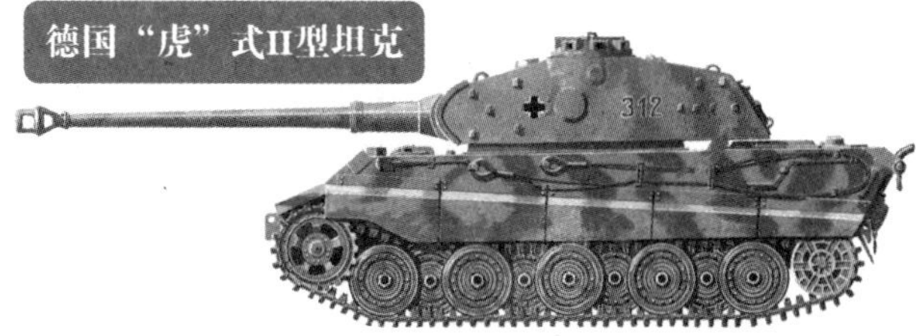

↑ "虎"式II型坦克对盟军坦克手来说是个强大的对手

突出部战役示意图

101空降师，巴斯托尼，1944年12月

1944年12月，24个德国师在西线投入针对盟军进攻的最后一次反攻。希特勒计划在阿登取得突破，把盟军一分为二，并进而突向安特卫普。此次反攻完全出乎盟军的意料之外。从12月16日至20日，德军向斯塔夫洛特、圣维特、霍法利兹和巴斯托尼推进。艾森豪威尔将军命令第101空降师赶去保卫巴斯托尼，因为该地地处控制南北和东西运动的十字路口，战略地位十分重要。到12月20日，巴斯托尼已被德军包围，但是101师坚守阵地，利用所谓的"突出部"拖住敌人。"突出部战役"给德军的这次反攻造成致命打击

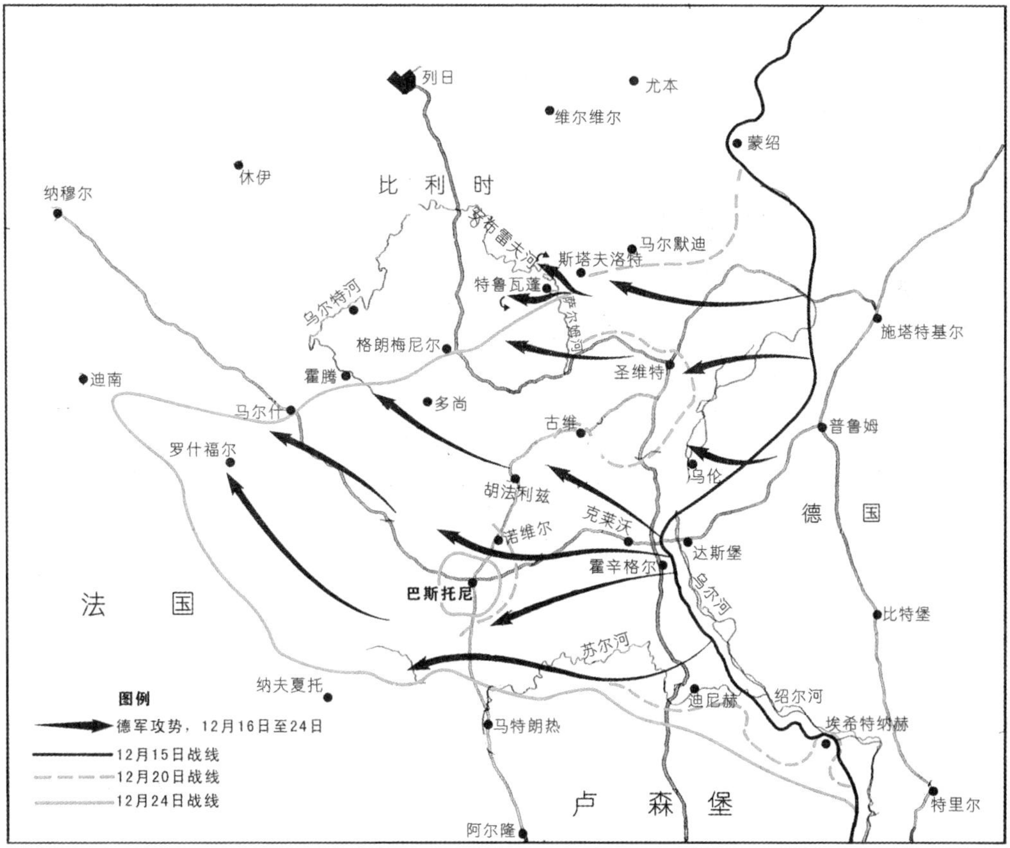

军夜间战斗机不停地在阿登的低空中飞来飞去，飞机发动机的噪音盖过了德军大量战略物资和士兵通过的声音。拂晓前一个小时，所有行动都停下来，成队的士兵用松树枝和扫帚清除公路上所有的坦克和轮胎印。这样一来，盟军的空中侦察也就无从发觉。最后的命令于12月11日发出。此时，德军在阿登已有23个师，另有2个预备师，这其中共有10个师配备有装甲车辆。在北部，迪特里希率领着4个装甲师（第1、第2、第9和第12党卫装甲师）、第3伞兵师和4个国民掷弹兵师。他部署了总共450辆坦克和自行火炮。在他的左侧，曼陀菲尔也有4个装甲师（第2、第9、装甲教导师和第116装甲师，共拥有大约350辆坦克和装甲战车，另外还有第15装甲掷弹兵师）和4个国民掷弹兵师。曼陀菲尔的左侧位于进攻地区的南部，埃里希·布兰登堡将军率领着第7集团军，该军由第5伞兵师和4个国民掷弹兵师组成。除此之外，最高统帅部还留有一个预备队，共两个师和两个精兵旅，他们只有在希特勒明确的命令下才参加战斗。德军共集中了大约30万

↓德军在进攻阿登时完好无损地占领了一座美军建造的大桥，并立即投入使用

←此幅照片是在阿登进攻中党卫军突击队的首领约阿希姆·派普于圣维特–马尔默迪的十字路口他的指挥车里拍摄的。派普的党卫军在装甲车进攻中屠杀了大批美军战俘和平民

↓约阿希姆·派普在马尔默迪杀戮前曾是希特勒的副官，在马尔默迪大屠杀前曾在东线广泛行动。战后，他在达豪因战争罪受到审判

名士兵、1 000辆坦克和自行火炮、2 000门重炮。另外，德国空军还匆忙召集起1 000架战斗机和战斗轰炸机，其中包括200架梅塞施密特Me 262型喷气式飞机。这意味着在某种条件下，德军有可能会取得暂时、局部的空中优势。

突然袭击

美国人把阿登称为“魔鬼前线”，因为部署在此处的盟军部队大多只是存在于假想中。实际上，此处只有6个战斗力薄弱的师，总共75 000人。其中，第28和第4师由于在赫特根森林战役中伤亡惨重，被派往阿登休整。而第99和第106师则是刚刚抵达欧洲便被派往阿登，因为那里比较安静，他们可以学习一些基础的军事技能。其实前一个月盟军情报人员就已获

→希特勒青年军看守德军在进攻初期俘获的美军战俘，党卫军在诺曼底遭到重创，很快就会被撤回德国

得了一些情报，而如果这些情报当时就被破译的话，它们就会提醒盟军最高统帅部戒备德军即将发动的进攻。但是情报人员却相信德国国防军不可能再发动大规模的攻势。例如，巴顿的情报官员就曾报告说，曼陀菲尔的第5装甲军被国民掷弹兵师代替，但这件事却被解释为德国即将发生人事危机的征兆。与此同时，盟军情报人员则报告说德国石油严重短缺，怨声四起，但这却被理解为德国的石油已经耗尽，而不是石油被大量储备起来以备他用。11月初，盟军情报局甚至监听到，德国国防军号召会说英语的士兵自愿参加特殊任务。起初，情报分析员还不能肯定能从中得到什么，但他们最终确认德军可能是为了搜集更多的情报，而加强了对盟军战俘的审问。

12月16日凌晨4时，德国大炮冲着美军开了火。这使美军前线部队陷入一片惊慌。在许多地方，美军士兵都认为他们正处在前线，但他们却发现载着大批美军的吉普车（每辆车上大约有六个人）正轰隆隆地向西驶去，他们带来了一些令人惊恐的消息，自称是去执行新的任务："德军已经突破防线""你们尽快撤退""不要毁桥，我们会替你们处理的"，等等。斯科尔兹内原本希望至少能有2 000名穿着美军战服的德军渗透到美军防线，但最后他的突击队只有约800多人渗透成功。虽然他们大都会讲英语，但他认为只有十多个人能够真正冒充美国人。并且，他也只征到相对较少的战车（大多数德军部队听说斯科尔兹内要征用战车，都把他们缴获的吉普车藏了起来）。所以突击队的每辆吉普车上都至少有六个人，而真正的美军则是不会这样的。

混乱蔓延

由于这些困难，斯科尔兹内的突击队员大多数在3天内就被美军察觉了，许多人都被抓获并被处死。但到那时为止，他们已经制造了混乱。在两三辆吉普车被察觉后，阿登的通讯线上就已流言四起，导致人心惶惶。美军估计的德军实力比实际多出了几倍。整个阿登盟军都建起了路障，阻止并质问每辆车上的人，原本30分钟的路程至少需要4个小时，这种事情发生的次数不是一两次而是成千上万次。所有的部队就像精密的机械系统，而斯科尔兹内的“麒麟”突击队就像是瑞士表里的一小粒沙子。

德军坦克的威力

在阿登中部，曼陀菲尔的第5装甲集团军碾过美军的第28和第106师的阵地，使这两个师很快就失去了联系，然后又向圣维特和巴斯托尼进发。德军的电影摄制组尾随在坦克之后，摄下了大量胶片。胶片上显示了成队的美军战俘向东行进，这足以使德国的观众相信形势已经发生逆转，至少在目前的一段时间里是这样。在南部，布兰登堡的第7集团军袭击了美军第28师第109团，迫使其向西南方撤退。德军党卫军第6装甲军在北部的进攻是最为重要的，该军由党卫军突击队首领约阿希姆·派普指挥，以战斗集群为先头部队。约阿希姆·派普是一名29岁的党卫军军官，他在苏联战场上令人闻风丧胆。在部署战斗集群前进的路线时，他认为“虎”式坦克对盟军的心理影响非常大，所以他决定将它们放在纵队的最前面。

派普用了48个小时撕开阿登战线，直抵距离其出发点40千米的斯塔维洛特。而留在他们身后的则是许多被杀害的美军战俘和比利时平民，其

↓在缴获的德国胶片中冲洗出的照片上，一名党卫军士兵站在一辆熊熊燃烧的美军半履带车前。德军为阿登进攻组成了一支30万人的强大部队，其中大部分人经验丰富，身经百战

↑党卫军突击队的首领奥托·斯科尔兹内招募的会说英语的德军士兵渗透到盟军战线，占领要塞，对盟军造成了极大的破坏。而他们一旦被俘，盟军也对其毫不留情。图中，一名德军士兵被就地处决

中有19名美军战俘死在洪斯费尔德，8名死在利格纽维尔，86名死在马尔梅迪，另外约有100名手无寸铁的比利时平民被害。

令人震惊的进攻

德军发动进攻的消息过了很久才传出阿登，这主要是因为炮火和斯科尔兹内的突击队切断了盟军的电话和电报线路。山里和森林中的无线电通信，尤其是在雨天，在最好的情况下也是断断续续，甚至比这更糟。但是部分问题则出现在下级军官身上，他们无法了解正在进行中的战斗的规模，而且已经习惯了德军采取守势，认为德军的行动不过是有限的反击，而并非全面的反攻。直到下午晚些时候，德军进攻的消息才传到艾森豪威尔的耳中，他当时正在位于凡尔赛的盟军远征军最高统帅部总部。布雷德利早到了一会儿，但并没理会，他认为这仅仅是一次破坏性袭击。然而艾森豪威尔却看不出德军在阿登进行有限进攻的目的，因为那里实质上没有任何对德军有价值的东西。对在阿登发动进攻的性质唯一讲得通的就是全面的战略进攻，这与1940年夏发生的事件一样。

机智的艾森豪威尔

毫无疑问，机智的艾森豪威尔对形势迅速而准确的判断使美军避免了一场灾难。但是布雷德利却仍然认为艾森豪威尔对此事反应过度。在与布雷德利一起研究完地图之后，艾森豪威尔计划增援米德尔顿的集团军。当晚，他命令巴顿的第10装甲师前往德军渗透地区的南翼，同时又派第7装甲师去占领北翼位于圣维特的岔路口。

战略预备队投入战斗

第二天早上，艾森豪威尔将最后的战略预备队空降师投入战斗，派遣第101空降师和第10装甲师的战斗组去巴斯托尼（另一个重要的岔路口），同时将第82空降师派到德军渗透地区的北边。艾森豪威尔在部署战略预备队上已经非常熟练，但他缺乏处理战争其他方面问题的能力。经他同意，决定对盟军远征军最高统帅部新闻部实施新闻管制，以免大量未经核实的传言到处蔓延。有人认为美军已遭重创，这个假设在这种情况下是非常可信的。在德军发动进攻后的24小时之内，又有一个流言散播开来：身着美军战服、驾驶美军战车的德军突击队精兵，正在去往巴黎暗杀艾森豪威尔的路上。此时在盟军远征军最高统帅部总部周围立即架起了机枪和铁丝网，安全保卫工作非常严密，就连布雷德利和贝德尔·史密斯都很难见到最高统帅。所有这些过度反应都制造了一种危机气氛。艾森豪威尔坚持为安全起见而大量部署装甲部队，结果却造成了更大程度的恐慌。士兵见到最高统帅部总部周围建起了防御工事，又听不到有关战争进展的真正情况，他们只能认为目前的事态相当糟糕。

↓全副武装的党卫军士兵正穿过比利时的一条公路发动进攻，准备迅速占领盟军的燃料供应站，以维持其装甲车继续前进。但是由于部分地区的顽强抵抗，如巴斯托尼，这一计划最终失败了

→德军战车和装备掩藏在阿登森林地带以躲避盟军战斗轰炸机的轰炸。天气情况适合飞行时，德军在公路上的任何活动都会招致空中打击

↓第83师第331步兵团3连的弗兰克·瓦卡辛停在两具德军尸体旁，向“加兰德”步枪里装子弹。他正行进在比利时的豪法里兹白雪皑皑的前线上

避免恐慌的措施

部分人为的恐慌气氛似乎也感染了艾森豪威尔，使他变得悲观起来。而他的行动也极大地加重了这种危机感。他向英格兰和欧洲大陆的军队监狱里的美国士兵提出，只要重新拿起武器参加战斗就可赦罪，而且过去的错误都可一笔勾销。艾森豪威尔同时又向大部分在供应部门工作的黑人士兵发出通知，向他们提供机会，“无须考虑肤色或种族”，将他们调到战斗部队。艾森豪威尔的通知与作战部队的政策相抵触：黑人士兵不能与白人士兵在同一个部队服役，因为黑人军官和军士不能向白人发令。这一事实很快就被人注意到。接着艾森豪威尔又发布了新的通知，允许黑人士兵自愿加入由白人军士和军官指挥的作战部队。

越来越多的迹象表明，严峻的形势使艾森豪威尔愿意将所有阿登北部的美军——实际上就是美军第9集团军和第1集团军——交由蒙哥马利指

↓陆军元帅蒙哥马利和盟军第9集团军指挥官辛普森将军一起勘察德军防御线以外的地形，在阿登行动中，辛普森的人从布雷德利的指挥下转到蒙哥马利的指挥下，布雷德利非常懊恼

↑被盟军缴获的德军电影胶片。该胶片拍摄的是1944年12月德军伞兵部队正在检查缴获的美军装备。然而，他们却并没有获得他们最急需的东西——燃料

→→德军的机动部队，摄于阿登进攻中。如果天气允许的话，这种部队可以迅速穿过该地区茂密的森林

←在圣诞夜作战失败后，疲惫不堪的第101空降师正在巴斯托尼参加宗教仪式。各个教派的牧师在战争中表现出了极大的胆识，对鼓舞士兵的士气和作战精神起到了巨大的作用

↑天赐食物：C-47运输机向被围的巴斯托尼驻军投送供应品。从12月23日到28日，842架军事运输机不断从空中向巴斯托尼空投补给，美军得以继续坚守了几天，这几天对他们来说是极为重要的

挥。这样布雷德利的第12集团军群就只剩下了巴顿的第3集团军。布雷德利只能把这看作是大多数人对他指挥才干的不信任，对此他极为愤怒。他对着电话大声喊道："上帝啊，艾克，你如果这样做，我就无法向美国人民交代。我辞职。"艾森豪威尔拒绝接受辞呈，他让布雷德利冷静下来，然后给蒙哥马利打电话，让他来指挥美军第1集团军和第9集团军。蒙哥马利从8月底一直想要的就是对美军的指挥权。此时，一个体谅他人的人会表现得宽宏大量，但蒙哥马利却不是。在接管美军指挥权两个小时之内，他就视察了霍奇斯和辛普森的部队，他阔步走进霍奇斯的总部，"就像耶稣来使教堂净化一样"。与以往相同，蒙哥马利毫不在乎地向布鲁克报告说，辛普森和霍奇斯"似乎对有人能向他们发布强硬命令感到非常高兴"。

德国的问题

实际上，在艾森豪威尔的预备队抵达阿登之前，事情的发展已经越来越表明，1944年12月并不是1940年5月的重演。在1940年的战役中，天热地干，德军派轻型装甲部队进攻阿登东西两翼。而现在，德军则试图通过泥泞的乡村小路展开进攻。许多纵队都像派普的部队那样，由重达68吨的"虎"式坦克打头，以威慑敌军。但这却使公路变成了泥河，"虎"式坦克只得将轻型战车从泥沼中拖拉出来。而且几个小时的低档驾驶也会增加燃料的消耗。24小时内，大多数纵队的供应都出现了困难。

对于德军的进攻来说，主要的困难还是来自分散的美军部队（这与1940年法军的情况不同），他们甚至小到一个班，尽管已经与上级编队失去了联系，却仍在用火箭筒或反坦克炮继续战斗。开始时美军认为他们是不可战胜的，没人愿向他们从诺曼底一直追到德国边境的德军投降。到了进攻的第2天，有关派普屠戮的消息在师级广播网传播开来，这又成为一种动力：还是战斗到死的好，因为德军不收战俘。

在埃希特纳赫——第7集团军前进的南翼，美军第4师第12步兵团的一个连在一家制帽厂坚守了五天，极大地拖延了德军整个师的前进速度。12月17日晚，配备有火箭筒和地雷的13个美军作战工兵将派普的部队阻挡在斯塔维洛特之外13个小时。派普的先头坦克刚一接近，一发火箭弹就将其摧毁，派普随即便撤退了。接下来派普的部队又在特罗伊斯庞斯被挡住了去路，这次阻挡他们的是隶属于第51工兵营的一支特遣部队，他们在派普的先头部队到达时炸毁了桥梁。德军的延误使得第82空降师有时间到达安布利夫河河谷，阻挡派普通往位于北方只有27千米远的默兹河和列日的最直接的去路。

↓第101空降师士兵寻回一袋刚投送到巴斯托尼的药品补给。此次战斗结束前，美国驻军遭受到半数左右的伤亡

防御成形

艾森豪威尔在12月16日晚的迅速反应现在产生了效果。第7装甲师的先头部队在准将布鲁斯·克拉克的指挥下先于德军抵达圣维特，并且迅速排成马蹄形防御阵式，延伸16千米一直到该镇的东面。这支部队由撤退的美军拼凑而成的作战分队组成。曼陀菲尔派出两个党卫军坦克师进攻圣维特，但克拉克却一直坚守到12月23日，迫使推进中的德军改走小路绕过该镇，从而延误了作战时机。在南部，第10装甲师的一个作战分队在巴斯托尼东部击溃了曼陀菲尔第5坦克师的先头部队，延缓德军的推进达24小时，从而使第101空降师有时间在12月19日拂晓进入巴斯托尼。准将安东尼·麦考利夫在麦克斯维尔·泰勒回华盛顿休假期间暂时负责指挥，他立即做好防御准备。到12月20日，他已组成了一支师级规模的部队。这支部队部分由伞兵部队和第10装甲师的坦克组成，同时还有由其他师掉队的士兵组成的作战分队（例如特遣队）。

巴斯托尼是阿登地区最重要的战略城镇，通往默兹河岸的纳缪尔和迪南特的主要路线穿过该地。如果德军不能占领该地，他们就只能在小路上前进，而这则会导致交通拥挤，出现后勤问题，从而使前进受到长时间

↓1944年12月26日，在比利时的巴斯托尼，第969野炮营和第101空降师的士兵从一架刚刚降落在周边的CG-4A“瓦科”滑翔机上卸下155毫米的榴弹炮弹

的延缓。12月19日，德军装甲教导师和第26国民掷弹兵师发动了第一次进攻，他们在隆威利这个偏僻的小村里成功地击退了部分美军第10装甲师，但仍未能进入该镇。12月21日，巴斯托尼被围，并受到猛烈轰炸。第二天，当德军向美军提出体面的投降条件时，麦考利夫用一个词回答了德军的劝降——“呸！”这使德军有些迷惑不解，直到美国伞兵部队开火，他们才恍然大悟。到12月23日，德军的疯狂进攻使得巴斯托尼的驻军伤亡过半，弹药也急剧减少。

巴顿的反攻

12月19日，艾森豪威尔在凡尔登会见了他的集团军群和集团军指挥官。布雷德利、辛普森、德弗斯和霍奇斯都非常焦虑和沮丧，但巴顿却认为德军的进攻是一次绝佳的机会。在这次美国军事史上最著名的谈话中，他对与会的美军统帅部成员说：“嗨，我们要有胆量让这些狗崽子往远处突进，一直冲到巴黎才好哩。那时我们就真正能把他们一段一段地切开，一口一口地吃掉。”艾森豪威尔问巴顿需要多长时间可以改变进攻方向（即从东转到北），对显然已属德军的阿登突出部的南翼发动反攻。巴顿回答道：“两天。”此时巴顿的事业正处于顶峰。他后来在日记中写道：

↓在迪南特，比利时难民渡过默兹河，以躲避德军的进攻。为防止桥梁落入德军之手，美军在桥上装上了炸药。他们在几周前才完整地占领了该桥

↑在德比边境，美军士兵试图定位反坦克炮。但是泥沼使得他们的工作非常困难，恶劣的地面条件同样也减缓了德军的前进速度

“我说能在22号进攻时，引起了很大的骚乱，一些人似乎很惊讶，另一些人则很高兴。不管怎样，我相信我可以做到。”巴顿提出的是战争中最艰难的行动之一。这意味着他所有部队的前进方向都要从向东改为向北，90度角的转变可能会给后勤带来不堪设想的困难。他的军官们现在不得不让部队踏上新的征程，并确保补给能从供应站送抵部队。而这些军需品供应站原本是为了一次与此完全不同的行动而建立起来的。

12月22日6时30分，巴顿的第3集团军由第4装甲师为先头部队开始向北进攻，目的是减轻巴斯托尼的压力。到黄昏时他们已前进了11千米，这在当时的条件下是不可思议的。然而当晚，巴顿在写给妻子的信中说：“我本想会走得更远，但我们途中遇到了暴风雪，到处都是废墟，所以我应该满足了，但我当然不会。”12月23日星期六早晨，巴顿写了一篇祷告词，以最高统帅的身份向上帝祈祷：“先生，我是巴顿。过去的14天简直是地狱一般。雨，雪，雨，雪。我开始想知道你发生了什么事。你到底支持哪一方？……先生，我不是不讲理的人，我不会让你做不可能做到的事……我所需要的只是4天好天气。”这篇祷告词在整个第3集团军中被广泛传阅，对鼓舞士气起了很大的作用，至少短时间里效果明显。12月23日正午左右，突然云开日出，美军运输机趁机向守军投下了144吨补给，同时美军空军战斗轰炸机则猛袭德军阵地。但是到了傍晚，天空又是乌云密布。在圣诞夜，曼陀菲尔又增派了一个师参加进攻。

圣诞节那天天气十分恶劣，德军全力以赴进攻巴斯托尼。德军坦克在炮火的支援下，在许多地方突破了第101师防线，一些美军部队的反坦克炮弹都打光了。12月26日天气转晴，此时本可以向巴斯托尼投送补给，但是由于德军占领了部分投送区，计划被取消，只有10架载着弹药的滑翔机和一架载有医疗队和药品的飞机在美军阵地的腹地突然降落。当天晚些时候，101师发现了德军疯狂进攻的原因。第3集团军第4装甲师的先头部队——第37坦克营的“谢尔曼”坦克突破了巴斯托尼的南部防线。放了心的麦考利夫出来与装甲营的指挥官克雷顿·艾勃拉姆斯中校握手——他因在突围中的良好表现而被授予优异服役十字勋章，后来他又指挥了美军在越南南部的作战行动。

战斗仍未结束

12月26日，巴斯托尼经历了戏剧性的一天，但战斗还远未结束。美军第4装甲师所占领的只不过是一条狭窄的走廊，而它的两翼则都是德军的坦克师。现在曼陀菲尔决定突破美军这一走廊地带，而这也正是巴顿一直盼望的。到新年前夕，又有6个德国师卷入了这场战斗，就连冯·龙德施

↓一支美军野炮营部队在一条比利时公路上构筑工事，准备阻击前进的德军。就是这种一小块一小块的抵抗减慢了敌人前进的速度，使他们落后于预定计划

泰特的战略预备队也参加了进来。随着时间的推移，突出部北部的战斗逐渐演变成了一场消耗战。美军第2装甲师和英军第29装甲旅击溃了最西面的德军部队，即第2装甲师和装甲教导师的大部。他们到达迪南特附近时燃料已经耗尽，而默兹河就在眼前。12月28日，艾森豪威尔要求蒙哥马利从北部向突出部发动反攻，并与巴顿连成一线。但蒙哥马利想要等待德军再次发动进攻，因此他一直拖延到了1月3日。

←←在比利时的萨佐夫附近，第3装甲师的第54野炮营的士兵藏在灌木篱墙后面观察德军的行动

那时德军已经发动了又一次进攻，但却不是在蒙哥马利所期望的地方。新年前夕，希特勒发动了“北风行动”，以9个师的兵力进攻驻守阿尔萨斯的德弗斯率领的部队，企图迫使巴顿将兵力抽出阿登，以保护自己的通信线路。德弗斯的部队被迫撤退，部分部队则出现恐慌。在从“超级机密”中得知德军进攻的具体意图后，德弗斯尚且能够坚守得住，但在1月中旬以前是否还能坚守则不明朗。

1月1日，德国空军发动了一次大规模的、也是最后一次进攻——派遣1 000架飞机袭击了盟军在比利时和法国东北部的空军基地。德军总共摧毁了206架盟军飞机（大部分在地面上），另外还破坏了300架左右，从而严重地挫伤了盟军的士气。在华盛顿，陆军参谋长马歇尔准备了一份备忘录，其中提出了仅在4个月前还是不可想象的计划——西方盟军不可能拥有攻占纳粹德国的物质实力或决心。马歇尔认为，英美联军很有可能不得不选择协商和平。

↓美军第3集团军第4装甲师的步兵在白雪皑皑的比利时山坡上成散开队形前进，他们是去援救被围在巴斯托尼的部队

V1和V2火箭进攻

在伦敦，丘吉尔也开始显露出绝望的表情。德国以V1和V2火箭展开的进攻仍毫无减退的迹象。伦敦每天都有几十人死亡，上百人受伤，英国政府也即将撤离伦敦。例如，1月3日至4日夜间，德军在3小时内共发射了50枚V1火箭；两天后，又有13枚V1火箭落在这座城市。1月6日，丘吉尔致函斯大林，承认“西线的战争非常激烈，任何时候都需要最高统帅部做出重大决定”。他让斯大林自己得出结论，并暗示并非所有情况都好，他问斯大林：“1月份苏军能否在维斯图拉河（现在的维斯瓦河）前线或其他地方发动大规模进攻来支援我们？”

丘吉尔的信有些不合时宜，因为“突出部战役”已经取得了胜利，但这封信却使斯大林得以声称是苏联1月12日发动的维斯图拉进攻挽救了西方。事实上，那时已有26个美军师开进阿登，不断发动进攻，以摧毁冯·龙德施泰特的部队。1月16日，从北面来的美军第1集团军的前卫巡逻兵与从南面来的第3集团军的巡逻兵在豪法里兹会师。两周后，美军重新夺取其于12月16日占领的阵地。在这次战役中美军伤亡惨重（超过8万

↓第4装甲师的士兵用M1“加兰德”步枪掩护战友向巴斯托尼前进

↑在比利时史塔维洛特公路上，美军士兵正在检查一辆燃料耗尽的“虎”式Ⅱ型坦克。德军从未达到完整占领盟军燃料供应站的目标，这是其进攻失败的主要原因

↓美军增援部队正开赴前线：一辆M8装甲车在阿登森林缓慢地经过美军炮兵辎重车

人），其中死亡19 000人，被俘15 000人，而德军的死亡人数则达到10万人。英军只死亡1 400人，他们在战争中起到了有效但却并非至关重要的作用。然而这一点也没有让蒙哥马利停止讨回名誉的做法。1月7日，在得到一直渴望的对美军第1集团军和第9集团军的指挥权后，蒙哥马利立即召开新闻发布会。在会上，他要求将美国部队置于他的指挥之下。这个要求在政治上是不可能的。他一开始就声称他已经策划好了防御计划。他说，这是一场有趣的战争，不像在阿拉曼；实际上，“我认为这可能是我指挥的战争中最有趣、最复杂的战争之一”。蒙哥马利的推测尽管荒谬绝伦，但人们也可以认为这只是在表现他那人所共知的自负心理。然而接下来的话却改变了人们的这一看法。蒙哥马利说，美国军队是世界上最杰出的军队之一，但只有在正确的领导下才是这样。美国领导层闻言大怒，巴顿在一次新闻发布会上把蒙哥马利形容为“一个令人生厌的小屁孩”。甚至有人听到艾森豪威尔说过蒙哥马利是“一个小人，其内心的小正如其外表的小”这样的话。战争还要进行4个月，但是盟军的计划制订现在却更多地被个人恩怨主宰着，而不是出于对战争的战略考虑。

←←救援终于到了。图为包围被解除后，补给纵队隆隆驶过得来不易的巴斯托尼镇。盟军用了36个小时撤出总共964名重伤员。在“突出部战役”中共有19 000名美军士兵阵亡

↓第101空降师指挥官——麦克斯维尔·泰勒少将（左）与他的副手安东尼·麦考利夫准将在一起。德军进攻阿登时泰勒在华盛顿，是麦考利夫组织了该师的防御

10

强渡莱茵河

虽然“突出部战役”标志着德国国防军作为进攻力量已经崩溃，但是德军仍在继续战斗，对盟军来说主要的障碍是莱茵河。

“突出部战役”极大地震惊了盟军，但到1945年1月底，盟军已收复了所有失去的阵地，他们对未来非常乐观。尽管美军在阿登一战中损失非常惨重，但与此同时德军也在西北欧为生存而继续战斗，只是德军士气低落，补给短缺，人越来越少，已不能满足作战需要。艾森豪威尔想利用德军的这些劣势来制定他下一个阶段的战役——让盟军牢牢植根于德国本土的行动。

自然屏障

然而，决不要轻易地认为德军仅仅是一支入侵部队。虽然德军士气受挫，但他们仍受到保卫祖国的意愿的驱动。因此，当盟军缓慢地向柏林进发时，他们不得不提前准备一场苦战。实际上，对艾森豪威尔的部队来说，需要克服的下一个大的障碍是莱茵河。这是一道天然的防御屏障，它可以给德军心理上以鼓舞，从而能够顽强抵抗盟军的进攻。如果说在1945年年初渡过莱茵河还不足以让盟军统帅们考虑的话，那么他们现在完全可以考虑随时突破德军的防御屏障了。德军将屏障一直建到西部，这就是“西壁”防线，也叫齐格菲防线。这些屏障再加上恶劣的天气导致该地洪水泛滥，使得渡过莱茵河变成了一次极其复杂的行动，因此制订计划并集

←←1945年年初，一支美军部队用81毫米迫击炮在法国阿尔卑斯山脉战斗。由美国和法国自由军组成的第6集团军由德弗斯将军指挥，他们的任务是穿越这片艰难的地形

↑1945年1月，在穿越荷兰的行进中，英国第2集团军的部队配备着英式步兵反坦克武器，在“鳄鱼”喷火坦克的掩护下，小心翼翼地进入圣约斯特村

聚进攻所需要的人力物力也将花费更多时间。

艾森豪威尔强渡莱茵河的计划受到两方面的影响：一是“市场花园行动”的失败；二是蒙哥马利试图在1944年9月通过小股突进的办法，在阿纳姆强渡莱茵河下游的失败。对1945年逼近莱茵河的行动来说，从德国边境的阵地上大规模推进可以保持盟军战线紧凑，有利于削弱德军防守力量，从而取得进展。虽然这样进展相对缓慢，却不会给敌人留下休整的时间。对美国人而言，该战略也可防止英军尤其是蒙哥马利“抢着出风头”。这位陆军元帅想通过“市场花园行动”到1944年圣诞节赢得欧洲战争，他的想法也得到了艾森豪威尔的同意。但是到了1945年的头几个月，美国在欧洲军队的数量已经超过了英国或者说是英联邦。美国指挥官们希望对战争做出更多的贡献，而不仅仅是第21集团军群的配角。

盟军的强渡计划

在艾森豪威尔的计划中，蒙哥马利部队（包括威廉·辛普森中将率领的美国第9集团军）的任务是扫清到达韦瑟尔对面的莱茵河的道路。盟军将首先发动“真实行动”：英军第30军将从尼基梅根以东前进，穿过赖希斯瓦尔德森林。其次美军第9集团军将穿过门兴格拉德巴赫向东北方推进，并与英军在“手榴弹行动”中会合。在经过一段调整期后，第21集团军群将渡过莱茵河，从北翼包围鲁尔（德国的工业中心），最后挺进德国北部平原。如果一切顺利，在这个先进坦克的生产国，蒙哥马利的坦克将迅速开赴柏林。

布雷德利中将率领的美军第12集团军群的计划——“伐木工行动”——是推进到蒙哥马利的南翼，扫清从科隆到科布伦茨通向莱茵河的所有通道。由巴顿中将率领的美军第3集团军则将挥师东南，直逼美因兹和曼海姆，与德弗斯中将的第6集团军群会合，该集团军群将在“低调行动”中从萨尔进发，然后攻占莱茵河上南部的桥头堡，将德军预备队从蒙哥马利的进攻中转移过来，并从南部对鲁尔形成钳形攻势。布雷德利和巴

↓苏格兰后裔的美国兵一级准尉米拉德·格拉利正在“龙齿”齐格菲防线吹风笛。刚照完这张照片，德军就向这位风笛手开炮，他不得不停止，躲藏起来

↑英加军队在荷兰推进时，一辆“彗星”坦克驶过一座荷兰小镇。由于英军在阿纳姆空降失败以及德军在该地的顽强抵抗，荷兰的许多城镇直到临近战争结束前几个星期才被解放

顿都不喜欢这个计划，因为他们希望美军能起更大的作用。艾森豪威尔不久就得知由他的提议所引起的不满，所以他最后决定在强渡莱茵河成功后修改计划。

1945年年初，盟军行动的重点是迅速向莱茵河前进，并准备在早春发起强渡莱茵河的进攻。但是盟军首先必须突破“西壁”：这条防线位于德国边境，由装甲掩蔽部和反坦克工事组成了对任何进攻者来说都非常强大的屏障。1945年2月的阴雨天气使战场一片泥泞，盟军的装甲车前进更为艰难。更糟糕的是，在第9集团军的前进地区，德军控制了鲁尔河上的许多堤坝，一旦开闸，整个地区将洪水泛滥，任何人都难以前进。因此，原本形势对盟军非常有利，但四次进攻行动却不可能期望协调一致。

此时在北方“真实行动”和“手榴弹行动”即将同时进行的地区，蒙哥马利正以其极具特色的严谨态度，为进攻做着准备。这种严谨作风是有理由的，因为英军要想撕破德军的防线到达莱茵河，他们就必须克服重重困难。克里拉尔中将的加拿大第1集团军负责“真实行动”，同时还包括布莱恩·霍罗克斯中将的英国第30军的五个师：第2和第3加拿大师、第15（苏格兰）师、第51（苏格兰高地）师和第53（威尔士）师。预备队包括英国皇家禁卫军和第11装甲师以及第43（威塞克斯）师和第52（苏格兰低地）师。总计人数达8万人，坦克1 000辆。然而这支军队需要一定的计谋和所有兵力才能战胜与其抵抗的德国第1伞兵军——该军由阿尔弗雷德·施勒姆将军率领，共有12 000名士兵、36门自行火炮，其深层防御准备充分，并精心驻扎在高地。在对防守方有利的地区，由于道路泥泞（第30军的南北两翼都是如此），进攻不得不穿过赖希斯瓦尔德茂密的森林中狭窄的小路。这些地区障碍重重，足以阻止盟军的进攻。

“真实行动”

1945年2月8日5时，“真实行动”开始，1 000门大炮持续炮击了两个半小时。德军进行了还击，以至于在他们放弃阵地之后又遭受了三个小时的轰炸，成了盟军炮火的靶子。德军大炮毫无还手之力，盟军步兵在烟雾的掩护下前进。大雨使战场变成了一片泥沼，行动无法在道路上进行，步兵因而进展缓慢。在这种情况下，指挥和控制都极为困难，几乎不可能取得任何进展。步兵在没有装甲车和空中支援的情况下艰难地前进着，这与一战中在弗兰德斯苦战的情况非常相似。

第30军计划在3天或4天内到达目的地，但现在看起来这个进度显然无法完成。而克利夫镇也是直到2月11日才被占领。尽管对敌军阵地实施了猛烈轰炸，霍罗克斯也承诺调遣第43师以加快前进速度，但是交通拥挤和后来德军决定将鲁尔堤坝开闸这两件事阻止了第9集团军的行动。腾出手来的德国部队开始抵抗英加军队的进攻。到2月的第4个星期，盟军已进入戈赫，残余的德军也已退回莱茵河对岸，并破坏了该地区的所有桥梁。英军达到了他们的目的，但事态的发展却比预想的要困难得多，这对后面的战斗是个坏兆头。“手榴弹行动”计划本应在“真实行动”开始24小时后

↓英国坦克兵在穿越荷兰时抓紧时间吃口热饭

↑英国坦克兵正在察看刚刚被击败的德军丢下的反坦克炮。德军竭尽全力，进行自杀性抵抗，以减缓英军穿越荷兰的速度

进行，但由于鲁尔河泄洪，不得不拖延到2月23日。由于此时水位已经下降，美军实际上只遭遇了德军相对较弱的抵抗。3月3日，他们与英加军队在盖尔登会合。此时从尼基梅根到杜塞尔多夫通往莱茵河的道路已完全扫清，直到这时蒙哥马利才开始制订3月23日至24日强渡莱茵河的详细计划。

急需桥梁

第21集团军群面临的问题是，他们在行动地区还未占领一座桥梁。3月2日，美国情报部门报告有两座桥（一座在奥伯卡塞尔，另一座在于尔丁根）仍完好无损。于是美国第83步兵师的士兵伪装成德军，向第一座桥进发。然而就在距离该桥只有几百米时，他们只能眼睁睁地看着桥被德军炸毁。与此同时，美国第2装甲师和第95步兵师的士兵一路急行军，迅速占领于尔丁根的“阿道夫·希特勒桥”。该军的一部分成功地穿过渡口，却又被迫退回，随即大桥也被炸毁。因此在目前的情况下，必须从北部强渡莱茵河。

占领科隆

2月28日，布雷德利命令霍奇斯的第1集团军和巴顿的第3集团军开始发动进攻。“伐木工行动”开端很好，这主要是因为德国国防军被抽调去阻止蒙哥马利向北进军，其防守力量因而大大削弱。霍奇斯的部队在左路挺进，一旦洪水退去就渡过鲁尔河，然后进抵科隆平原。坦克和步兵紧密配合，所向披靡，消灭了余下部分地区抵抗的德军，最后于3月5—6日占领科隆。与此同时第1集团军的其他部队则逼近波恩，第9装甲师调往东南与巴顿的部队在鲁尔河畔的辛齐希会合。3月6日晚，第9装甲师到达位于莱茵河以西16千米的梅肯海姆镇，并立即准备趁敌军抵抗分散时发动进攻。就在此地，威廉·霍吉准将的B作战大队被派去包围雷马根地区的莱茵河，以保护该师其他部队开赴阿尔河谷与巴顿会合。他把部队分成几个小“特遣队”，其中的一队由第14坦克营的一部分，整个第27装甲步兵营和一些工兵支援组成，在陆军上校伦纳德·恩格曼的率领下，于3月7日早晨出发去夺取雷马根。午后时分，第27装甲步兵营的一支部队在陆军少尉卡尔·蒂默曼的率领下走出该镇的森林地区，他们惊异地发现，莱茵河上的鲁登道夫铁桥竟还未被德军炸毁。在这种情况下他们根本没有时间去进行详细侦查，恩格曼的部队迅速向雷马根扑去。当他们准备过桥时，对面的德军正要引爆炸药炸毁大桥，却未能成功。这样他们就在恩格曼的率领下成功地穿过了虽有损坏但仍很完整的大桥，并于16时到达莱茵河东岸。

←在西线挺进中，第101空降师第327滑翔步兵团第1营的炮兵，在一间牲口棚里操作一门伪装的反坦克炮。交错的木头柱子被用来伪装炮管

美军的桥头堡

渡过莱茵河的消息迅速传遍了整个美军部队和盟军指挥系统。到了3月7日夜幕降临时，布雷德利在知道成功渡河的消息后，高兴地说："这会打得他们皮开肉绽！"艾森豪威尔在得知消息后立即命令所有部队穿过该桥。但是在雷马根渡河也不无缺点，它显然与盟军进行中的计划格格不入，而布雷德利却没有看到这个问题。"桥就是桥。"他驳斥道，"哪里还有地方可以渡过莱茵河？"但是，占领鲁登道夫桥并没有让艾森豪威尔把作战重点从蒙哥马利的北部行动中转移开，尤其是雷马根桥头堡通向韦斯特瓦尔德山区，迅速进攻和取得突破的机会有限。但不管怎样，占领一个完整的莱茵河渡口对盟军的士气是个不小的鼓舞，而对德军则是一次重创。占领桥头堡后，美军成了德军新的威胁，德军必须从南到北重新部署部队以遏制新的危险。雷马根的鲁登道夫桥最终在3月17日轰然倒塌。

↓第1集团军的美国步兵随同坦克穿过已成一片废墟的科隆。背景下，两个天主教堂的尖顶清晰可见。自从1942年英国皇家空军1 000架轰炸机对其进行空袭后，该城仍未恢复原貌

巴顿向前推进

与此同时，巴顿的第3集团军则在“伐木工行动”中竭力攻占目标，并于3月9日成功地与霍奇斯的军队在辛齐希会合。到3月18日，莱茵河西岸直到科布伦茨的地区都已得到保障。巴顿从不拒绝机会，他承认他的军队已取得一些进展，同时他立即向东南方向的美因兹和曼海姆派遣部队。这些部队要切断德军在萨尔的部队，而该处的德军正受到亚历山大·帕奇中将率领的美国第7集团军在“低调行动”中的攻击。然而巴顿并没有在莱茵河上停下来。他对进攻重点仍在北部非常气恼，他嫉妒霍奇斯在雷马根的成功。3月22日，第11美国步兵团涉水穿过尼尔施泰因和奥本海姆地区的莱茵河，他们只遇到德军零星的抵抗。

英国经过极为详细的准备之后即将发动他们自己的行动，而就在此时巴顿渡河的消息也传到了蒙哥马利的耳中。一份美军战报写道：“在没有

↓1945年2月24日，在德国狙击手的猛烈射击下，美国第1集团军第84师的步兵进入德国的巴尔村

→1945年3月6日盟军第1集团军进入科隆时的另一幅画面。经过盟军轰炸机的猛烈袭击，德国许多城市都变成了一片废墟

↓1945年初遭轰炸之后的科隆。该照片是从空中拍摄的。天主教堂矗立在一片废墟之中。在1945年3月2日，被美军占领前4天，英国皇家空军对该城进行了100多次轰炸

空中轰炸和地面烟雾，没有炮火和空中支援的情况下，第3集团军于3月22日星期四晚22时渡过莱茵河。”

盟军的分歧

这些消息是为了使英军为难、窘迫。盟军战地指挥官之间正在不断增长反感情绪，这在巴顿关于蒙哥马利的话中表现得最为明显：“我任何时候都比那头小猪打得好。”虽然艾森豪威尔并没有改变此阶段的计划，派给美国军队非常希望得到的角色，但他们仍然希望最高统帅部能对原来的意图有所更改。他们乐观的原因在于1945年2月雅尔塔会议上盟国政治领导人间所达成的协定。雅尔塔会议决定，一旦战争结束，柏林将成为苏联的占领区。因此观察家认为，艾森豪威尔不会愿意率领军队攻打一个城市，然后立即将其拱手让给苏联。再加上美军占领了雷马根及其南部的桥头堡，这样深入敌人防守薄弱的德国中部和南部就有可能取得大的进展。

↓一辆美军第7装甲师的“谢尔曼”坦克在占领敌军阵地后，停在一名德国伞兵的尸体旁。“谢尔曼”坦克的备用轮胎和沙袋提高了坦克对德军反坦克大炮的防护能力

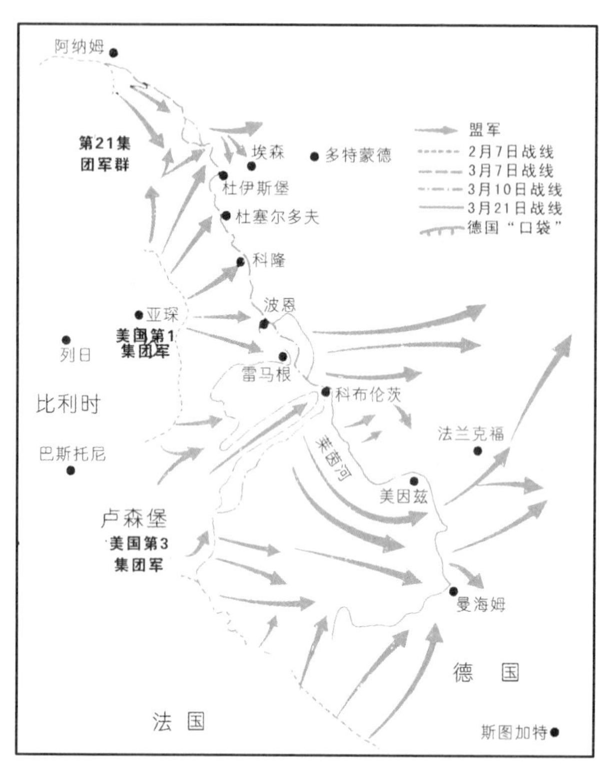

↑1945年2—3月挺进莱茵河示意图

在这一情况下，美军指挥官认为，艾森豪威尔把进攻重点转移到美国部队身上也是合乎逻辑的。

“腰带”和“背带”策略

与此同时，蒙哥马利也深知对他的反感情绪正在日益增长，并继续为渡过莱茵河的“掠夺计划”做准备。此项行动计划自从1944年6月的登陆日起就一直在他的大脑中酝酿，因为他知道，莱茵河将是最终必须克服的主要障碍，但他直到1945年3月初才开始认真地制订渡河计划。这项任务的性质和他所采取的“腰带”和“背带”策略，让他可以充分利用盟军不断增加的物资，以备渡河之需。在步兵前进之前，他尽力想使德军互相脱节，

↑在一个名为“高射炮山”的制高点，一名美军士兵俯视雷马根著名的鲁登道夫桥。尽管德军企图摧毁该桥，但它最后还是完整地落入了盟军手中

←←美军在狙击火力中穿过一座德国小镇。有人担心狂热的纳粹“狼人”游击队可能会在盟军推进之后制造麻烦。然而除了几次小事件之外，这种威胁并未出现

而这样一来，核对、分析和传达情报就变得至关重要。第21集团军群的指挥官认为，只有这样炮火和空袭才能发挥作用。蒙哥马利也希望能够保证各个军队间的配合和部队内部的配合，以使进攻达到最佳效果：进攻需要步兵在炮火的支援下建立桥头堡，工兵要为装甲部队再补给和为援军架起浮桥，空降部队要防御敌军反攻，飞机则要提供近距离空中支援。

3月9日，蒙哥马利的计划由他的总部分发到各处，进攻定于3月23日至24日夜间进行。为了突袭敌军使其防守起不到作用并在其防线上打开缺口，在步兵发动进攻之前将进行大规模的空袭和炮轰。主攻由中将迈尔斯·登普西的英国第2集团军担当，他们的任务是占领盟军左翼的里斯和韦瑟尔两镇。辅助进攻由辛普森的第9集团军实施，在右翼同时撕开韦瑟尔和杜伊斯堡之间的防线。这次行动在许多地方都与一战临近结束时协约国实施的方案相同，但是新技术却使蒙哥马利能够做到30年前他的前辈们所无法做到的事情：无线电通信有助于各级部队间的配合；步兵可以乘着水陆两栖战车和登陆艇渡河；性能可靠的坦克一旦渡河即可迅速展开行动；飞机也可空投部队。这样做的意图是在最初的24小时内，建起一个长

↑美军部队穿过鲁登道夫铁桥时，德军俘虏正相向行进

→雷马根的鲁登道夫铁桥在经过美国第9装甲师的突进后被占领。美军在桥上挂起一幅牌子以纪念他们的成功

↑由于过度使用，雷马根的铁桥于3月17日倒塌，不过到那时，美军在莱茵河对岸的根基已相当稳固

64千米、纵深达16千米的桥头堡。由此，第21集团军群的大部将挺进并包围鲁尔，然后将主力部署到德国北部平原。在“掠夺行动”的最后阶段，一旦主攻取得胜利，加军将在最左侧的埃默里希渡过莱茵河，然后向北挺进荷兰。

强大的部队

这一计划虽经精心策划却很保守，因为它是以绝对占优势的集结人数作为保证胜利的基础。从表面上看来，巴顿可能不会选择蒙哥马利的计划进行行动，然而在第21集团军群战区内却必须谨慎，因为德军认为这里是主攻的地点。在这种情况下，英军统帅别无选择，只能计划定位进攻，行动也必须制定得非常详细，因为在此地渡过莱茵河会牵扯许多问题。蒙哥马利面前的莱茵河有460米宽，其西侧的通道泥泞不堪，不适合重型战车通过。于是工兵被派往前方修路，为补给和军火仓库建造坚固的地基以及准备架桥。到3月19日，工兵已获得25 000多吨重的架桥设备，

↑早期尝试生产的"谢尔曼"T－34火箭炮。它共设有60个炮管，每个炮管都装有115毫米火箭

并挑选好了适合渡河的地点，但是保密才是最重要的。为此，正如一战进攻之前那样，他们采取了欺骗措施，以防进攻的细节被德军知道，而且还使用特殊的烟雾生成器在长达32千米的河岸上制造浓烟屏障。

烟幕

一名英国坦克指挥官谈到这个场景时说："在距离莱茵河很远的地方，你就能看见烟雾。它沿着河岸连绵不断；高高的白烟缭绕直上，有60～90米高，就像是缓慢移动的波峰。"在烟雾的掩蔽下，盟军集结了近100万人的部队。如果没有烟雾的掩护，德军的炮火早就对盟军造成了严重破坏。

在这种情况下进行偷袭是不可能的。施勒姆的第1伞兵军已经为防御准备了几个星期，他们剩下的任务就是等待英军发起进攻。德军坐在战壕和防御阵地上焦急地等待着。施勒姆于3月22日在盟军对其总部的炮击中受伤的消息使等待变得更加困难。（然而糟糕的是，3月8日，已退休的陆军元帅冯·龙德施泰特被作战经验不足的陆军元帅阿尔贝特·凯塞林取代，这对德军的防守能力是一次重大打击，因为龙德施泰特是西线德军最有才能的统帅）施勒姆因伤被从战场上撤走使情况变得更加严重。盟军空中和炮火的轰炸目标是德军的指挥和控制中心，并对德军后方进行骚扰，这给德军统帅们造成了极大的困难。2月以来进行的猛烈轰炸破坏了鲁尔内外的运输线，阻碍了援军和补给的前进。

进入3月，盟军战斗轰炸机开始空袭莱茵河东岸的敌军阵地，并有5 500门大炮进行狂轰滥炸，这对德国守军和他们的士气都造成了极大的影响，也使他们的大炮大都陷于瘫痪。在这样的准备和支援下，盟军主攻部队包括了第15（苏格兰）师和第51（高地）师加上英军第1突击旅和美军第30和79步兵师。他们满怀信心，人们普遍相信“掠夺计划”是欧洲战争结束的开始。

此时丘吉尔也显得信心十足，他于3月23日与陆军元帅阿兰·布鲁克

↓图为美国第3集团军第4装甲师的一辆M18坦克歼击车正在通过摩泽尔河上的踏板桥。巴顿的第3集团军的任务是通过法兰克福挺进威瑟河。巴顿想抢在蒙哥马利的第21集团军群之前一天通过莱茵河

↑这位发动机机械师的助手，美国第89步兵师海军渡河人员二班的罗伯特·穆蒂在奥伯维塞尔渡过莱茵河

↓辛普森将军的美国第9集团军渡河时，一辆满载士兵的两栖进攻战车在烟幕的掩护下进入莱茵河

爵士飞往蒙哥马利位于芬洛的总部，去目睹战斗的场面。当丘吉尔乘飞机到达时，蒙哥马利下达了进攻的最后命令。他最后说："越过莱茵河，然后继续前进。在对岸好好地狩猎吧。"

轰炸开幕

3月23日18时整，3 500门野战大炮和2 000门反坦克炮和火箭发射器开始一齐猛烈轰炸。当轰炸越来越猛烈时，主攻部队已前进到莱茵河岸，登上各种水陆两栖船只，珀西·霍巴特少将的特制双驱动坦克也在等待命令"游"过莱茵河，行动在紧张地进行着。当时率领第51（高地）师下辖的第1营戈登苏格兰高地联队的马丁·林德赛少校形容道："上弦月将清晖洒向地面，士兵排着蜿蜒的队伍登上'水牛'两栖艇……几个人影在月光下忙碌穿梭，指挥士兵到这艘或那艘'水牛'两栖艇。"

猛烈的爆炸

“鳄鱼”（即经过改装的“丘吉尔”坦克，每辆坦克都配有火焰喷射器）部队中的一名指挥官安德鲁·威尔逊在回忆这次轰炸时说：“在我能看到的地方，夜晚被炮火照得通明；炮弹在树间穿梭，在烟雾下闪着光。地面不停地震动，持续的猛烈爆炸声就像突然折断一包包卡片。”

虎头蛇尾

进攻人数和支援火力的强大威力使得强渡莱茵河的任务变得相当简单；实际上这次行动有些虎头蛇尾，但还是受欢迎的。21时，第一波进攻战车——苏格兰高地警卫团第7营和阿盖尔郡团第7营以及第51（高地）师的萨瑟兰郡苏格兰高地联队——踏进冰冷的莱茵河河水。他们用了两分半钟就到达了里斯以西的东岸。虽然因为遇到杀伤性地雷而伤亡了一些人，但他们很快就冲了出来，并在两栖坦克的支援下建起了一个桥头堡。21时04分，霍罗克斯将军收到了他一直焦急等待的消息：“苏格兰高地警卫团已在对岸安全登陆。”左翼已经得到确保，这对整个行动至关重要。

↑美军正在渡过莱茵河。在河面最宽的地方，或者在德军为防守而泄洪的地方，都使用了登陆艇

一小时后，第1突击旅发动进攻，在英军进攻区的最右方靠近韦瑟尔镇也建起了桥头堡。虽然他们的一些进攻艇和两栖登陆艇被德军炮火击中，但他们渡河的过程仍然相当顺利。突击旅立即在东岸建起防御带，等待对韦瑟尔的空袭，然后进入该镇。接下来的轰炸再次显示了盟军此时的优势以及德军对对手轰炸的无能为力。22时30分，200多架英国皇家空军的“兰开斯特”式飞机和“蚊”式轰炸机飞到目标上空，投下了超过1 000

↑两名英国炮手伍兹和杰克逊为英国首相温斯顿·丘吉尔端上一杯茶，表示欢迎。丘吉尔从英格兰飞来观看强渡莱茵河的过程

→1945年3月24日下午，在第一突击旅的支援下，柴郡团的士兵乘“水牛”两栖艇渡河，登上莱茵河东岸

吨的烈性炸药。这些炸弹加上炮火造成的破坏使该镇完全成为一片废墟。大火还在毁坏的建筑物里熊熊燃烧时，突击旅（在柴郡团第1营的支援下）就已从西侧向韦瑟尔发起进攻。幸存下来的德军进行了顽强的抵抗。尽管德军还未被完全清除掉，但是该地区已处在盟军的控制之下。

苏格兰师的进攻

第15（苏格兰）师的两翼一得到保障就开始了英军的第三波进攻。他们渡河几乎没遇到任何抵抗。3月24日凌晨2时，苏格兰皇家第8营和苏格兰皇家炮兵第6营在渡河后，占领了韦瑟尔以西的比斯利希村。同时在其左翼，高地轻步兵队第10营和阿盖尔郡团第2营以及萨瑟兰苏格兰高地联队的士兵渡河后则占领了哈芬并最终与第51（高地）师在里斯附近会合。到拂晓时分，这两方的进攻都得到了支援，并已占领最初目标。随后，隶属于第51（高地）师的加军高地轻步兵营也投入了战斗。但总的来说，这次进攻主要是由苏格兰部队完成的。

在南部，美军的进攻也同样取得了胜利。3月24日1时，2 000门大炮

↓进攻莱茵河是在二战中最大的掩护炮火的支援下进行的。该照片显示一门英国140毫米大炮在发射，这是盟军为此次行动集结的1 500门大炮之一

开始了飓风式的轰炸，它们在一小时内共发射了65 261枚炮弹，与此同时1 500架重型轰炸机对其他目标也发动了空袭。盟军的突然袭击和轰炸的威力使德军出现了各种问题，德军互相间完全失去了联系。2时，美军第30步兵师从布德利希、瓦拉赫和莱茵堡渡河，并以很小的伤亡代价在此处建起了桥头堡。一小时后，美军第79步兵师在他们的右翼，即沃尔苏姆和奥赛周围的莱茵河东岸登陆。该师在河中确实遇到了一些困难——一辆两栖登陆艇在河中央被冲转了方向——但伤亡不大。最初的轰炸再次显示出了威力，用第117步兵团的一个连级指挥官惠特尼·雷弗维姆中尉的话说就是："没有真正的战斗，大炮都替我们做了。"

建起五座桥头堡

在步兵巩固阵地时，工兵则继续向前推进，将补给运过河并开始架设浮桥这项耗时的任务。到3月24日拂晓，五座桥头堡已经牢固地建起来了。尽管里斯和韦瑟尔的战斗仍在进行，进攻者却无须担心，因为德国守军的反抗不仅脆弱而且配合不紧密。在这一天中，凯塞林成功地从非常有限的预备队中抽调出第116坦克师和第15装甲掷弹兵师前往莱茵河东岸，然而蒙哥马利已经预料到了，他派空降部队到该处去对付德军的反攻。

计划中的空降部分被称为"大学行动"，其中有少将马修·李奇微率领的由美国第17和英国第6空降师组成的第18空降军，他们将在3月24日清晨降落在莱茵河东岸，增援桥头堡。空降部队传统的作用是在地面进攻之

↓第21集团军群在巨大的烟雾下渡过莱茵河。观察哨建在烟幕的前方、冬季堤防与河水间100米处的危险地带

前占领重要目标，然后等待与之会合的地面部队的支援。蒙哥马利1944年9月制订的“市场花园行动”计划就是如此。然而，那时他却无法使第30军通过阿纳姆桥。蒙哥马利不想再次大胆使用空降部队，他认为，在这次行动中他们的灵活机动在巩固步兵已占领的阵地方面得到了充分体现。空降师应被用来“占领重要地形，以撕开敌军在韦瑟尔对莱茵河的防守……迅速加固桥头堡，以促进第2集团军进一步的进攻行动”。他们将占领并固守韦瑟尔北部的高地，在有足够的部队集结于此继续前进之前抵御德军对桥头堡的反攻，无论如何都要保持进攻的势头。

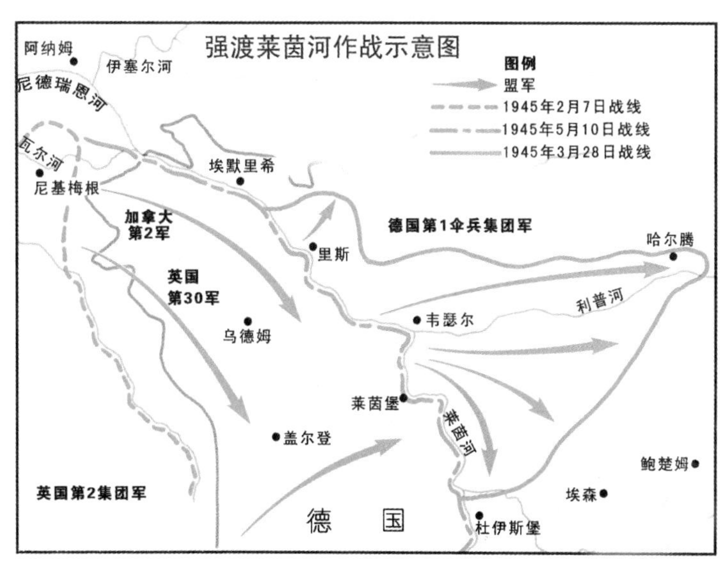

↓在空降部队和突击队进攻之后，戈登苏格兰高地联队士兵在莱茵河的防洪堤上前进。纵深达4 570米的桥头堡在第一天夜里就在莱茵河东面建了起来

伞兵进攻

关于在渡河中使用空降部队的问题，从最初的计划阶段就进行了讨

论。鉴于“市场花园行动”的教训，关于如何最佳利用李奇微的部队的研究也正在进行。1944年11月7日，第一份对“大学行动”的参谋调查由盟军第1空降军总部发行。1945年2月9日，李奇微收到了蒙哥马利的第一个空降行动的指令。李奇微负责“大学行动”的详细计划和实施，他建立了一个空降军团战地指挥所以便与地面部队紧密联系。他还在英格兰进行了计划演习，由空降军副指挥官理查德·盖尔少将、两个师的空降指挥官和三名英军旅的指挥官参加，目的是研究空降行动中可能出现的一系列情况和解决的方法。到2月13日，美国第18空降军的总部已经开始计划“大学行动”。两周之后，第一次空中协调会议在盟军远征军最高司令部举行。3月1日，美国第17空降师被委派任务，英国第6空降师也开始为行动进行计划和训练。计划阶段正如所有人设想的那样进行得非常顺利。

白天进攻

↓ 1945年3月27日，在渡河3天后，英国部队和坦克进入德国布鲁南。4月1日，鲁尔被完全包围。盟军每天行进达80千米

为了充分利用盟军的空中优势和强大的炮火，行动计划在白天进行。人们认为在渡河后比在渡河前使用伞兵更能给敌人造成混乱，而奇袭的优势则又促成了一次性部署空降部队的决定。与在阿纳姆时不同的是，他们将在目标的正上方降落。在决定伞兵降落的地点时，所遵循的原则是他们

应在支援炮火的范围之内，而且在行动的第一天就能与地面部队会合。空降的指定目标是迪厄斯福德森林（这是一处森林茂密的高地，可以俯视韦瑟尔和莱茵河），德军的反攻可能会集中于通往着陆地区的道路，而且这里还有位于森林以东伊塞尔河上的几座大桥。河并不宽，但是河岸陡峭，会给坦克造成一些障碍。因此占领和固守这几座桥，对保证随后的进攻行动并防止德军向该地区增兵也就显得非常重要。英军负责保证北部地区，美军负责南部。李奇微后来说，这个计划“在各个方面都是正确的”，这是“大学行动”胜利的基础。

3月24日7时，英国第6空降师登上运输机和滑翔机离开英格兰。9时，美国第17空降师从法国基地起飞并于当天上午与英国机群在布鲁塞尔上空会合——总计1 572架飞机和1 326架滑翔机，所载人数超过21 000人。虽然运送空降部队到战场的空军报告说，德国空军没有反应，但为了力求万无一失，仍有2 000架战斗机护送他们到达目的地。长期以来盟军就取得了制空权，在“大学行动”中他们充分利用了这一优势。

空降开始

10时整空降开始，丘吉尔从河西岸观看了这次行动。空降需要较高的

↓1945年3月24日，英国空降部队在飞往预先安排的位于莱茵河以东的降落区之前，在他们的“霍萨”滑翔机旁进行最后任务的传达，许多滑翔机飞行员在早先的阿纳姆大溃败中丧生，英国皇家空军飞行员不得不被征召参加这次行动

技术，因为两个师都要降落在位于韦瑟尔北部和西部只有10.5平方千米范围的小块地区。当时莱茵河战役正在进行中，而计划空降的地区非常靠近莱茵河。原先未预料到会有任何困难，但实际上仍出现了一些混乱：一些运输机飞行员因能见度差而迷失方向，在错误的地区空降伞兵；许多滑翔机空降得太早或太晚。最终的结果是：德军机枪手和防空人员（周围共有712门轻型防空炮和114门重型防空炮没有被盟军发现）对飞机和士兵造成了相当大的损失和伤亡。

空降历时两个小时。在空降中总共损失了100多架运输机和滑翔机，另有332架遭到严重损坏。损失的飞机中有第一次投入行动的柯蒂斯C-46突击运输机。例如，载有美国第513伞兵步兵团的飞机在到达空投区之前，就被防空炮火击中。总共有22架C-46运输机被击落，另有38架受损

↓几个孩子在被毁的一座德国村庄里观看第一波空降机群飞往莱茵河的空投区。在代号为“大学”的行动之前，约1 800架美国轰炸机空袭了德国机场

严重。不过空降人员数量巨大以及计划灵活性大，这些都是为这种混乱和损失预先做的准备。因此可以说，“大学行动”是一次巨大的成功。英国空军也参加进来，他们以两个伞兵旅打头，尽管遭到精确的防空炮火的袭击，但第3伞兵旅仍然于10时在森林的西北部实施空降。开始时伤亡不断，这是因为德军占领了降落区旁边的树林，向许多降落在树上的伞兵射击，在他们降落时用火力扫射该地区。伞兵旅用了大约一个小时扫清了树林里的敌人，在下午3时左右与第15（苏格兰）师的先头部队取得了联系。

↑报名为盟军工作的德国平民注视着大型机群飞往莱茵河以东的目标。德国人几乎不能理解盟军资源的规模之巨大

与此同时，第5伞兵旅则在梅尔–哈姆因克恩公路（距离第3伞兵旅以西2.4千米）的北侧降落。他们冒着密集的防空炮火和空中不断爆炸的炸弹，进入正在遭受迫击炮轰击的降落区。这些都表明，降落计划并不很精确，并且地面上的空降部队经常发现自己离目标还有一段距离。不过那天早上，空降旅还是向目标地区挺进了，即通往哈姆因克恩的公路，以及位于他们和第3伞兵旅之间突破口的重要公路和轨道的连接处。德军几乎占领了周围所有的农场和房屋，但他们很快就被盟军肃清。到15时30分，所有目标都已被占领。当天下午，敌军炮弹和迫击炮的威力已被削弱，德军的反攻也被击溃。英国空降师的第三个也是最后一个旅——第6空降旅在10时30分左右也开始降落。

问题

敌军的高射炮火集中攻击滑翔机，致使部队降落时约有半数左右的滑翔机受到损坏。精确的战术降落是不可能的，这是因为能见度差、轰

→第6空降师着陆后不久在哈姆因克恩地区俘虏的德军士兵。士兵中年龄跨度之大表明德国征兵的疯狂程度

炸和炮击引起尘雾、坠毁和燃烧的飞机以及敌军施放的烟雾所致。一些飞行员无法确定方位导致降落在错误的地区，一些飞机则坠毁了。然而关键的突袭部队仍然安全地在目标上降落下来，其余人员则降落在周围，其数量之多足以一次就消灭敌人。

占领伊塞尔桥

到10时，伊塞尔河上的三座大桥都已被完好无损地占领，哈姆因克恩村也被攻占。伞兵降落后，德军的地面防空炮火和迫击炮火仍持续了一段时间，但很快就被压制住了。唯一有组织的敌军是在靠近林根堡的桥头堡东面，那里有四五辆坦克和一些步兵。可以对付他们的只有第2营即牛津郡和白金汉郡轻步兵，但那时该营的实力只有一半，力量薄弱无法战斗。于是一些“台风”战斗轰炸机被派去支援，它们很快就使德军沉寂了下来。

美国空降部队的着陆也很成功，第507伞兵团在迪厄斯福德森林的南边着陆。虽然部队在降落过程中有些分散，但在地面上他们很少遇到敌人的反抗，因而他们在几小时之内便占领了目标。与此同时，第513伞兵团本应在森林以东降落，却降落到北边德军防守坚固的地区，他们必须打开通往南边的道路。不过到了下午3—4时，他们已经占领了目标。尽管有从韦瑟尔飘来的烟雾，美国滑翔机还是精确地在第513伞兵团东南的伊塞尔河上的几座桥旁降落。然而德军密集的高射炮火和小型武器的射击再次给机队造成了一些困难，只有不及1/3的滑翔机完好无损地降落下来。在美国滑翔机降落的地区，德军进行了小规模的反击，但很快就被击溃。盟军完整地攻占了伊塞尔河上的两座桥，他们在那里坚守并成功地击退了德军坦克的反攻。

盟军的胜利

这样到该天结束时，第21集团军群就已在莱茵河东岸站稳了脚跟，空降部队也占领了所有目标。此时敌军已被击败，已无法对桥头堡的任何部分发动进攻，也无法阻止第2集团军的前进。至此“大学行动”已取得了胜利。对空降部队作用的仔细研究，加上精心策划和正确的物资分配，都为行动的成功提供了坚固的基础。

德军显然非常惊讶于盟军3月24日使用空降部队的方式。德军第84步兵师指挥官菲比希少将被俘，并受到加拿大军官的审问。关于审问他的报告有助于了解德军对盟军空降行动的反应：“菲比希将军称，德军没有察觉到我们为支援渡河而进行的空降行动所做的准备……他承认在此地突然出现两个完整师令他非常惊诧。整个审问过程中他反复说，如此强大的部队对他那原本就不堪一击的部队造成了毁灭性的后果。”

↓英国皇家空军摄影组拍摄的电影中的一幅照片，1945年3月24日空降部队降落在莱茵河上。照片上《每日电讯》的战地记者马斯兰德·甘德（戴眼镜者）从滑翔机空降后和一支空降部队在第一集合地点

35

莱茵河东岸的战斗并没有在3月24日下午结束。实际上，第51（高地）师和德国伞兵争夺里斯的战斗也是一场持久的血战。在战斗中，师指挥官托马斯·勒尼少将阵亡。直到3月26日，该城才被攻占。韦瑟尔的战斗也持续了相当长的时间，第15（苏格兰）师试图肃清该城的残敌，而征服整个战线上的小股抵抗力量也费了不少时日。到3月28日，蒙哥马利在莱茵河上已有20个师和1 000辆坦克，整个地区已经得到巩固。如此强大的部队，这一过程可能正如后来的突破一样已是大势所趋。

←←1945年3月，在进攻莱茵河渡口前，盟军第1空降军第17师的伞兵正在登上一架“柯蒂斯”C-46突击运输机。这是C-46飞机第一次在空降进攻中使用

战略评估

强渡莱茵河对艾森豪威尔的部队来说并不艰苦，实际上他们根本没有料到渡河竟会如此毫不费力。南部的美军指挥官们抓住眼前的机会，取得了很大进展。而在北部地区，逼近然后渡过莱茵河本身则遇到了很多困难，所以需要正确计划和细致准备。机动灵活地执行计划是蒙哥马利指挥西北欧战役期间最擅长的。但在此之后，由于将要进行一些重大的战略评估，因而第21集团军群将不能得到对其付出努力的回报。

↓1945年3月24日，韦瑟尔附近的美国第17空降师士兵在雾中作战。行动中美军遭遇了地面炮火，损失了46架飞机，另有37架在随后的战术支援行动中被击落

11

进攻易北河

盟军渡过莱茵河之后，德军已无路可退。大多数德国人现在都希望盟军能迅速前进，这样他们就可免遭苏联人的复仇。

1945年3月，刚刚渡过莱茵河，盟军就已看到了胜利的前景，他们开始思考在哪里与苏军会合。最后推进至德国腹地将由三个集团军群进行：蒙哥马利元帅的第21集团军群，包括英国第2集团军、加拿大第1集团军和美国第9集团军；布雷德利的第12集团军群，包括美国第1、第3和第15集团军；加上雅各布·德弗斯中将率领的第6集团军群，包括美国第7集团军和法国第1集团军——总共73个师。

盟军的优势

战争发展到了这个阶段，盟军部队在一些重要方面已经具有很大优势：部队数量、空中支持、补给和至关重要的士气。因而盟军对未来的前景充满信心，而且在将德军的劣势考虑在内时，他们更有理由这样。到1945年3月下旬，德国武装部队已处于一片混乱之中。艾森豪威尔在他的回忆录中写道："从军事上讲，那时希特勒要做的事情就是投降。"然而，德国却在继续作战，这主要是为了保卫自己的祖国；他们不知道如果不战斗，降临到他们和家庭身上的将会是怎样的命运。而且希特勒当然也不会放下武器，而让盟军不费一枪一弹就进入德国。当希特勒命令后撤部队摧毁一切对前进的敌人有价值的东西时，他根本不关心战后一无所有的

←←一面投降的白旗出现在一座德国城市的废墟中。战争结束时，德国的基础设施状况非常糟糕，盟军不得不向以前的敌人提供人道主义援助

德国人民的命运。结果，德国基础设施中至关重要的公路、通讯、铁路、车辆、桥梁和工厂都被摧毁了。希特勒告诉阿尔伯特·施佩尔：“如果战争失败，这个国家也将灭亡。这种命运在所难免。无须再考虑甚至最原始的生存基础了。相反，最好连那也毁掉，我们自己将它毁掉。这个国家证明了自己的虚弱，未来只属于更为强大的东方国家。另外，那些战后存留下来的人也毫无意义，因为优秀的已经衰落了。”

希特勒至死都没有从这个观点中摆脱出来，也没有从他的战地指挥官给他带来的失望中摆脱出来。希特勒认为，一些军官犯的错误对部队士气造成了不利的影响。德国统帅部被迫设立新的奖章，希望这会帮助士兵从自己身上找到未被挖掘出的战斗精神。这些奖章既有突围和重返前线的勋章，更有为表彰英勇行为而发的一张冯·龙德施泰特的签名照片——并不奇怪，很少有人得到这种奖励。在这种情况下，统帅部为了恢复纪律被迫

↓1945年4月，美国第9集团军第83师的工兵渡过萨尔河。第9集团军于4月11日抵达易北河，第1集团军于18日占领莱比锡。与此同时，巴顿的第3集团军则在德国南部向奥地利和捷克斯洛伐克推进

又动用行刑队。在众多的过错中，不能炸毁桥梁和未经命令私自撤退只是其中之二，其惩罚就是死刑。

因此一支原本非常忠诚而且成功的军队到了1945年春已经岌岌可危，只能通过恐怖铁腕无情地挤压出他们的最后一滴血，进行最后的反扑。

疲惫之师

但是此时的德军已是疲惫之师，它无法提供更多的补给。破损的通讯线、匮乏的资源、很少的空中支援和大范围的士气消沉对作战能力造成了破坏性的影响。当与对手相比时，德军无论在地面还是空中都不是对手。1945年3月下旬，当君特·勃鲁门特里特接受第1伞兵军——一支享有良好的作战声誉的部队——的指挥权时，他惊奇地发现在西线本该是最强大的德军却有许多的弱点。他后来回忆道："我发现在我的前线上有很大的缺口，我没有预备队，炮火攻击力差，没有空中支援，几乎没有坦克。通讯和信号设施都达不到要求，并且还未到达的援兵都是仓促训练出来的，装备也很差。"

↑美国第17空降旅第194滑翔步兵团的士兵正在占领的一家德国旅馆里享受款待。根据战时的说明，前线距离此地只有182米远

德国近四年来遭遇的消耗战，使其在西线作战的最后日子里受到了沉重的打击。德军西线的总司令陆军元帅凯塞林深知他的三个集团军群面临的重重困难。北侧是约翰内斯·布拉斯科维茨将军率领的H集团军群，下辖第1伞兵军和第25集团军。中部是陆军元帅沃尔特·莫德尔率领的B集团军群，下辖第5坦克集团军、第7集团军和第15集团军。南侧是保罗·豪塞尔率领的G集团军群，下辖第1集团军和第19集团军。所有的部队都有同样的弱点，都在等待即将到来的更大规模的进攻。凯塞林当然没有他所需的数量和质量的部队。实际上，部队减员十分严重，就连人民冲锋队——德国地方志愿军——也都被征召到前线，以增强兵力，阻止盟军洪水般的攻势。即使如此，德国在西线也只能建立起26个整师。希特勒的军队几近崩溃。如果说400万盟军士兵都在急于尽快结束欧洲战争的话，德军则愿意

使自己变得更弱。

最后的任务

从莱茵河推进到易北河标志着西欧战争已经到达高潮，因为凯塞林的防线即将在致命的一击中被撕开，德军将无法恢复元气。很明显，盟军希望在战争的最后阶段造成德国的完全失败。但是，他们的军事目的又是什么呢？直到3月28日，艾森豪威尔一直都在声明他的战略目标是柏林，这个目标肯定已经抓住了大西洋两岸的公众和部署在欧洲的部队的想象。

↑一名党卫军第12装甲师的士兵，他带着一挺MG 42型机枪。德国人把这种可怕的武器称为“希特勒的电锯”。它有非常强的火力，真的可以砍树。1945年1月，希特勒青年团终于从西线撤退，结束了自诺曼底以来与盟军的战斗

在3月最后的几天，当第21集团军群开始穿过德国北部平原向德国的首都进军时，蒙哥马利收到了一封概括战略变化的电报。在这封电报中，盟军最高统帅部声明，将主攻方向从第21集团军群进攻柏林转到第12集团军群进攻易北河和穆尔德河。盟军现在的目标是把德军一分为二，并最终与斯大林的红军顺利会师。

新的目标需要对军队部署稍微进行一些改动。为了有助于前进，布雷德利从蒙哥马利的手中恢复了对第9集团军的指挥权，并有权指挥由盖罗中将率领的新成立的第15集团军，以在莱茵河东岸进行防御作战。同时，第21集团军群将保护布雷德利的侧翼，扫清驻扎在荷兰的德军，占领德国北部港口，切断丹麦与德国的交通线，并在苏联之前到达波罗的海。第6集团军群位于布雷德利的右翼，负责保护他的南侧，并由德国进而进入奥地利。无可否认，这些目标与艾森豪威尔自“霸王行动”以来一直声明的完全不同。例如，在1944年9月，他写道：“……扫清柏林是大奖，我们应集中实力和资源突进柏林。”那么为什么他又改变主意了呢？

首先，美国、苏联和英国的政治领导人早在1944年7月就已同意在战后将德国分成几个国家的占领区。这些协定在1945年2月的雅尔塔会议上得到确认，尽管柏林处在苏联提议的占领区内，但它将成为由三个大国控制的地区。因此，占领柏林不再被视作美国和英国需要优先考虑的事，除非它被认为在战略上至关重要，或者必须将苏联逐出德国中部。

柏林不再重要

战略变化的第二个原因来自于艾森豪威尔。他认为，柏林在战略上已不再像以前那样重要了。最高统帅部认为，占领其他更为重要的军事目标，将会有效地缩短战争持续的时间。他在3月28日致函蒙哥马利：“你

会看到我的计划中无一处提到柏林。就我而言，那个地方除了是个地理位置外，什么也不是。我对它已毫无兴趣。”

艾森豪威尔现在急于想占领的是鲁尔。鲁尔是德国的工业中心，那里部署有莫德尔的第5装甲集团军和第15集团军。该地已经遭到盟军轰炸，并且艾森豪威尔也已命令美国第9和第1集团军对其形成包围。即使相信关于其工业已经遭受致命打击的报告，盟军统帅部也不想在战争的最后阶段冒任何风险。

战略上进行重新考虑的第三个原因是认识到了南进巴伐利亚山区和奥地利的必要性。据说，在这个长380千米、宽130千米的地区，盟军发现了“德国民族堡垒”——纳粹抵抗的最后力量。最高统帅部情报部发现德国党卫军、喷气式飞机，重要的是“一些纳粹政权最重要的部长和名人”都

↓1945年4月17日，在鲁尔工业区的中心，美国第9集团军的士兵在埃森的克虏伯兵工厂废墟中寻找隐藏的“狼人”（留下来的狂热的纳粹分子）狙击手。在屡遭英国皇家空军轰炸和多次修复之后，克虏伯兵工厂于1944年10月终被完全摧毁

进入了该地区。由于地形复杂，如果德军有时间巩固这一地区——除非迫不得已，盟军不想蒙受重大伤亡——那么“民族堡垒”这个要塞将会难以清除。于是艾森豪威尔坚持要求尽快将纳粹从该地区清除掉。

将柏林从盟军的战略目标中清除掉的第四个也是最后一个原因与部队的距离和数量有关。到3月底，苏联已有200万士兵距离柏林只有50千米，而盟军此时则都还在320千米外的莱茵河上。此外艾森豪威尔也被布雷德利的估计给说服了，布雷德利估计占领柏林将会造成大约10万人的伤亡，对于占领“仅仅一个标志”来说，这个代价太高了。

在艾森豪威尔承认战略重点改变的这四个原因的同时，很可能还有一种未显露的力量在影响着他改变策略的决定。最高统帅部受到来自美国强大的压力，美国不想让英国获取柏林这块肥肉，而让美国只做英国的陪衬。很明显美国是西线作战的推动力量，布雷德利尤其认为当胜利最终到来之时，美国应该得到这份荣耀的最大的部分，或者至少不应归英国独享。布雷德利强有力地争辩说，去年12月在德军进攻阿登的关键阶段，将第12集团军群的指挥权授予蒙哥马利令他的声誉和美国军队的声誉受到玷污。艾森豪威尔可能也受到了这些争论的影响。

↓战败的面容：年老的和年少的德国战俘不情愿地摆好姿势照相。即使此时，希特勒仍然在指挥有名无实的军队从被围的柏林废墟下的掩体中钻出来战斗

新的策略

尽管遭到英国反对，最后盟军的战略还是被调整了。第12集团军群为先头部队向易北河和穆尔德河前进，并与从东面挺进的苏军会合。大胆终被谨慎所替代。

3月28日，迈尔斯·登普西中将率领的英国第2集团军以三个军的兵力突破了位于韦瑟尔的莱茵河上的桥头堡。到4月5日，其左翼已到达威瑟河，右翼在尤尔岑，英军正迅速逼近

威瑟河。3天后，两个军已渡过威瑟河，其中之一的第8军则占领了位于汉诺威以北的莱纳河上的桥头堡。但是就在此地，第8军却遭遇了德军“大德意志师”的阻击。尽管德军在西线的整体实力很弱，但他们充分利用防御阵地拼死战斗，却也减缓了盟军猛攻的势头。蒙哥马利利用英军在莱纳河延迟为借口，提出需要更多的部队以助英军前进。第21集团军群的指挥官认为，如果第2集团军有希望阻止苏军挺进北海，那么增援兵力就至关重要。最后援助有两种形式：艾森豪威尔认为布雷德利可以保护自己的左翼，从而腾出更多的英国部队集中于第2集团军；登普西命令美国第18空降军帮助占领易北河到波罗的海一线。到了4月中旬，英国第2集团军的三个军进展顺利：左翼，第30军位于不来梅郊区；中部，第12军正向汉堡挺进；右翼，第8军已逼近易北河。英军在短短的三周之内前进了大约320千米。

加拿大第1集团军在克雷拉尔中将的率领下以两个军的兵力挺进，目标是扫清荷兰东部（须德海和威廉港以南的地区）的德军。加军于4月2日离开桥头堡，在两天之内到达德文特运河。从这里，第2军将向北部和东北部突进；而第1军则将向西进攻，渡过伊塞尔河。在4月的前两周，加军进展迅速；4月8日，第2军在梅本渡过伊姆斯河；10日，该军不仅占领了德文特和兹沃利，还进逼德国的奥尔登堡。

↑图为第82空降师的一名伞兵穿着标准的美军伞兵制服

4月12日，第1军的一个师强渡伊塞尔河，进逼阿纳姆。自1944年9月起，该城一直是盟军部队的进攻重点，战火不断，而它在1945年4月仅三天就被攻克。加军继续着他们的胜利，在占领阿佩尔唐两天后，他们于4月18日最终抵达须德海。到了4月的第3周，第1军已到达伊姆斯和格拉比河。隔岸望去，处于饥饿中的荷兰人民正急需帮助。

鲁尔“口袋”

3月28日，分别由威廉·辛普森中将和科特尼·霍奇斯将军率领的美国第9和第1集团军开始包围鲁尔。沃尔特·莫德尔陆军元帅在北面哈姆附近和南面锡根附近发动反攻，试图突破重围，然而所有的企图都失败了。4月1日，两支美国部队在利普施塔特会师。莫德尔把自己的命运与希特勒的政权连在一起，作为回报，他在54岁时被晋升为陆军元帅，但他却无法阻止德军的溃败，谁也不能。

由于地形和高楼林立的工业环境为德军狙击手提供了大量隐蔽处，因此鲁尔“口袋”的收尾工作进行得相对有些缓慢。美军在前进过程中发现，“口袋”地区的军队和平民百姓都是衣衫褴褛。连续不断的战略轰炸摧毁了该地区3/4的房屋，通讯也已瘫痪。被困德军的粮食和弹药都已所剩无几，而且无法运送到最需要它们的地方。4月12日，美军到达埃森时，根本无法将物品运到任何地方。鲁尔的危急形势让希特勒非常沮丧，对在那里作战的部队来说更是沉重的打击。被围军队中的第81军的指挥官科赫林将军后来谈及他的军队所处的局面时说：“继续在鲁尔‘口袋’抵抗就是犯罪。莫德尔的责任就是投降……只是想到我的家庭可能面临被报复的危险时，我才没有走出这一步。”

随着美军的挺进，德国部队中仅存的士气迅速消失得无影无踪；实际上德国国防军士兵在听说又一座城市陷落时互相庆祝，这已并不稀奇。到了4月14日，德军以相当快的速度投降，以至于看管他们反而成了美军的一大难题。这一天，当第9集团军和第1集团军在鲁尔河上靠近哈根的地方会师时，口袋终于被撕开了。4月16日，大约有8万名德军在24小时内投降。两天后，325 000名德国士兵（包括30名将军）被俘，至此一切有组织的抵抗都已结束了。曾经批评1943年2月保卢斯陆军元帅在斯大林格勒

↓图为大规模收尾行动的一部分：一万名德军在鲁尔“口袋”被美国第1集团军第99步兵师俘虏

投降行为的莫德尔陆军元帅走进杜塞尔多夫附近的一个树林，开枪自杀。此时，在西线已没有有组织的战线。希特勒失去了对事态发展的控制。实际上他发现很难了解各处的情况，他的军事会议已经连续几个月都是在漫无目的地讨论问题。到了4月，他们更为慌乱，实际上就是在浪费时间。在会议上转而讨论以往战事就表明希特勒对目前事态的无能为力。由于被现实隔绝，希特勒对许多问题通常都是回答“不许撤退”。当得知一些军官渎职的消息时，希特勒根本不再进行调查就立即下令对其解职、降级或处死。当党卫军第6装甲集团军的指挥官和曾担任过希特勒私人保镖的塞普·迪特里希被强大的盟军赶到维也纳时，希特勒通过无线电命令：“我认为，部队没有按照形势的需要去战斗，我命令党卫军‘阿道夫·希特勒师’、‘帝国师’、‘骷髅师’和‘霍亨施陶芬师’除去他们的臂章。”迪特里希回话说，与其执行命令不如自杀。

到达易北河

4月初，第9集团军继续向西进逼易北河。4月4日第9集团军的部队还在威瑟河上，但到4月8日他们就已经通过莱纳河，4月10日占领汉诺威，到4月11日就已到达马格德堡南边的易北河。不可思议的前进速度促使蒙哥马利立即声明第12集团军群确切的终止线——这条线从北部的威腾堡到南部的拜罗伊特，连接易北河和穆耳德河上的德绍、莱比锡和开姆尼茨。事实上，到了4月11日，第9集团军的先头部队已经东进到了艾森豪威尔所能允许的最东端——以目前的速度计算距离柏林只有两天的路程。但是尽管受到来自一些指挥官的压力，艾森豪威尔并没有轻率地突进柏林。在这个敏感的局面下，这位最高统帅强调扫清两翼与同苏联会师的必要性，正如他在4月15日致信参谋长联席会议那样，“不要忘记只有我们的先头部队抵达该河；我们的重心并不在那里”。这个决定很明智。现在的口号是“谨慎”而不是“大胆”。

起初，第1集团军东进迅速。到4月9日，他们已经占领了卡塞尔和哥廷根。随后霍奇斯将军的部队就向哈尔茨山区进发，他们在那里与第9集团军配合，包围了大约15 000名德军（这些德军从属于文克刚建立的德国部队）。文克的第11集团军本应增援鲁尔的莫德尔部队，但他们无法阻止美军的前进速度，结果于4月18日被包围。此时，由于第1集团军已经到达他们位于穆尔德河上的终止线德绍，他们不得不停下前进的脚步。

↑在德国南部吉森附近的高速公路上，德国战俘向后方行进；而美国第3集团军第6装甲师的战车则从旁边驶过，开赴捷克边境。1945年5月4日，巴顿的部队抵达捷克斯洛伐克和奥地利

巴顿的挺进

乔治·巴顿率领的第3集团军于3月底突出桥头堡，并立即成扇形进攻。一些部队扫清了法兰克福的敌人，其他部队进入卡塞尔和哥达（两城都在4月4日被占领）；同时还有一些部队则仍在向图林根森林前进。到了4月的第二周，大部分森林地区都已被扫清。到14日，盟军部队已到达开姆尼茨、霍特和拜罗伊特。实际上，前进非常顺利，巴顿甚至向艾森豪威尔请求进入捷克斯洛伐克。这位最高统帅回答说，在第12集团军群的两翼扫清之前，他不能下这样的行动命令。然而原则上，他也赞成前进到卡尔斯巴德-比尔森-布德约维奇一线。

虽然任何推进到捷克斯洛伐克的行动都要暂时停下来，但巴顿却仍被命令前进到波希米亚森林与苏军在多瑙河河谷会师。这一行动将与已开始的扫除德国南部的第6集团军群协调进行。到4月4日，由帕奇率领的美国第7集团军已到达乌尔茨堡，而由让·德·拉特尔·德·塔西尼将军率领的法国第1集团军则还在卡尔斯鲁厄进行激战。这两支队伍遭遇到在前线上其他地方都没有的顽强抵抗，例如，4月7日，第10装甲师由于德军防守实力强大，进攻克雷尔谢姆失败而被迫撤退。此时，似乎豪塞尔率领的G集团军群并不像最北部遭受盟军进攻的德军那样士气低落。当然，德军还没有强大到能够阻止盟军的进攻。到4月8日，第7集团军占领了施韦因福特，很快穿过霍希洛尼山脉进军纽伦堡，并于9天后抵达该地。此时法军已开始在斯图加特–布拉克森林地区与德国第19集团军展开激战，并且其部队都已集中在奥地利边境。

罗斯福逝世

自4月初以来，盟军已经俘虏了超过100万名战俘，很明显西线的德军即将土崩瓦解。即使4月12日美国总统罗斯福去世，盟军仍然显得沉着而自信；而同时德军却陷入了更大的混乱和恐慌。到4月18日，除了巴伐利亚，希特勒指挥下的德国领土已所剩无几。到了4月的第4周，朱可夫元帅的先头坦克部队已突入柏林东郊；而在意大利北部，亚历山大陆军元帅的进攻部队也是所向披靡。然而在希特勒还活着的时候，德国指挥官们可能是由于他们效忠的誓言，更可能是因为害怕报复而不敢投降。在4月的最后一周，英军第2集团军到达易北河汉堡市郊和不来梅周围。蒙哥马利和登普西决定下一阶段的行动由英军扫清不来梅和库克斯港半岛，渡过易北河，向北进军丹麦边境。作为优先任务，在苏军进入北海之前抵达波罗的海。

击溃不来梅

在不来梅的第30军指挥官霍罗克斯中将决定在进攻前给德军一个投降的机会。然而由于该城无人敢回应这个机会，结果战斗持续了5天。德国人民再次尝到了希特勒暴政的苦果。4月25日，中型、重型炸弹纷纷投向不来梅，将许多地方都夷为平地。接着，地面进攻开始了。当英军士兵进入这座被毁坏的城市时，德军显然已乱作一团，毫无士气可言。英军于4月27日夺取不来梅，并迅速北进，进抵下一个目标——库克斯港。同时，由于柏林已于4月25日被苏军包围，英军现在必须尽快抵达波罗的海。4月28日，登普西的部队在劳恩堡渡过易北河，从那里北进吕贝克，西进汉堡——两城都于5月2日投降。与此同时，美国第18空降军与英国第6空降师则一起在达豪渡过易北河，并迅速向波罗的海北进。他们于5月2日到达维斯马，只比苏军早了几个小时。

↑一名富有经验的德军士兵正在教人民冲锋队（德国地方志愿军）成员使用铁拳反坦克火箭弹。人民冲锋队中大多数人都不愿作战，当明白自己在为穷途末路的事业作无用的牺牲时，他们很快就解散了

斯大林从不怀疑艾森豪威尔的意图，因为还在4月30日这位盟军最高统帅就已发电报给他概括了他的计划。第21集团军群将防守易北河上维斯马到多米茨一线，占领直到基尔运河的地区，尽管物资允许第3集团军挺进捷克斯洛伐克。第12集团军群将坚守易北河和穆尔德河上的阵地。第6集团军群将继续深入德国南部，突进奥地利。艾森豪威尔现在正在焦急地等待斯大林对其计划的回应。在收到回电之前，他继续阻止巴顿进入捷克斯洛伐克。

此时，尽管加拿大军没有抢夺苏军计划占领的地区，但他们自己也遇到了问题。当在卡斯坦运河站稳脚跟的第2军继续向威廉港进军时，第1军还在等待渡过伊姆斯和格拉比河的命令，以援助饥饿中的荷兰人民——然而他们没有收到命令。蒙哥马利担心，如果加拿大军继续前进，该地区的德国指挥官布拉斯科维茨将军和德国驻荷兰全权代表赛斯–因夸特会打开保护荷兰免受北海和须德海海水侵蚀的堤坝，从而威胁到加拿大军。于是，4月30日艾森豪威尔派参谋长沃尔特·比代尔·史密斯中将与这两个人进行了谈判。德国人同意休战期间盟军在他们的后方投放食品。但当比代尔·史密斯提到投降时，对方很明显谁也不想承担这个责任。

在第12集团军群的战区，第9集团军沿着终止线稳扎稳打；第1集团军则继续肃清前线上剩余的小块抵抗地区。在激烈的巷战之后，他们于4月19日攻占哈勒和莱比锡，22日占领德绍。两天后，霍奇斯的部队到达穆尔德河的终止线。第二天，第69师的前头部队与科涅夫元帅的第58近卫师在易北河会师。首次胜利会师后不久，苏军和美军就开始在整个战线上密切配合，共同作战。与此同时，巴顿仍在等待艾森豪威尔的命令，准备进入捷克斯洛伐克。而此时，他的第3集团军正在继续向南突进。4月25日，巴顿的部队渡过多瑙河，第二天夺取雷根斯堡，然后进抵奥地利和林茨，并于5月5日最终占领林茨。而仅在一天前，艾森豪威尔收到消息，苏联最高统帅部同意他提出的界线。随后，第3集团军接到命令，夺取卡尔斯巴德–比尔森–布德约维奇一线。但令巴顿感到沮丧的是，艾克把捷克斯洛伐克的其他地区包括布拉格都留给了苏军。

盟军前进

在第3集团军的右翼，美国第7集团军和法国第1集团军也都进展顺利。4月20日，经过5天激战后，美军占领纽伦堡；法军夺取了斯图加特。到4月

↓图为渡过易北河后，戈登的苏格兰高地联队士兵立即开展扫清附近树林中的德军和狙击手的行动。站在这里被看守的是一名德国少校和他的“部队”——一群13到16岁的孩子

↑1945年4月25日，美军和苏军在易北河实现历史性的会师

22日，两军渡过多瑙河，并最终击溃了豪塞尔率领的G集团军群。23日，美军占领乌尔姆；法军几天后到达瑞士边境的康斯坦斯湖。到4月末，第7集团军已进入达豪和慕尼黑；法国第1集团军则进入奥地利。到5月3日，美军已到达奥地利，从因斯布鲁克迅速进至布伦纳山口，在此与由意大利向北突进的美国第5集团军会合。5月4日，其他部队夺取了萨尔茨堡，一些部队甚至突入希特勒位于贝希特斯加登的山间别墅，德军的抵抗部队已消失得无影无踪。

到了4月的第4周，任何人都清楚战争即将结束。实际上，就在此时，希姆莱正试图背着希特勒向盟军投降。4月23日，希特勒的党卫军领袖希姆莱与位于吕贝克的瑞典红十字会会长进行联络并告知他，他被允许要求瑞典政府通知盟军，德国政府准备在西线投降。但希姆莱发动投降的企图立即就失败了。根据1943年达成的秘密协定，英国首相立即将希姆莱的举动通知美国和苏联。该协定规定，如果德国政府向其中一国提出投降，美国、英国和苏联政府将互相协商。英国内阁在给希姆莱的回答中非常清楚地指明，德国指挥官提出的在一条战线或战场上任何军级或军级以下的部队的投降尽管都是可以接受的（因为这是技术问题），但德国政府同时也必须在一切战线上无条件投降。

德军在意大利投降

当希姆莱向英军提出投降时，德军已在意大利被最终打败了。4月29日，由于盟军的进攻，维廷霍夫将军在亚历山大将军的大本营签署了投降书。整个4月份这30天对凯塞林陆军元帅来说是相当痛苦的；实际上在这个月里，西方强国一共俘虏了165万名德国战俘，包括陆军元帅冯·克

↓盟军进军德国时，发现了令人震惊的纳粹集中营。囚犯的尸体被堆在位于卑尔根–贝尔森的一处公墓里。贝尔森的司令官约瑟夫·克拉默在英国受到审判，并被处死

莱斯特、冯·勒布、魏克斯、李斯特和冯·龙德施泰特，这使得自从1944年6月以来俘虏的德军战俘达到近300万人。德军根本无法再承受这种压力。

随着德国战场的消息越来越糟糕，希特勒渐渐与事实隔绝，对事实不闻不问，因为他在等待奇迹的出现。1月中旬，希特勒搬进柏林的总理府，但是盟军不断猛烈的空袭迫使他搬进附近的掩体内。这是一个构造坚固、不可思议的建筑，它有十几米深入地下，共有两层18个房间，这是希特勒死前的庇护所。希特勒在他最后几天里的半地下生活与他在一战期间在壕沟里的经历并无不同，尤其是当苏联炮弹不断投向他的掩体之时。他从一只名叫布朗迪的阿尔萨斯狗和挂在他书房桌子上方的腓特烈大帝的画像中寻找寄托。希特勒在掩体里得到的消息越来越严重，他转而从腓特烈大帝的战役中求得安慰。腓特烈大帝1757年在不利的情况下击溃了普鲁士侵略军。然而，每天下午和半夜开的军事会议带来的却只有不可避免的失败。坏消息、轰炸和炮弹再加上希特勒糟糕的健康状况为他敲响了丧钟。他只在上午8点到11点睡会儿觉。已经筋疲力尽的希特勒日渐衰老。戈林说，自1944年战争开始以来他显得老了15岁。1944年7月的刺杀企图严重伤及他的听力，摧毁了他的神经，而此时他又对掺有毒品的鸡尾酒上了瘾，这导致他的身体更为虚弱。希特勒可能已经患上了帕金森综合征，他每天要注射6次药品，而这对他巨大的情绪波动毫无作用。罗斯福逝世的消息暂时将他从绝望的境地中解脱了出来，可他又患上了幻想症。“你从来不会相信……我们创造了我一直预料的奇迹。谁对呢？战争没有失败……罗斯福死啦。”然而真实的情况将希特勒推入了极度的萎靡之中。阿尔伯特·施佩尔说希特勒已“抵达了他逃避现实的最后一站，这一现实他从年

↑1945年5月，两艘德国潜艇在德国北部的一个基地停泊处沉没

轻时就拒绝承认”。在熟识他的人面前他已经崩溃了，而首次与他见面的人则对他感到失望。其间，格哈德特·伯纳多特上尉第一次见到希特勒，他说：“他的头轻微抖动着，左臂无力地悬在那里，手剧烈地颤抖。他的眼中有一种莫名的闪亮，给人恐怖和完全不自然的感觉。他的脸部和眼睛周围显示出极度的疲劳，行动就像一位老人。”古德里安将军说希特勒“行走笨拙，背驼得比以往厉害，手势不稳而且缓慢”。希特勒身体状况的下降也反映了德国的衰落。

4月里，许多希特勒的亲密战友都离开了掩体，其中就有戈林。他在1941年被告知一旦希特勒逝世或无法发挥其作用时，将由他接任。戈林在离开柏林之后发给希特勒一封电报，询问是否已经到了移交权力的时候了：

↓1945年5月4日，在第21集团军群大本营，德国海军统帅、海军上将汉斯·冯·弗里德堡代表驻德国、荷兰和丹麦的德国海陆空三军向蒙哥马利陆军元帅投降

元首：

鉴于您已决定留守在柏林堡垒内，请问您是否同意我马上接管帝国的全部领导权，代表您在国内外自由地采取行动？您知道在我一生中这最重要的时刻，我对您的感情非语言所能表达。愿上帝保佑您，使您能克服一切困难迅速来此。

您的忠诚的赫尔曼·戈林

↓柏林陷落后，难民走过勃兰登堡大门。令英国人失望的是，艾森豪威尔放手让苏军占领德国首都。1945年7月盟国驻柏林政府建立时，苏军撤出了柏林西部

希特勒对他的政权里的要人所显出的缺乏忠诚的举动感到震惊，并下令逮捕戈林。

柏林的形势非常危急。一名德国军官在日记中写道：“4月27日：整晚不断的进攻。崩溃的迹象不断显现……除了一些正规营队配备有无线电台，部队间几乎没有通讯联络。电话线被炸得粉碎。没有休息，没有援兵，没有正常食品，几乎没有面包。我们从坑道取水，然后过滤。波茨坦广场的整个开阔地区是一片废墟。成堆损坏的战车，有些被毁的救护车拖车里还有伤者。死尸遍野，有许多还被坦克和卡车碾成几截，景象非常恐怖。”

时间一天天过去了，就连希特勒自己也不再思考如何取得最后的胜利了，他考虑的是自己的死。4月29日凌晨，希特勒与爱娃·布劳恩在掩体里举行了简单的结婚仪式，然后签署他最后的私人和政治遗嘱。遗嘱表明直到最后时刻，希特勒仍然相信是犹太人搞的阴谋。政治遗嘱的最后一段写道：“更重要的是，我命令政府和人民要竭尽全力维护种族法律，无情地打击一切民族的毒害者——国际犹太人。”他的躯体失败了，但他的

思想仍没有改变。在将戈林和希莱姆开除出纳粹党后，他任命了他的继任者：海军元帅邓尼茨接任元首，戈培尔接任总理，鲍曼接任党务部长。

希特勒的末日

在他的私人遗嘱中，希特勒声明他死后尸体要和他的新婚妻子一起焚烧掉——他担心落得个与墨索里尼和其情人同样的下场。墨索里尼和他的情人在米兰被绞死。爱娃・布劳恩性格坚忍，只希望能陪同丈夫去死。在最后的日子里，有人经常听到她抱怨："可怜的、可怜的阿道夫，所有的人都抛弃了他，出卖了他。宁肯死一万个人，也不能让德国失去他。"

邓尼茨不久就接任了这个不再令人羡慕的新职位。4月30日15时30分，在56岁生日后十天，希特勒开枪自杀，爱娃・布劳恩服毒身亡。在苏军到达该地之前，他们的尸体被搬到花园里浇上汽油后点火焚化。当希特勒的死和邓尼茨上任的消息传到前线时，剩余的小块抵抗地区开始分别协商和平。德军士兵潮水般地涌过不断缩小的东西战线的分界区，向英美军队投降。

5月4日，在吕讷堡灌木林的蒙哥马利元帅大本营，邓尼茨的特使接受德军在荷兰、丹麦和北部德国的部队无条件投降，并于5月5日8时30分生效。第21集团军群立即迎接了兴奋的蒙哥马利陆军元帅给胜利部队做巡回演讲。蒙哥马利说他们取得胜利基于四个主要原因：敌军的失误；盟军的优势；英美合作和英、加、美三国军队的战斗力。

5月5日，邓尼茨的代表抵达在法国兰斯的艾森豪威尔大本营，协商德国无条件投降。德国人再次想拖延这一过程，但这位最高统帅则要求立即投降。5月7日2时40分，冯・弗里德堡海军上将和约德尔将军与出席的英国、苏联和法国代表分别签订投降书。所有战线的行动都于中欧时间5月8日23时01分停止。

盟军的胜利

投降书的签订标志着盟军在军事和政治上的胜利。军事上，盟军已经取得了政治首脑们为让德军无条件投降所要求的东西——在士气和形式上摧毁德国军队。为了这一胜利，西方盟军也付出了巨大的牺牲。实际上，从诺曼底登陆到德国投降，西欧伤亡766 294人（其中死亡近20万人）。德国的伤亡人数稍高，但他们牺牲的结果却是失败。

→这是冷战到来之前一个短暂而愉快的时刻。图中在捷克斯洛伐克的斯特拉康耐斯区，美国第3集团军第4装甲师和苏联第3乌克兰方面军的士兵们共享香烟

战争之所以会持续如此之久，是因为希特勒一直都在坚持在他还是元首时不能投降。在探究德国能够坚持作战到1945年5月的原因时，我们决不能低估希特勒对德国人民和军队全方位的控制力。

分析到最后，希特勒盲目地进行战争，再加上越来越脱离实际地制定决策，这些都使他变成了一个危险人物。由于担心后果，几乎无人敢违抗他。如果希特勒在1945年4月前就自杀或被谋杀，那么极有可能早就开始了协商投降；然而事实却是盟军不得不一路拼杀进入德国腹地。在这种情况下，西北欧的战争通过利用德国的弱点，充分发挥盟军的物资优势，从而达到了目的。当然在这一进程中盟军也犯过一些错误，但是现在回想起来，艾森豪威尔的谨慎前进使得兵力和补给的优势日益增加，这对历史上最为成功的联盟起到了促进作用。

21
245
西风军事公号
上海三联书店 官方订阅号
上海三联书店 官方服务号

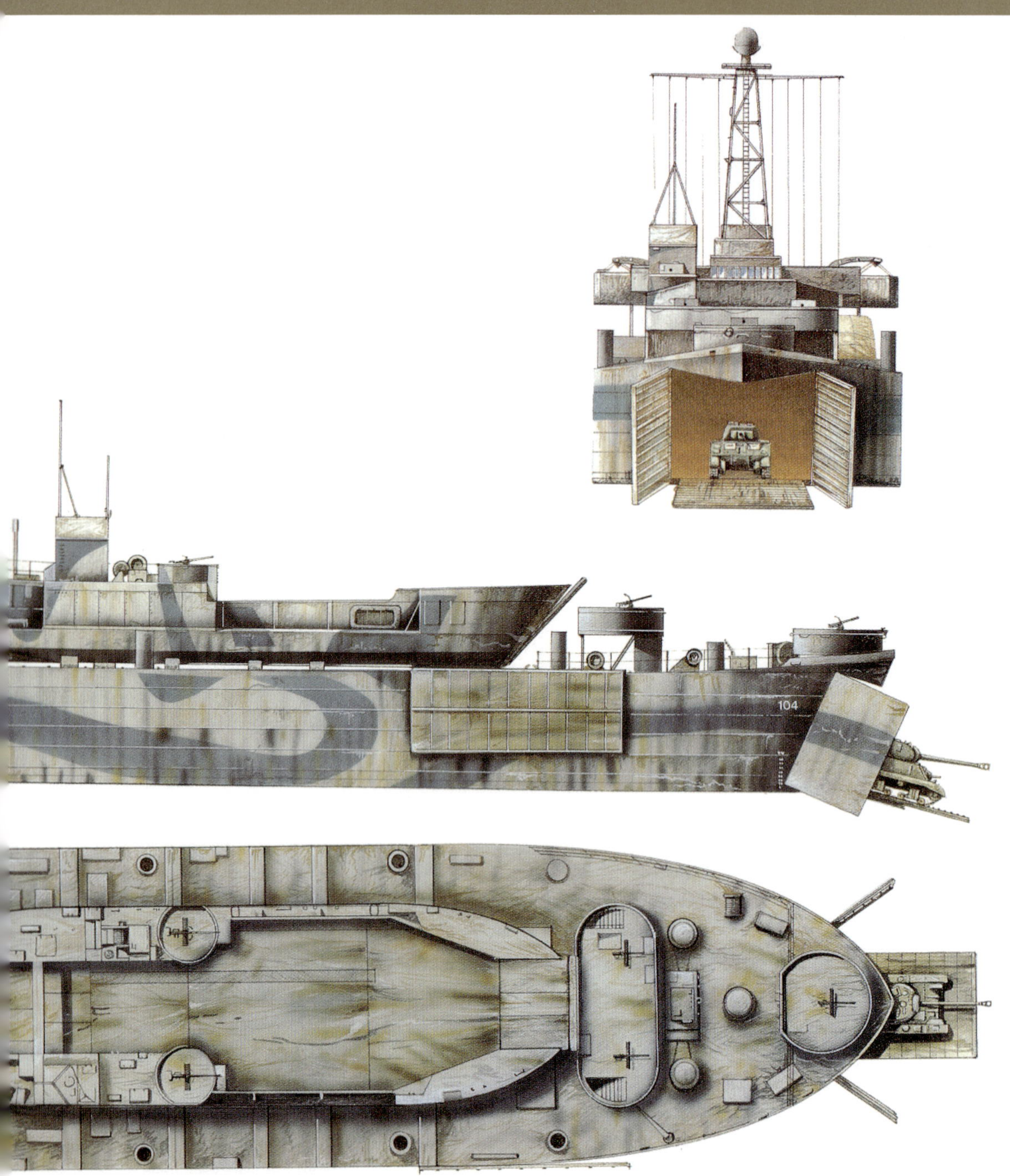
104

Mk-3 型坦克登陆舰

尺　　寸：长度 100.53 米，宽度 16.83 米，吃水（冲滩时）1.4 米（艏部），3.51 米（艉部）
排 水 量：3 065 吨（冲滩时），4 980 吨（满载航海状态）
续航能力：11 节时 8 000 海里
武器装备：10 门 20 毫米机关炮（10 座单装）
动力装置：2 台立式往复式蒸汽机，双轴推进
编制人数：104 人
运载能力：15 辆 40 吨级或 27 辆 25 吨级坦克，外加 14 辆满载卡车和 168 名士兵

21

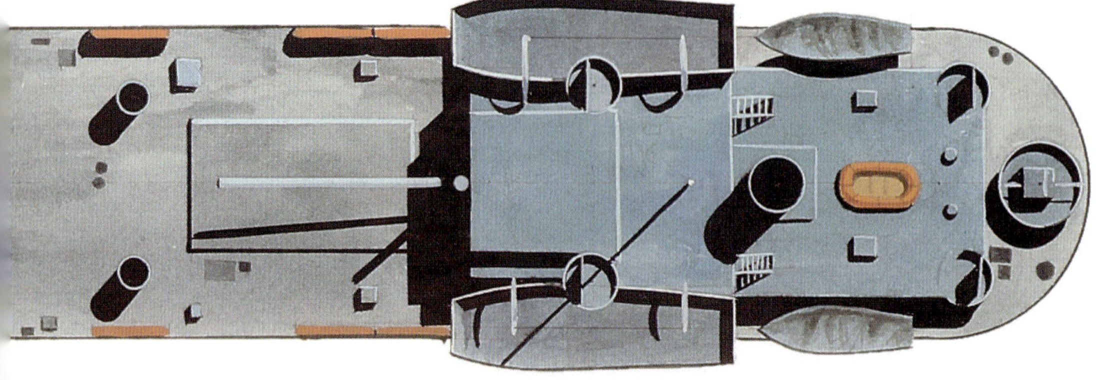

“迪克森”号驱逐舰

尺　　寸：长 95.8 米，宽 9.3 米，吃水深度 3.45 米
排 水 量：1 107 吨
速　　度：35 节
续航能力：15 节航速时达 3 800 海里
武器装备：4 门 126 毫米口径火炮，1 门 76 毫米口径火炮，12 具鱼雷发射管
编制人数：114 人

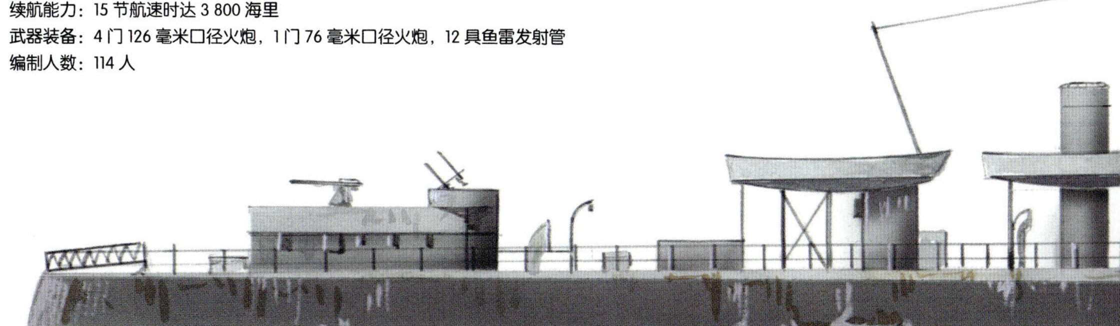

Mk-2 型坦克登陆舰

尺　　寸：长度 9 6 米，宽度 15.3 米，吃水（冲滩时）0 . 9 4 米，吃水（载重时）2.4 米（艏部），4 . 37 米（艉部）
排 水 量：1 625 吨（空载时），2 365 吨（冲滩时），4 080 吨（满载时）
速　　度：32.7 节
续航能力：9 节航速下 8 942 海里
武器装备：1 门 3 英寸舰炮，7 门 40 毫米（2 座双联装，3 座单装）机关炮，12 门 20 毫米机关炮（12 门单装）
编制人数：229 人
运载能力： 车辆甲板最多可装载 1 900 吨货物

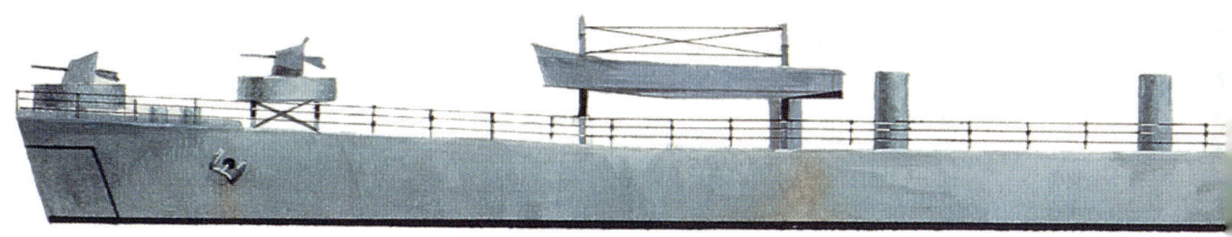

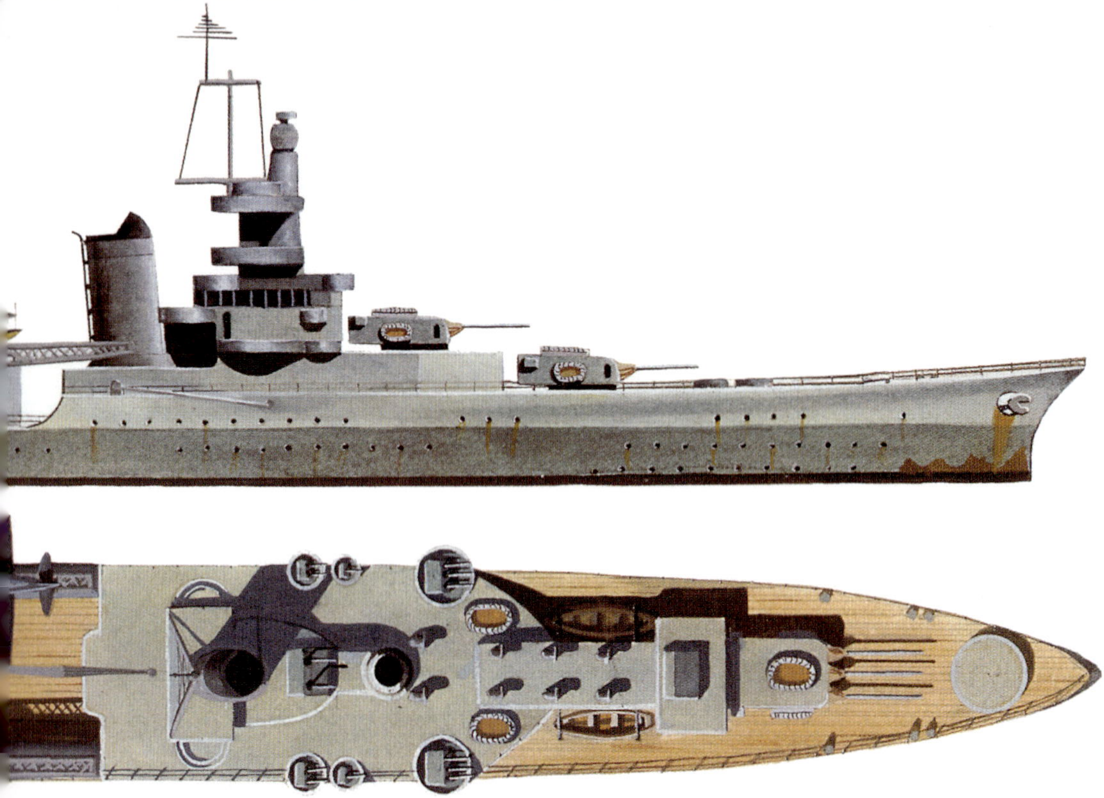

“印第安纳波利斯”号巡洋舰

尺　　寸：长 186 米，宽 7.3 米，高 20 米
排 水 量：标准 9 950 吨
速　　度：32.7 节
续航能力：可以 15 节的速度航行 12 500 海里
武器装备：8 英寸主炮 9 门，5 英寸副炮 8 门，4 联装 12.7 毫米机枪 8 座
编制人数：621 人

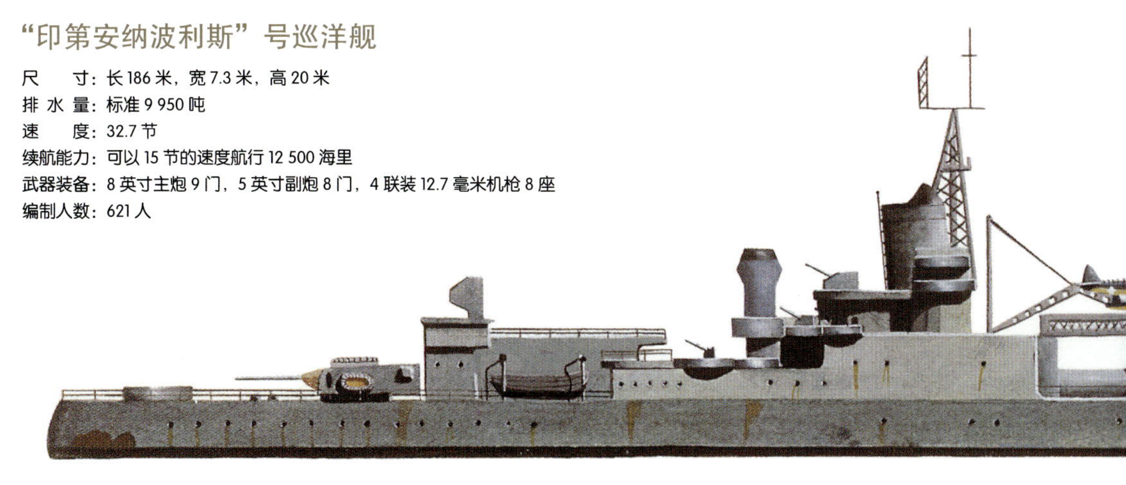

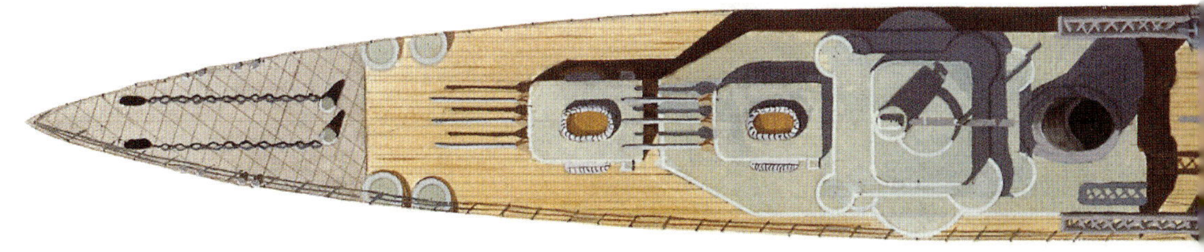

“邓肯”号驱逐舰

尺　　寸：长 120 米，宽 12.5 米，吃水深度 5.8 米
排 水 量：标准 3 606 吨
速　　度：35 节
续航能力：10 300 海里
武器装备：6 门 126 毫米火炮，3 门 40 毫米 4 联装榴弹炮，6 具鱼雷管
编制人数：350 人

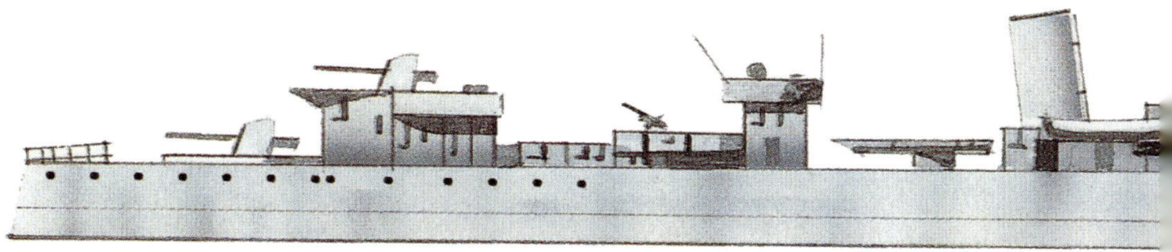

557

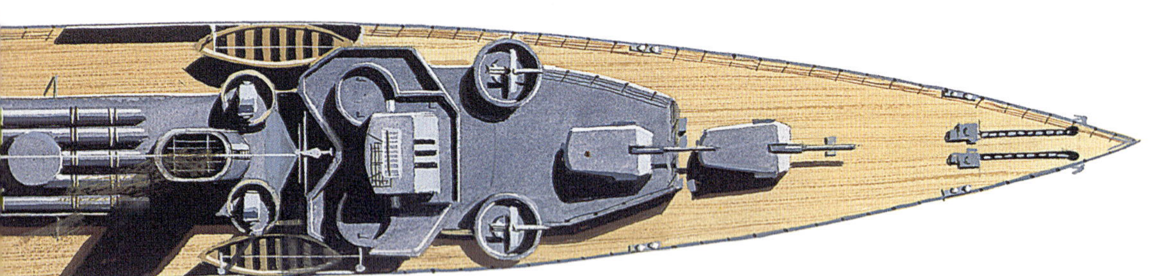

“约翰斯顿”号驱逐舰

尺　　寸：长 114.7 米，宽 12.1 米，吃水深度 5.4 米
排 水 量：标准 1 860 吨
推进装置：双轴通用电气公司的蒸汽轮机驱动 45 兆瓦
速　　度：38 节
续航能力：15 节的速度可行驶 6 500 海里
武器装备：5 门 127 毫米主炮，10 门 40 毫米 AA 副炮，7 门 20 毫米防空炮，10 具 533 毫米鱼雷发射管，6 套深水炸弹投放机和跟踪器
编制人数：208 人

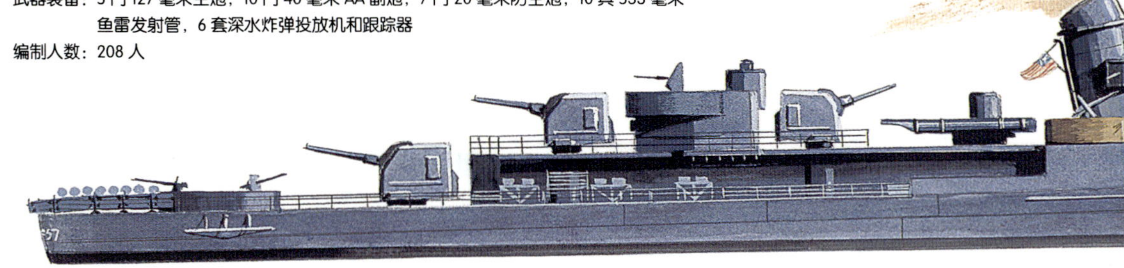

“西姆斯”号驱逐舰

尺　　寸：长 106 米，宽 11 米，吃水深度 3.9 米
排 水 量：标准 1 860 吨
推进装置：蒸汽涡轮发动机
速　　度：35 节
续航能力：12 节航速时达 6 479 海里
武器装备：5 门 127 毫米两用炮，
8 具 533 毫米鱼雷发射管，2 具舰尾深水炸弹投掷器
编制人数：192 人

“苏利文”号驱逐舰

尺　　寸：长114.7米，宽12.1米，吃水深度5.4米
排 水 量：标准1 860吨
推进装置：双轴通用电气公司的蒸汽轮机驱动45兆瓦
速　　度：38节
续航能力：15节的速度可行驶6 500海里
武器装备：5门127毫米主炮，10门40毫米AA副炮，7门20毫米防空炮，10具533毫米鱼雷发射管，6套深水炸弹投放机和跟踪器
编制人数：208人

“鲁本·詹姆斯”号驱逐舰

尺　　寸：长114.7米，宽12.1米，吃水深度5.4米
排 水 量：1 100吨
推进装置：涡轮发动机，双轴推进
速　　度：35节
续航能力：20节航速时达2 500海里
武器装备：4门101毫米口径火炮，1门3英寸口径火炮，12具鱼雷发射管
编制人数：150人

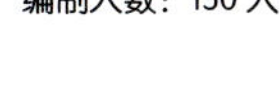

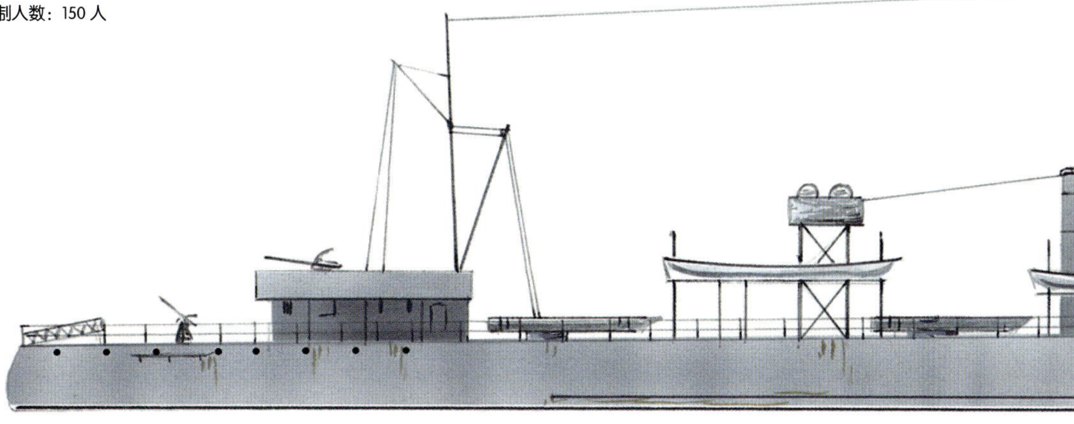

尺　　寸：长 270.43 米，宽 36.9 米，吃水深度 11. 33 米
排 水 量：40 823 吨
推进装置：4 轴涡轮机产生 158.09 兆瓦
速　　度：33 节
续航能力：12 节的速度可行驶 15 000 海里
武器装备：9 门 406 毫米主炮，20 门 127 毫米副炮，12 门 127 毫米炮
编制人数：2 788 人

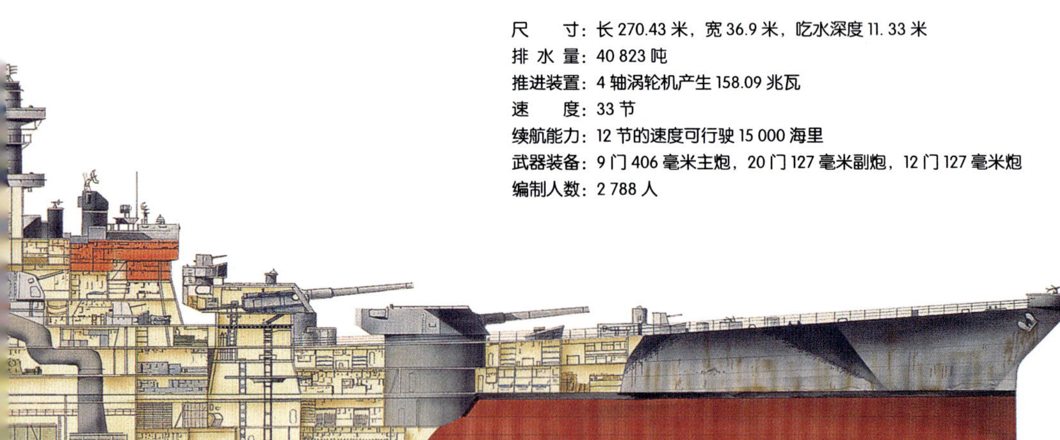

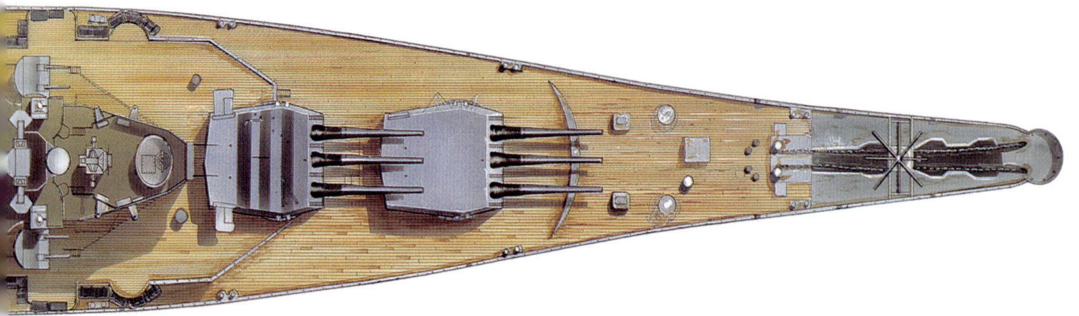

“衣阿华”号战列舰

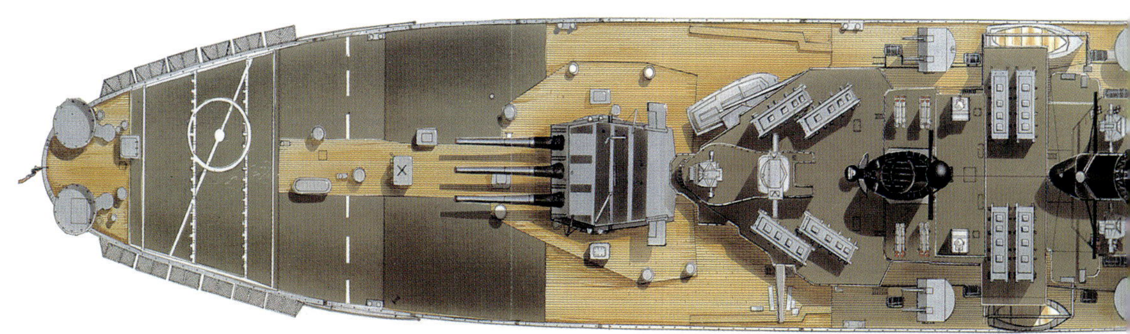

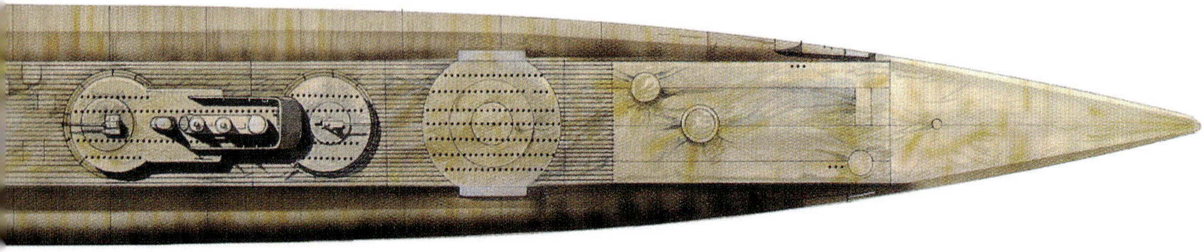

“S”级近岸潜艇

尺　　寸：长 66.83 米，宽 6.3 米，吃水深度 4.72 米
排 水 量：浮航 2 730 吨，潜航 3 900 吨
速　　度：浮航 14.5 节，潜航 10 节
动力装置：浮航状态下功率 894.8 千瓦的 2 台柴油机；潜航状态下输出 1 118.6 千瓦的 2 台电动机，双轴推进
武器装备：1 门 102 毫米或 76.2 毫米火炮，4 或 5 具 533 毫米鱼雷发射管（全部安装艇首，或者 4 具安装在艇首，1 具安装艇尾），水雷 12 枚
编制人数：42 人

“丁鲷”级潜艇

排 水 量：浮航 1 570 吨，潜航 2 415 吨
尺　　寸：艇长 95 米，艇宽 8.31 米，吃水深度 4.65 米
动力系统：4 台柴油机，功率 4 026.8 千瓦，2 台电动机；功率 2 043.2 千瓦，双轴推进
性　　能：浮航速度 20 节，潜航速度 9 节
续 航 力：水面 21 316 千米 /10 节，水下 204 千米 /4 节
武器系统：1 到 2 门 127 毫米口径甲板火炮，10 具 533 毫米口径鱼雷发射管（6 具安装在艇首，4 具安装艇尾），携带 28 枚鱼雷
人员编制：81 人

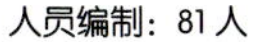

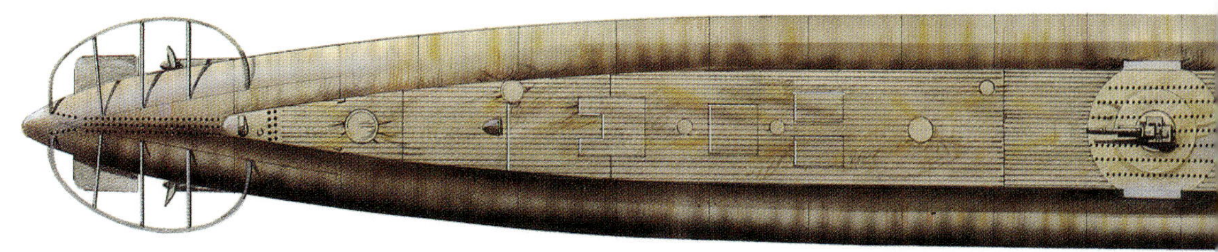

“独角鲸”级潜艇

尺　　寸：长 112.95 米，宽 10.13 米，吃水深度 4.8 米
排 水 量：浮航 2 730 吨，潜航 3 900 吨
速　　度：浮航速度 17 节，潜航速度 8 节
动力装置：合动力推进，功率 4026.8 的 4 台柴油机；1894.1 千瓦的 2 台电动机，双轴推进
武器装备：2 门 152 毫米口径单管火炮，6 具 533 毫米口径鱼雷发射管（4 具安装在艇首，2 具安装艇尾），后来增加到 10 具 533 毫米口径鱼雷发射管，备用鱼雷 40 枚
编制人数：89 人

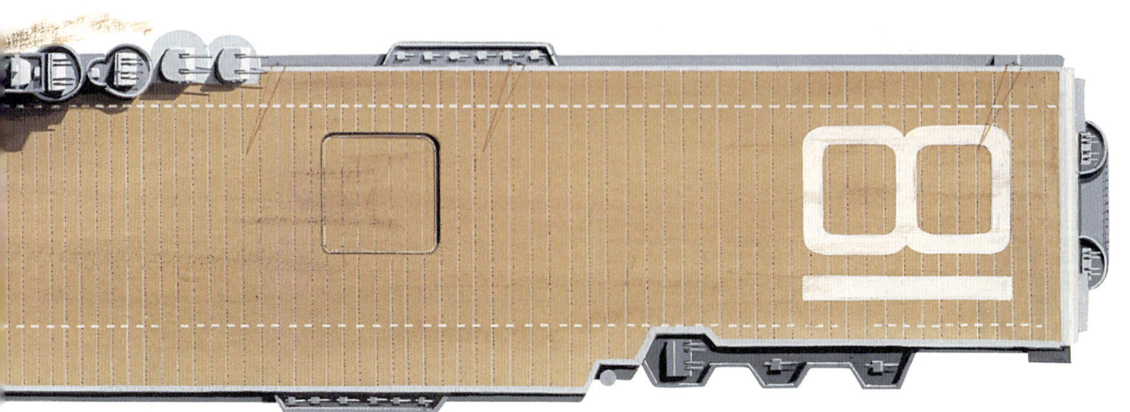

“黄蜂”号 (CV–18) 航空母舰

尺　　寸：长 250 米，宽 28 米，吃水深度 10.41 米
排 水 量：标准 27 100 吨，满载 36 380 吨
推进装置：8 个锅炉，4 台西屋齿轮减速式涡轮机，4 根传动轴；功率 11 000 千瓦
速　　度：33 节
续航能力：可以 15 节的速度航行 1 544 海里
武器装备：12 门 127 毫米口径火炮，4 门双发和 4 门单发，
8 门 40 毫米口径和 46 门 20 毫米口径防空航炮
舰 载 机：110 架
编制人数：2 600 人

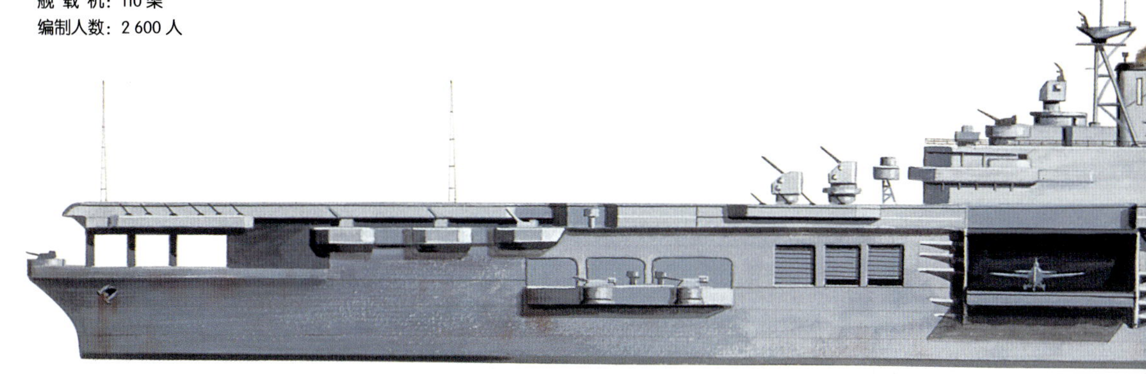

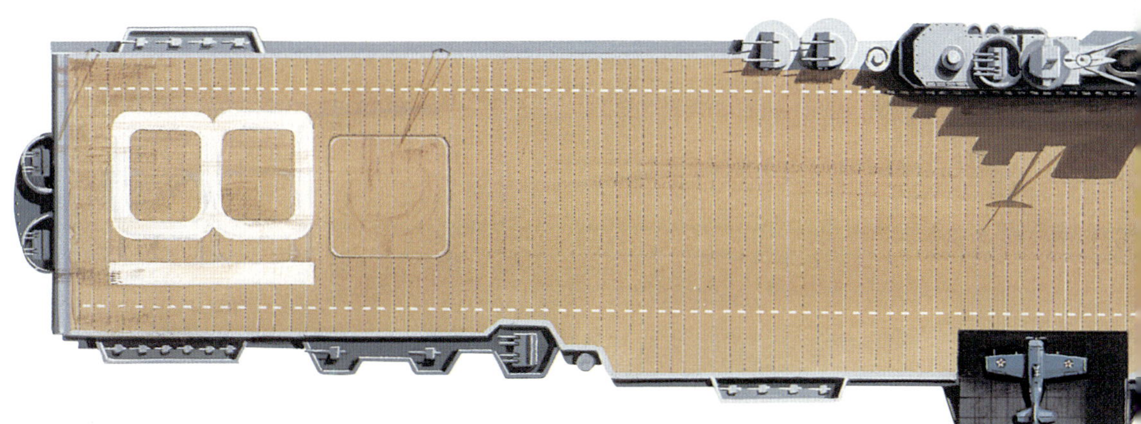

16

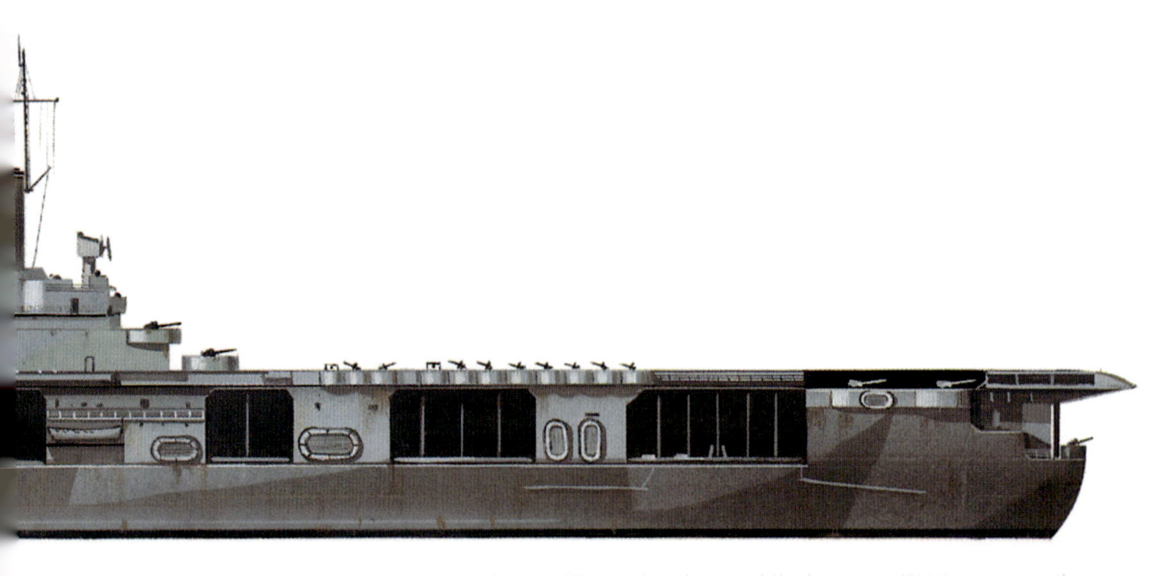

“列克星敦”号 (CV–16) 航空母舰

尺　　寸：长 250 米，宽 28 米，吃水深度 10.41 米
排 水 量：标准 27 100 吨，满载 36 380 吨
推进装置：8 个锅炉，4 台西屋齿轮减速式涡轮机，4 根传动轴；功率 11 000 千瓦
速　　度：33 节
续航能力：可以 15 节的速度航行 15 440 海里
武器装备：12 门 127 毫米口径火炮，4 门双发，4 门单发，8 门 40 毫米口径和 46 门 20 毫米口径防空炮
舰 载 机：110 架
编制人数：2 600 人

“黄蜂”号 (CV–7) 航空母舰

尺　　寸：长 210 米，宽 24.6 米，吃水深度 6.1 米
排 水 量：标准 14 700 吨，满载 19 116 吨
推进装置：6 个锅炉，2 台蒸汽涡轮机，2 根传动轴；功率 52 000 千瓦
速　　度：29.5 节
续航能力：可以 15 节的速度航行 12 000 海里
武器装备：8 门 127 毫米口径火炮，16 门 28 毫米口径火炮，24 挺 12.7 毫米口径的机枪
舰 载 机：大于 70 架
编制人数：2 167 人

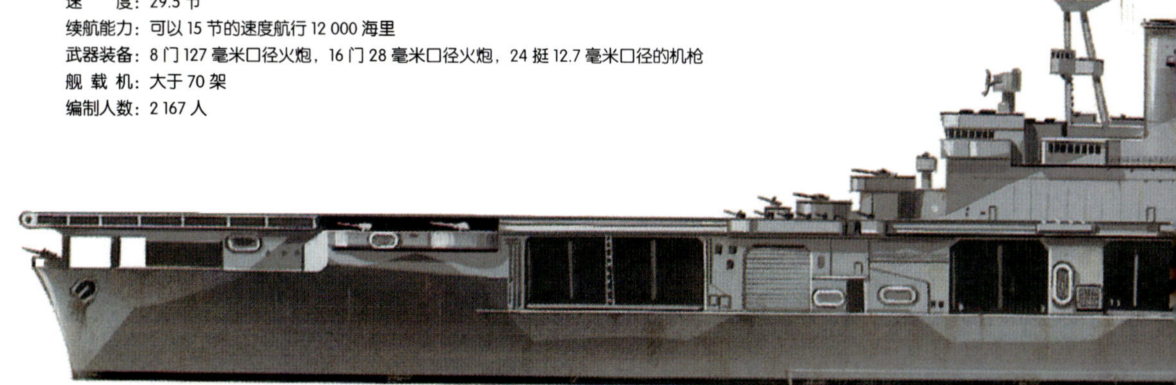

“无畏”号航空母舰

尺　　寸：长 250 米，宽 28 米，吃水深度 10.41 米
排 水 量：标准 27 100 吨，满载 36 380 吨
推进装置：8 个锅炉，4 台西屋齿轮减速式涡轮机，4 根传动轴；功率 110 000 千瓦
速　　度：33 节
续航能力：可以 15 节的速度航行 15 440 海里
武器装备：12 门 127 毫米口径火炮，4 门双发，4 门单发；8 门 40 毫米口径和 46 门 20 毫米口径防空航炮
舰 载 机：110 架
编制人数：2 600 人

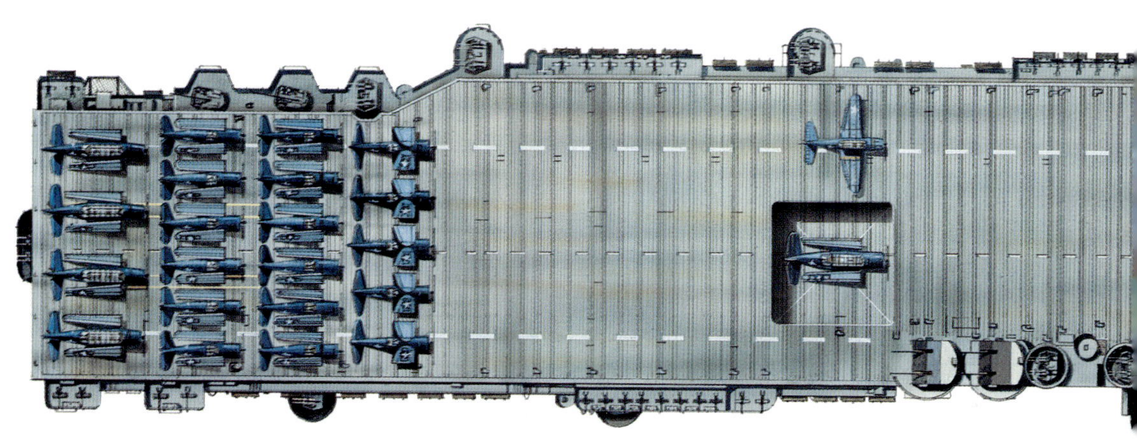

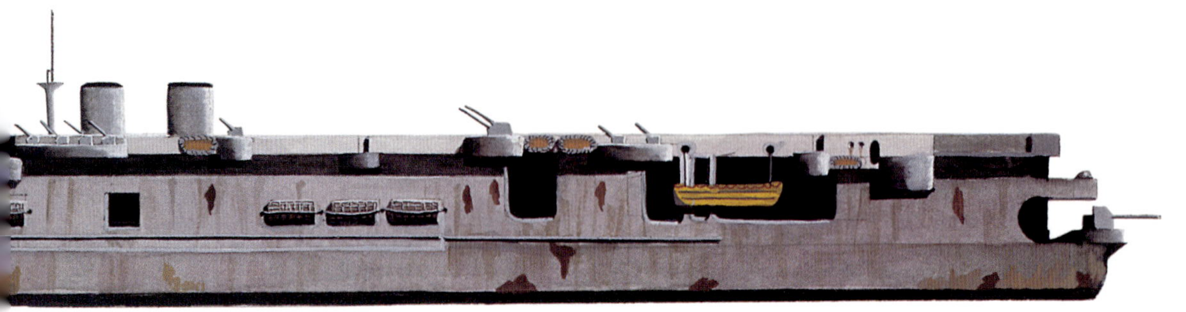

“独立”号航空母舰

尺　　寸：长 190 米，宽 21.8 米，吃水深度 7.4 米
排 水 量：标准 10 662 吨，满载 14 571 吨
推进装置：4 个锅炉，GE 涡轮机，4 根传动轴；功率 75 470 千瓦
速　　度：31 节
续航能力：可以 15 节的速度航行 13 000 海里
武器装备：24 门 40 毫米和 16 门 20 毫米防空炮
舰 载 机：34 架
编制人数：1 569 人

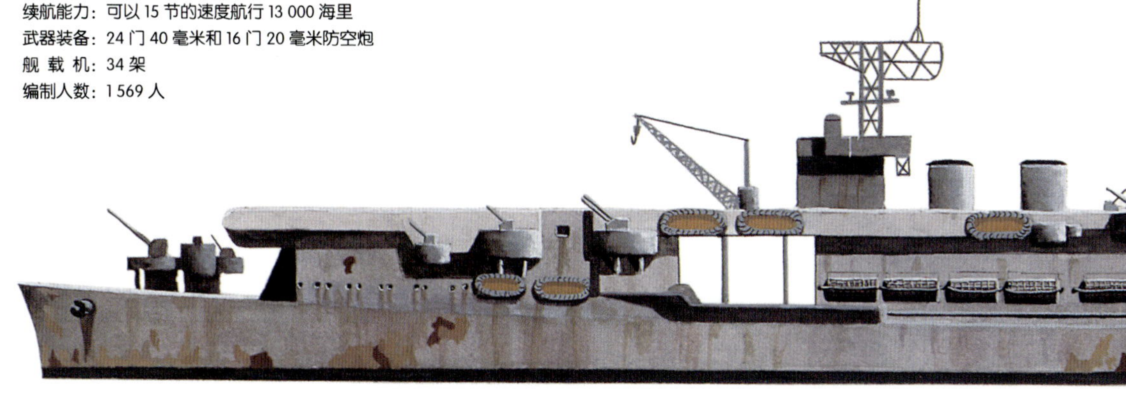

“桑加蒙”号航空母舰

尺　　寸：长 169 米，宽 23 米，吃水深度 9.8 米
排 水 量：标准 11 400 吨，满载 24 275 吨
推进装置：4 个锅炉，2 台蒸汽式涡轮机，2 根传动轴；功率 10 067 千瓦
速　　度：18 节
续航能力：可以 15 节的速度航行 23 920 海里
武器装备：2 门 127 毫米口径火炮，7 门双联 40 毫米口径和 21 门单发 20 毫米口径防空航炮
舰 载 机：32 架
编制人数：1 080 人

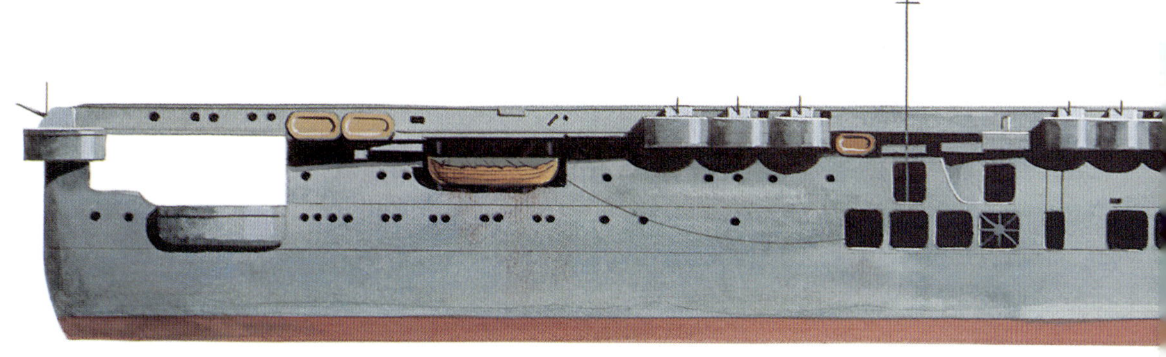

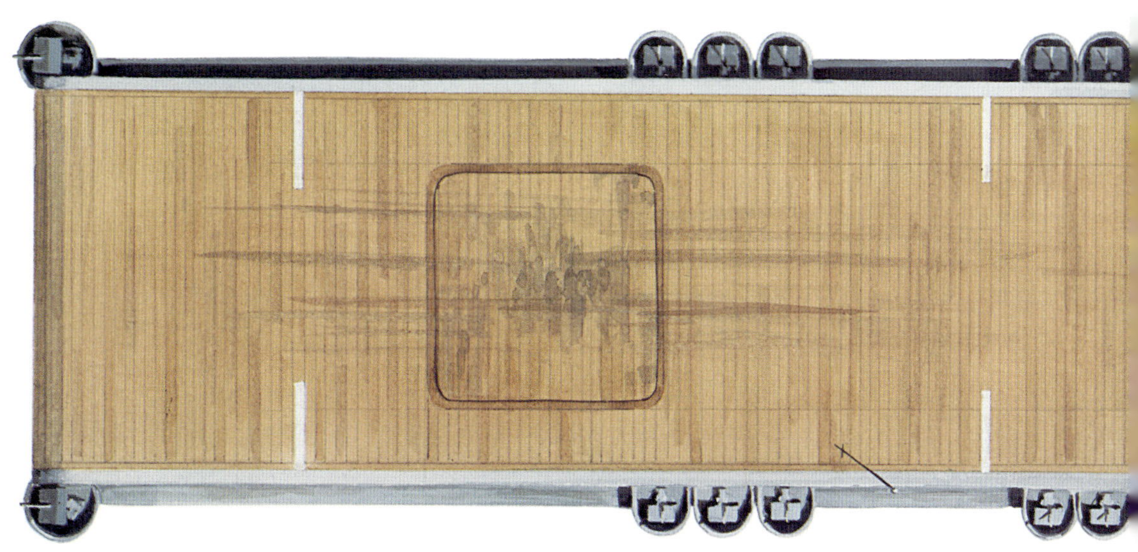

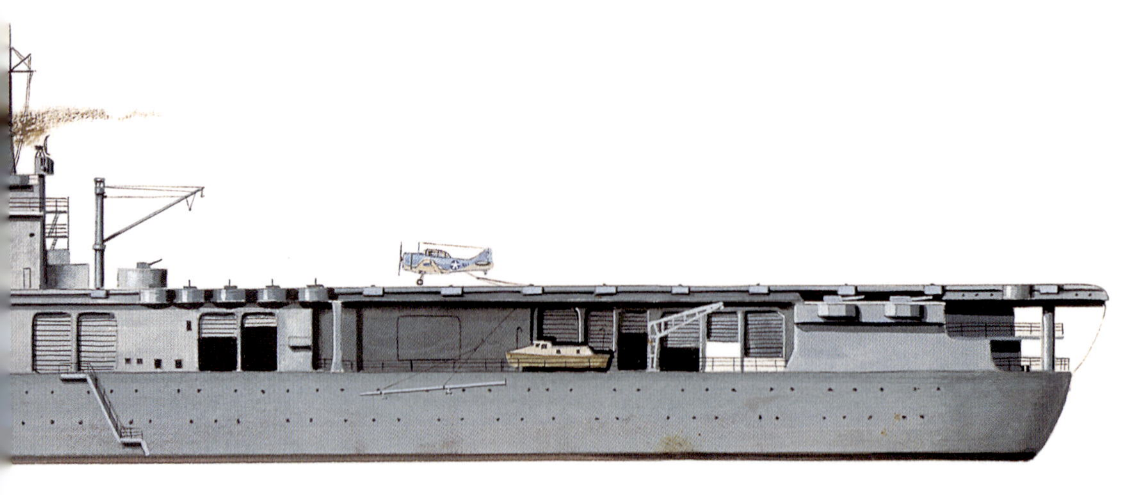

“约克城”号航空母舰

尺　　寸：长 251.4 米，宽 33.4 米，吃水深度 7.9 米
排 水 量：标准 19 800 吨，满载 25 500 吨
推进装置：9 个 B & W 锅炉，4 台“帕森斯”涡轮机；功率 89 000 千瓦
速　　度：32.5 节
续航能力：可以 15 节的速度航行 12 500 海里
武器装备：8 门 127 毫米 38 口径火炮，4 门 280 毫米 75 口径火炮，24 门 12.7 毫米口径机枪
载 机 量：90 架
编制人数：2 217 人

“埃塞克斯”号航空母舰

尺　　寸：长 250 米，宽 28 米，吃水深度 10.41 米
排 水 量：标准 27 100 吨，满载 36 380 吨
推进装置：8 个锅炉，4 台西屋齿轮减速式涡轮机，4 根传动轴；功率 11 000 千瓦
速　　度：33 节
续航能力：可以 15 节的速度航行 1 544 海里
武器装备：12 门 127 毫米口径火炮，4 门双发和 4 门单发，
8 门 40 毫米口径和 46 门 20 毫米口径防空航炮
舰 载 机：110 架
编制人数：2 600 人

“列克星敦”号（CV–2）航空母舰

尺　　寸：长 270.66 米，宽 32.12 米，吃水深度 10.15 米
排 水 量：标准 37 681 吨，满载 43 055 吨
推进装置：16 个水管式锅炉，涡轮电力驱动，4 根传动轴；功率 134 226 千瓦
速　　度：33.25 节
续航能力：15 节的速度航行 10 500 海里
武　　器：8 门 203 毫米火炮，12 门 127 毫米火炮
舰 载 机：63 架
编制人数：2 791 人

“企业”号航空母舰

尺　　寸：长 251.4 米，宽 34.9 米，吃水深度 7.9 米
排 水 量：标准 21 000 吨，满载 32 060 吨
推进装置：9 个巴高克 & 威尔科特斯锅炉，4 台“帕森斯”齿轮减速式涡轮机，4 根传动轴；功率 89 484 千瓦
速　　度：32.5 节
续航能力：可以 15 节的速度航行 12 000 海里
武器装备：8 门 127 毫米火炮，8 门双联装和 6 门 4 联装 40 毫米“博福斯”火炮，50 门 20 毫米“厄利康”防空炮
舰 载 机：90 架
编制人数：2 217 人

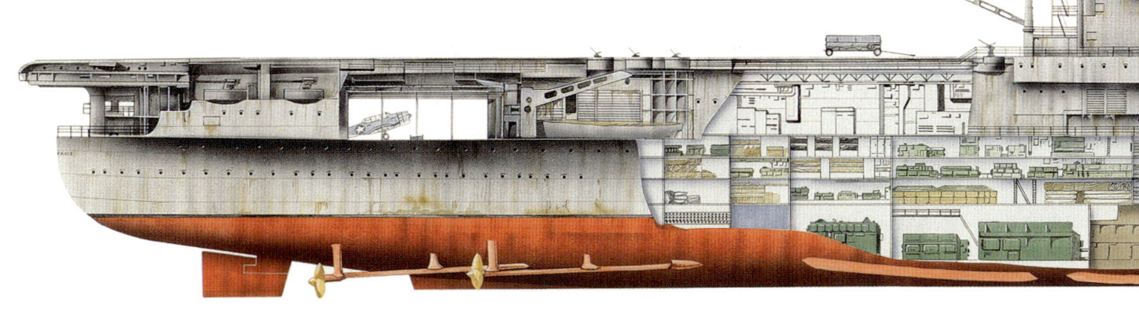

“普林斯顿”号航空母舰

尺　　寸：长 189.7 米，宽 21.8 米，吃水深度 7.9 米
排 水 量：标准 11 000 吨，满载 13 000 吨
推进装置：GE 齿轮减速式涡轮机，2 根传动轴；功率 74 570 千瓦
速　　度：31.6 节
续航能力：可以 15 节的速度航行 12 500 海里
武器装备：24 门 40 毫米和 22 门 20 毫米防空炮
舰 载 机：34 架
编制人数：1 569 人

ISBN 978-7-5426-7138-7
9 787542 671387 >
定价：88.00元